데살로니가전후서
어떻게 설교할 것인가

두란노 HOW주석 시리즈 45
데살로니가전후서 어떻게 설교할 것인가

엮은이 | 목회와신학 편집부

펴낸곳 | 두란노아카데미
등록번호 | 제302-2007-00008호
주소 | 서울시 용산구 서빙고로 65길 38 두란노빌딩

편집부 | 02-2078-3484   academy@duranno.com   http://www.duranno.com
영업부 | 02-2078-3333   FAX 080-749-3705
초판1쇄발행 | 2007. 11. 22.   개정판1쇄발행 | 2009. 12. 1.   7쇄 발행 | 2016. 2. 13.

ISBN 978-89-6491-095-5   04230
ISBN 978-89-6491-045-0   04230(세트)

책값은 뒤표지에 있습니다.

두란노아카데미는 두란노의 '목회 전문' 브랜드입니다.

데살로니가 전후서
어떻게 설교할 것인가

· 목회와신학 편집부 엮음 ·

두란노 HOW 주석

HOW COMMENTARY SERIES 45

두란노아카데미

발간사

설교는 목회의 생명줄입니다

설교는 목회의 생명줄입니다. 교회 공동체를 향한 하나님의 음성입니다. 그래서 목회자는 설교에 목숨을 겁니다. 하나님의 말씀을 가감 없이 전하기 위해 최선을 다합니다.

이번에 출간한 「두란노 HOW주석 시리즈」는 한국 교회의 강단을 섬기는 마음으로 설교자를 위해 준비했습니다. 「목회와신학」의 별책부록 「그말씀」에 연재해온 것을 많은 목회자들의 요청으로 출간한 것입니다. 특별히 2007년부터는 표지를 새롭게 하고 내용을 더 알차게 보완하는 등 시리즈의 질적 향상을 추구하였습니다. 독자 여러분의 끊임없는 관심과 격려를 부탁드립니다.

「두란노 HOW주석 시리즈」는 성경 본문에 대한 주해를 기본 바탕으로 하면서도, 설교에 결정적으로 중요한 '적용'이라는 포인트를 놓치지 않았습니다. 또한 성경의 권위를 철저히 신뢰하는 복음주의적 관점을 견지하고자 노력했습니다. 또한 성경 각 권이 해당 분야를 전공한 탁월한 국내 신학자들에 의해 집필되었습니다.

학문적 차원의 주석서와는 차별되며, 현학적인 토론을 비껴가면서도 고밀도의 본문 연구와 해석이 전제된 실제적인 적용을 중요시하였습니다.

이 점에서는 목회자뿐만 아니라 성경공부를 인도하는 평신도 지도자들에게도 매우 귀중한 지침서가 될 것입니다.

오늘날 교회에게 주어진 사명은 땅 끝까지 이르러 예수 그리스도의 복음을 전파하는 것입니다. 사도행전적 바로 그 교회를 통해 새롭게 사도행전 29장을 써나가는 것입니다. 이 시리즈를 통해 설교자의 영성이 살아나고, 한국 교회의 강단에 선포되는 말씀 위에 성령의 기름부으심이 넘치기를 바랍니다. 이 땅에 말씀의 부흥과 치유의 역사가 일어나고, 설교의 능력이 회복되어 교회의 권세와 영광이 드러나기를 기도합니다.

바쁜 가운데서도 성의를 다하여 집필에 동참해 주시고, 이번 시리즈 출간에 동의해 주신 모든 집필자들에게 이 자리를 빌어 감사의 뜻을 전합니다.

두란노서원 원장

발간사

I. 배경연구

1. 데살로니가전후서의 기록 배경과 목적 | 조병수 … 11
2. 데살로니가전후서의 구조와 신학적 중심주제 | 변종길 … 23
3. 데살로니가전서의 구원론 | 편집부 … 37
4. 바울의 재림론 | 박형용 … 51
5. 바울, 그리스도의 종 그리고 성도 | 최순봉 … 75
6. 데살로니가전서에 나타난 바울의 종말론 | 한천설 … 87
7. 올바른 종말의 신앙으로 덕을 세우라 | 문병구 … 101
8. 포스트콜로니얼 성서해석에 관한 일반적 이해 | 박흥순 … 115
9. 데살로니가전후와 포스트콜로니얼 성서해석의 관점 | 박흥순 … 125

II. 본문연구

1. 살전 1장 : 연약한 성도를 위한 사랑의 권면 | 김상훈 139
2. 살전 2~3장 : 데살로니가교회에 대한 바울의 '에도스' | 최갑종 149
3. 살전 4~5장 : 그리스도의 재림과 그리스도인들의 삶 | 이필찬 163
4. 살후 1~3장 : 그리스도의 재림을 기다리는 신자의 자세 | 이문장 173

주 213
원어일람표 223

I. 배경 연구

1. 데살로니가전후서의 기록 배경과 목적 | 조병수
2. 데살로니가전후서의 구조와 신학적 중심주제 | 변종길
3. 데살로니가전서의 구원론 | 편집부
4. 바울의 재림론 | 박형용
5. 바울, 그리스도의 종 그리고 성도 | 최순봉
6. 데살로니가전서에 나타난 바울의 종말론 | 한천설
7. 올바른 종말의 신앙으로 덕을 세우라 | 문병구
8. 포스트콜로니얼 성서해석에 관한 일반적 이해 | 박흥순
9. 데살로니가전후와 포스트콜로니얼 성서해석의 관점 | 박흥순

01
데살로니가전후서의
기록 배경과 목적

데살로니가전서의 기록 배경과 목적

이유 없는 글이 없다. 흔히 사도 바울의 초기서신으로 알려진 데살로니가전서의 경우도 예외는 아니다. 바울 서신들이 대체적으로 그러하듯이 데살로니가전서에서도 사도와 교회 사이의 관계가 중요하다. 교회는 사도에게 할 말이 있고, 사도는 교회에게 쓸 글이 있다. 따라서 다른 바울 서신들과 마찬가지로 데살로니가전서는 사도의 입장과 교회의 상황을 나란히 보여 주고 있다. 데살로니가전서에서 보이는 이 두 가지 관계를 간단히 요약하자면 다음과 같다. 사도 바울은 데살로니가교회를 떠나 있는 동안 자신에 대한 언급과 교회의 형편에 관한 소식을 듣고는 자신의 입장을 정확하게 소개하고, 교회의 문제를 반듯하게 정리하는 편지를 쓰게 되었다. 따라서 데살로니가전서에는 사도 바울의 여행에 관한 진술, 사도의 입장에 대한 설명, 그리고 교회의 문제에 대한 해결이 주요한 내용을 이룬다.

1. 사도 바울의 여행

사도 바울은 데살로니가에서의 전도를 중심으로 앞뒤의 시간을 진술하고 있다. 그는 데살로니가에 들어가기 전에 빌립보에서 전도를 하였다(살전 2:2). 그런데 빌립보 전도는 무척 힘든 것이었다. 왜냐하면 고난과 폭행이 덮

쳤기 때문이다. 그러나 사도 바울은 빌립보에서 고난과 폭행을 당했음에도 굴하지 않고 계속 전진하여 데살로니가에서 전도를 하였다. 사도 바울 일행이 데살로니가로 들어간 것은 화제가 될 정도로 대단한 것이었다(살전 1:9). 하지만 데살로니가 전도 역시 만만한 것은 아니었다. 거기에서도 많은 싸움이 있었기 때문이다. 그러나 사도 바울은 하나님 안에서 하나님의 복음을 담대히 말하였다(살전 2:2). 사도 바울의 데살로니가 전도는 결코 헛수고가 아니었다(살전 2:1). 복음은 말로만 아니라 능력과 성령과 큰 확신으로 전달되었고, 데살로니가 사람들은 성령의 기쁨으로 말씀을 받았다(살전 1:5~6). 결국 하나님의 말씀이 데살로니가 신자들 속에서 강하게 역사하는 놀라운 일이 일어났다(살전 2:13).

  그 후에 사도 바울은 데살로니가를 떠나게 되었다(살전 2:17). 그러나 사도가 교회를 떠나고 나서 얼마 안 되어 두 가지 문제가 교회에 발생하였다. 하나는 사도 바울이 어떤 사람인가 하는 질문이었고, 다른 하나는 데살로니가 교회의 정체성에 관한 질문이었다. 이 때문에 사도 바울은 데살로니가교회로 돌아가서 문제를 해결하려는 마음을 가졌다. 얼굴로는 떠나 있으나 마음으로는 떠나 있는 것이 아니었기 때문에 사도는 성도들의 얼굴 보기를 열정으로 힘썼고 한두 번 데살로니가로 가려고 노력하였다(살전 2:17~18). 하지만 이 노력은 사탄의 방해로 말미암아 실패하고 말았다(살전 2:18). 하는 수 없이 사도 바울은 아덴에 머물면서 동역자인 디모데를 대신해서 보내어 위에서 언급한 두 가지 문제를 살펴보게 하였다(살전 3:1~5). 디모데는 데살로니가에 다녀와서 사도 바울에게 사정을 자세하게 보고하였다(살전 3:6~10).

  보고의 내용은 두 가지로 요약된다. 첫째는 교회가 믿음과 사랑을 가지고 있다는 내용이며, 둘째는 교회가 사도 바울을 사모하고 있다는 내용이다(살전 3:6). 디모데의 보고에 힘을 얻은 사도 바울은 데살로니가로 가는 길이 곧게 열리기를 기도하였다(살전 3:11). 그러나 사도 바울은 데살로니가로 가는 직행로를 위해서 기도만 한 것은 아니었다. 사도 바울은 기도할 뿐 아니라 편지를 썼다. 발로 못 가면 손으로라도 가리라는 심정으로!

2. 사도 바울의 입장

사도 바울은 무엇보다도 이 편지에서 데살로니가교회가 '사도 바울은 어떤 사람인가'라고 던진 질문에 대하여 대답을 주고 있다. 이 편지의 첫째 목적은 사도 바울이 자기 자신의 입장을 설명하는 것이다. 그것은 일종의 자서전과 같은 성격을 띠고 있다. 사도 바울은 자신에 대하여 데살로니가교회가 이미 잘 알고 있다고 말한다. "우리가 너희 가운데서 너희를 위하여 어떠한 사람이 된 것은 너희 아는 바와 같으니라"(살전 1:5). 하지만 사도 바울은 조금 뒤에서 더욱 분명하게 자신의 입장에 대하여 설명한다.

1) 전도

사도 바울은 먼저 전도를 위하여 어떤 방식을 취하였는지 진술한다. 그의 전도는 간사에서나 부정에서나 궤계에서 나온 것이 아니다(살전 2:3). 그의 전도는 두 가지 원칙을 가지고 있었다. 첫째로 사도 바울은 하나님께서 옳게 여기시는 대로 전도한다는 것이다(살전 2:4). 그가 복음전도의 사명을 가진 것은 하나님께서 그를 신실하다고 인정해주셨기 때문이다. 하나님께서 인정해주셨기 때문에 사도 바울은 복음을 전하는 것이다. 따라서 하나님의 인정하심은 전도의 원인이며, 표준이다. 하나님의 인정하심이 없이 전도가 시작될 수 없고, 하나님의 인정하심을 따르지 않고 전도할 수 없다. 둘째로 사도 바울은 하나님을 만족시키기 위하여 전도한다는 것이다(살전 2:4). 그의 전도는 사람을 기쁘게 하려는 것이 아니라 하나님을 기쁘게 하려는 것이다. 사도 바울은 최종적으로 하나님을 위해서 복음을 전하는 것이다. 따라서 하나님의 기뻐하심은 전도의 결과이며, 목적이다. 하나님의 기뻐하심에 미달하는 전도는 무의미한 것이며, 하나님의 기뻐하심을 넘어서는 전도는 무가치한 것이다.

2) 생활

또한 사도 바울은 자신의 생활을 위하여 어떤 방식을 취하였는지 설명한다. 그의 생활은 아첨의 말이나 탐심의 탈이나 사람의 영광으로 이루어지지 않았다(살전 2:5~6). 그의 생활은 두 가지 방식으로 이루어졌다. 첫째로 사도 바울은 유모가 자기 자녀를 양육하듯이 하였다(살전 2:7~8). 그는 복음전도를 위하여 헌신적인 삶을 살았다. 사도 바울은 데살로니가교회를 위하여 목숨까지도 주기를 즐거워하였다. 어머니가 새로 태어난 아기를 젖으로 먹일 뿐만 아니라 자신의 생명까지도 희생할 준비가 되어 있는 것처럼, 사도 바울은 영적 자녀인 데살로니가교회를 위해서 복음의 젖을 공급할 뿐 아니라 목숨까지도 드릴 준비가 되어 있었던 것이다. 둘째로 사도 바울은 아비가 자기 자녀를 교육하듯이 하였다(살전 2:11~12). 그는 복음전도를 위하여 균형 있는 삶을 살았다. 그는 영적인 아버지로서 데살로니가교회를 권면하고, 위로하고 증거하였다. 아버지로서 때로는 책망하고, 때로는 위로하고, 때로는 설득하였다. 영적인 자녀를 교육하기 위하여 모든 방법을 사용한 것이다.

사실상 데살로니가교회는 사도 바울의 이같은 전도와 생활에 대하여 모르고 있던 바가 아니다. 그래서 사도 바울은 이렇게 말했다. "우리가 너희 믿는 자들을 향하여 어떻게 거룩하고 옳고 흠 없이 행한 것에 대하여 너희가 증인이요 하나님도 그러하시도다"(살전 2:10). 그러므로 사도 바울은 이 편지를 통하여 데살로니가교회를 향한 자신의 애틋한 정을 알려주고 싶었다. 데살로니가교회는 사도 바울에게 소망이고 기쁨이며 영광의 면류관이었던 것이다(살전 2:19~20).

3. 데살로니가교회의 상황

데살로니가교회의 상황은 아마도 두 가지 방식으로 사도 바울에게 입수된 것 같다. 첫째는 소문이다. 실제로 사도 바울은 데살로니가교회의 믿음이 각처에서 퍼져나갔다고 말한다(살전 1:8). 아마도 교회의 형편은 사람들에게 계속 알려져서 이후에 교회를 떠나있는 사도 바울에게까지 도착한 것으로 생각할 수 있다. 둘째는 질문이다. 이 편지의 후반부에 보면 세 번 "…에 관하여는"이라는 어구가 나온다(살전 4:9,13; 5:1). 이것은 데살로니가교회가 사도 바울에게 질의한 것들에 대한 대답으로 볼 수 있다. 말하자면 사도 바울은 소문과 질문을 통하여 데살로니가교회의 문제들에 대하여 알게 되었을 때 편지를 보내 해결하려고 했던 것이다. 이것이 이 편지의 둘째 목적이다. 이렇게 하여 사도 바울은 데살로니가교회의 정체를 확연하게 알려주려는 생각을 가지고 있었던 것이다.

1) 소문

먼저 사도 바울은 소문을 통하여 데살로니가교회의 상황에 관해서 알게 되었다. 무엇보다도 데살로니가교회의 아름다운 모습이 사도 바울에게 전달되었다. 교회는 균형 잡힌 모습을 가지고 있었다. 그것은 믿음의 역사와 사랑의 수고와 소망의 인내였다(살전 1:3). 교회의 모습은 단순히 정삼각형적인 구도 속에 있었을 뿐만 아니라, 각 측면은 또 다른 결과를 나타내는 발전적인 형태를 지니고 있었던 것이다. 데살로니가교회에게서 믿음은 역사로 표현되었고, 사랑은 수고로 나타났으며, 소망은 인내로 발표되었다. 이 때문에 데살로니가교회는 다른 지역의 신자들에게 모범이 되었다(살전 1:7). 따라서 사도 바울은 이렇게 조화 있는 교회의 모습을 알게 되었을 때 하나님께 항상 감사하고 기도하게 되었던 것이다(살전 1:2). 사도 바울은 이 감사와 기도를 교회에 알려주지 않을 수가 없었다. 그래서 그는 감사와 기도를 담은 이 편지를 교회에 보냈다. 하지만 균형 잡힌 교회라고 해서 문제가 없는 것이 아니었다. 아름다운 모습을 지니고 있던 데살로니가교회에 외적인 문제와 내적인 문제가 발생하였다.

데살로니가교회의 외적인 문제는 핍박이었다. 사도 바울은 데살로니가교회가 당한 환난에 관한 소식을 들었다. 사실상 데살로니가교회는 이미 복음을 받는 시작점에서부터 핍박을 받았다. "너희는 많은 환난 가운데서 성령의 기쁨으로 도를 받아 우리와 주를 본받는 자가 되었으니"(살전 1:6). 교회가 많은 환난을 극복할 수 있었던 까닭은 성령의 기쁨이 있었기 때문이다. 성령께서 주시는 기쁨이 세상으로부터 받는 환난을 뚫고 나가게 하는 힘이 되었다. 그렇지만 핍박은 이후에도 그치지 않았다. 유대에 있는 하나님의 교회들이 유대인들에게 고난을 당하듯이 데살로니가교회도 같은 백성에게서 동일한 고난을 당하였다(살전 2:14). 사도 바울은 데살로니가에서 복음사역을 하는 동안에 장차 교회에 환난이 닥칠 것을 미리 말해주었다(살전 3:4). 하지만 사도 바울은 데살로니가교회에 심각한 환난이 닥쳤다는 것을 알게 되었을 때 교회가 굳은 믿음을 가지고 환난 중에서 요동하지 않도록 하기 위하여 견딜 수 없는 마음으로 디모데를 파송하였던 것이다(살전 3:2~3). 디모데가 돌아와서 데살로니가교회의 변함없는 믿음에 관하여 보고하였을 때 사도 바울은 걷잡을 수 없는 기쁨에 사로잡혔다(살전 3:6~9). "우리가 우리 하나님 앞에서 너희를 인하여 모든 기쁨으로 기뻐하니 너희를 위하여 능히 어떠한 감사함으로 하나님께 보답할꼬"(살전 3:9). 사도 바울은 엄청난 기쁨을 이 편지를 통하여 데살로니가교회에게 알리고 싶었던 것이다.

데살로니가교회의 내적인 문제는 복합적인 것이었다. 그 가운데 중요한 몇 가지는 다음과 같다. 사도 바울은 무엇보다도 데살로니가교회의 세속적인 경향에 관해서 들었던 것 같다(살전 4:1~8). 그래서 그는 거룩함이야말로 교회에 대한 하나님의 뜻이라고 갈파하였다. 성도의 거룩함은 특히 음란과 색욕을 멀리하는 것이다. 이 편지에서 사도 바울은 이렇게 하기 위해서는 아내를 거룩함과 존귀함으로 대하는 것이 중요하다고 일러주었다. 또한 사도 바울은 데살로니가교회가 근면을 상실하고 있다는 것을 알았다(살전 4:11~12). 근면은 귀중한 것이다. 자기의 일에 충실하고 자기의 손으로 일하는 것은 대단히 가치 있는 것이다. 이렇게 할 때 비신자들에게는 윤리적인 덕이 되며, 신자들에게는 경제적인 득이 된다고 사도 바울은 이 편지를 통하여 가르쳤다. 게다가 사도 바울은 데살로니가교회가 말씀사역자들을 소홀히 여기고 있다는 것을 들었다(살전 5:12~13).

교회는 말씀사역자들의 수고와 목회와 권면에 빚지고 있다. 말씀사역자들의 땀 흘리는 사역이 없이는 교회가 발전하지 못하며, 안정되지 못하고, 정돈되지 않는다. 이 때문에 사도 바울은 말씀사역자들을 알아 주고 사랑

안에서 가장 귀히 여기라고 편지하였던 것이다. 나아가서 데살로니가교회가 연약한 성도들을 무시한다는 이야기가 사도 바울의 귀에 들어왔다(살전 5:14). 교회에 모든 사람이 한결같이 규모 있고, 마음이 강하고, 힘이 넘치는 것은 아니다. 교회에는 규모 없는 사람들, 마음이 약한 사람들, 힘이 없는 사람들도 많이 있다. 그렇다면 강한 신자는 약한 신자를 붙들어 주어야 한다. 사도 바울의 편지는 이것을 강력하게 요구하고 있다. 그 외에도 사도 바울은 데살로니가교회가 기쁨을 상실하고 있다는 것, 기도에 열심을 내지 않는다는 것, 감사에 익숙하지 않다는 것, 성령의 은혜를 망각하고 있다는 것을 들었다(살전 5:16~22). 따라서 사도 바울은 이 편지를 통하여 데살로니가교회의 문제점들을 조목조목 고쳐주려고 했던 것이다.

2) 질문

데살로니가교회는 사도 바울에게 세 가지 질문을 했던 것이 틀림없다. 이 질문이 편지로 왔는지 인편으로 왔는지에 대하여는 알 수 없다. 데살로니가교회가 문의한 첫째 질문은 형제사랑에 관한 것이었다(살전 4:9~10). 형제사랑이란 문맥상 타교회 성도들에 대한 사랑을 의미하는 것으로 볼 수 있다. 이에 대하여 사도 바울은 더 이상 쓸 것이 없다고 말한다. 왜냐하면 데살로니가교회는 이미 형제사랑을 실천하고 있었기 때문이다. 실제로 데살로니가교회는 마케도니아에서 온 형제들에 대하여 이 사랑을 행하고 있었다. 사도 바울은 이 편지에서 데살로니가교회의 형제사랑을 은근히 칭찬하려고 한다.

둘째 질문은 데살로니가교회가 사도 바울에게 던진 질문은 죽은 자들에 관한 것이었다(살전 4:13~18). 이것은 사실상 중대한 문제였기 때문에 사도 바울은 이 편지를 통하여 자세히 설명한다. 우선 사도 바울은 죽은 자들을 "자는 자들"이라고 표현함으로써 문제를 다른 시각에서 접근하고 있다. 이것은 소망 없는 세상 사람들처럼 슬퍼할 일이 아니라는 것이다. 이에 대하여 사도 바울은 죽은 자의 문제를 가지고 데살로니가교회에게 예수의 부활과 재림에 대한 신앙을 확인시켜주고 있다. 사도 바울은 부활과 재림에 대한 신앙적인 확신이야말로 신자들에게 참된 위로가 된다는 것을 밝혀준다. 사도 바울은 데살로니가 성도들이 이 편지를 읽음으로써 위로 받기를 소원하였다. "그러므로 이 여러 말로 서로 위로하라"(살전 4:18).

셋째 질문은 데살로니가교회는 예수 재림의 때와 시기에 관하여 질문하였다(살전 5:1~11). 이에 관하여도 역시 사도 바울은 더 이상 쓸 것이 없다고 말한다. 이미 데살로니가교회가 재림의 급작성(도적같이)과 필연성(출산같이)에 대하여 자세히 알고 있기 때문이다. 단지 중요한 것은 예수께서 재림하실 때까지 교회가 자신의 소속과 신분을 분명히 알고 경성과 근신 가운데 사는 것이다. 따라서 사도 바울은 이 편지를 가지고 이러한 사실에 관하여 정확하게 일러주고 있는 것이다.

4. 정리

사도 바울은 데살로니가전서에서 자신이 누구인가를 알려주는 것과 교회가 무엇인가를 설명하는 것을 가장 큰 목적으로 삼고 있다. 이 편지는 사도가 부모와 같은 사람인 것을 밝혀주고(살전 2:7,11), 교회는 "본받은 자"(살전 1:6; 2:14)라는 것을 밝혀준다. 데살로니가전서의 목적은 사도와 교회를 정의하는 것이다. 사도 바울은 이 편지를 가지고 자신을 정확하게 소개하며, 교회를 분명하게 규정한다. 이렇게 함으로써 편지로써 사도 바울은 데살로니가교회를 굳건하게 세우려는 것이다.

데살로니가후서의 기록 배경과 목적

데살로니가후서는 데살로니가전서와 사뭇 다른 점을 가지고 있다. 무엇보다도 사도 바울의 행적과 관련하여 볼 때, 데살로니가후서에는 사도 바울의 행적이 데살로니가전서에서보다 훨씬 적게 언급된다. 나아가서 데살로니가교회의 상황과 관련하여 볼 때 다음과 같은 현상들이 나타난다. 첫째로 사도 바울은 데살로니가후서에서는 데살로니가전서에서 언급하였던 몇 가지 주제를 더욱 넓고 깊게 전개하고 있다. 그 가운데 대표적인 것이 환난과 나태의 문제다. 둘째로 사도 바울은 데살로니가전서에서는 거의 다루지 않았던 이단의 문제를 데살로니가후서에서 다루고 있다. 이렇게 볼 때 사도 바울이 데살로니가후서를 기록한 목적은 간략하게 자신의 형편을 소개하고, 교회의 상황을 정리해주려는 것임을 알 수 있다.

1. 사도 바울의 형편

첫째로 사도 바울이 데살로니가후서를 기록한 목적은 자신의 상황을 알려주기 위함이었다. 사도 바울은 복음전도에서 어려운 형편에 도달해 있었던 것 같다. 특히 "무리하고 악한 사람들"(살후 3:2)이 사도 바울의 복음전도를 심하게 방해하고 있었던 것이 틀림없다. 오죽했으면 사도 바울이 이들을 바라보면서 믿음은 모든 사람의 것이 아니라는 결론을 얻게 되었을까(살후 3:2). 이같이 험악한 상황에서 사도 바울은 데살로니가교회에 기도를 요청하였다. 따라서 데살로니가후서는 기도요청을 위한 사도 바울의 편지다. 사도 바울은 데살로니가교회의 기도에 힘입어 주의 말씀이 달음질하여 영광스럽게 되기를 소원했다(살후 3:1).

2. 데살로니가교회의 상황

둘째로 사도 바울이 데살로니가후서를 기록한 목적은 교회의 상황을 정리해주기 위함이었다. 데살로니가교회는 환난과 이단과 나태라는 세 가지 문제에 직면하고 있었다. 사도 바울은 데살로니가교회의 세 가지 상황을 정리하면서 중요한 신학적인 주제를 설명해 나가는 방식을 사용한다.

1) 환난

사도 바울이 데살로니가교회에 첫째 편지를 보낸 후에 환난은 더욱 심각해졌다. 그는 데살로니가교회가 만난 심각한 상황을 가리켜 "모든 핍박과 환난 중에서"(살후 1:4)라고 표현했다. 데살로니가교회는 이같은 환난과 핍박 앞에서 실족하고 와해될 수 있는 위기에 처하였다. 따라서 사도 바울은 데살로니가교회가 이같은 핍박과 환난을 극복하도록 둘째 편지를 보내 격려하고 있는 것이다. 그의 격려는 두 가지 방식으로 구성되어 있다. 첫째로 사도 바울은 환난이 환난을 받는 자들에게 어떤 의미가 있는지를 알려준다. 환난은 현실적으로 볼 때 신자가 하나님의 나라에 합당한 자로 여기심을 받게 하는 표식이다(살후 1:5). 신자는 하나님의 나라를 위하여 고난을 받는 것이 당연하다. 결국 신자는 하나님의 안식에 참여할 것이다(살후 1:7). 둘째로 사도 바울은 환난이 환난을 주는 자들에게 어떤 결과를 가져다줄지에 대해 말한다. 하나님께서는 그들에게 환난으로 갚으실 것이다(살후 1:6). 바로 여기에서 사도 바울은 재림신학을 전개한다. 예수 그리스도의 재림으로 말미암아 교회에 환난을 가하는 불신자들은 영원한 형벌에 처하게 될 것이다(살후 1:7~9). 그러므로 사도 바울은 데살로니가교회가 환난 앞에서 인내와 믿음을 가져야 한다고 편지했다(살후 1:4).

2) 이단

데살로니가교회가 사도 바울에게서 첫째 편지를 받은 이후에 급속하게 맞이한 상황은 이단의 출현이었다. 데살로니가교회에 등장한 이단은 주로 예수 그리스도의 재림과 관련된 이단이었다(살후 2:1). 그런데 재림이단은 가공할만한 무기를 가지고 데살로니가교회를 공격하였다. 재림이단은 세 가지 무기를 사용하였다. "혹 영으로나 혹 말로나 혹 우리에게서 받았다고 하는 편지로나"(살후 2:2). 재림이단은 비상한 은사를 수상하였고, 언변으로 가득한 설교를 사용하였고, 사도들의 권위를 빌린 문서를 사용하였다. 데살로니가교회는 이같은 재림이단 앞에서 동심하고 미혹당할 위험에 처하게 되었다. 이 때문에 사도 바울은 둘째 편지를 보낸 것이다. 사도 바울은 이 편지를 가지고 데살로니가교회가 흔들리거나 미혹당하지 않도록 권면하고 있다. 바로 여기에서 사도 바울은 예수 그리스도의 재림 때에 발생할 말세적인 현상을 설명한다(살후 2:3~12). 결국 재림하신 예수께서 교회를 미혹하는 불법자를 완전히 멸망시키게 될 것이다. 그러므로 사도 바울은 이 편지로 데살로니가교회가 이단 앞에서 사도의 설교와 편지에 집중해야 할 것을 권면하였다(살후 2:15).

3) 나태

데살로니가교회는 아마도 사도 바울이 첫째 편지에서 노동에 관하여 권면한 내용을 간과했거나 오해한 것 같다. 우선 그의 권면을 간과했다는 것은 사도 바울이 첫째 편지에서 신자들에게 분명히 자기의 일을 하고 자기의 손으로 일할 것을 권면하였는데(살전 4:11) - 사실상 사도 바울은 데살로니가에 있을 때 일하기 싫거든 먹지도 말게 하라고 권면하였다(살후 3:10) - 데살로니가 신자들 가운데 여전히 도무지 일하지 아니하고 일만 만드는 사람들이 있었다(살후 3:11). 또한 그의 권면을 오해했다는 것은 사도 바울이 첫째 편지에서 규모 없는 자들을 권계하라고 했는데(살전 5:14), 데살로니가 신자들이 이 권면을 마치 규모 없는 자들을 감싸주라는 말로 생각였고 그 결과 여전히 규모 없는 자들이 횡포를 부리고 있었던 것이다(살후 3:11). 사도 바울은 이러한 상황을 알고서 데살로니가교회에 둘째 편지를 보낸 것이다. 무엇보다도 사도 바울은 이런 자들에게서 떠날 것을 강력하게 촉구하였다(살후 3:6). 나아가서 사도 바울은 교회가 자신의 본을 받아 수고하고 근면하기를 요구했다(살후 3:7~9). 결론적으로 사도 바울은 이 편지에서 말한 것을 순종하지 않는 사람을 지목하여 교제를 끊음으로써 부끄럽게 만들라고 일러 주었다(살후 3:14).

3. 정리

사도 바울은 데살로니가후서를 기록하여 한편으로는 자신의 상황을 알려줌으로써 기도를 요청하고, 다른 한편으로는 교회의 상황을 해결함으로써 믿음을 건설하려는 목적을 가졌다. 데살로니가후서의 목적은 사도를 위한 기도요청과 교회를 위한 신앙건설이다. 사도 바울은 이 같은 양면적인 소원을 가지고 데살로니가후서를 기록하면서 주의 평강이 교회와 함께 하기를 빌었다. "평강의 주께서 친히 때마다 일마다 너희에게 평강을 주시기를 원하노라. 주는 너희 모든 사람과 함께 하실지어다"(살후 3:16).

02

데살로니가전후서의 구조와 신학적 중심주제

데살로니가전후서의 성격

데살로니가전서와 후서는 사도 바울이 은혜와 성령이 충만한 가운데 쓴 편지다. 특히 데살로니가전서에서 우리는 아직도 진정되지 않은 바울의 감격과 흥분을 읽어볼 수 있다. 그 이유는 사도 바울이 데살로니가에서 복음을 증거하다가 핍박을 받아 아쉽게도 데살로니가를 떠나야만 했기 때문이다.

바울이 데살로니가로 들어가게 된 것도 그가 빌립보에서 핍박을 받아 감옥에 갇혔다가 하나님의 특별한 간섭으로 풀려나서 그 도시를 떠나게 되었기 때문이다(행 16:19~40, 살전 2:2). 그래서 사도 바울과 그 일행인 디모데와 실라는 암비볼리와 아볼로니아를 거쳐 데살로니가에 들어갔다. 따라서 이들이 데살로니가에 들어가서 복음을 전할 때에는 그야말로 은혜와 성령이 충만하였으며, 하나님의 함께하심을 확신하고서 담대히 복음을 전할 수 있었다.

왜냐하면 그리스도와 복음을 인하여 핍박을 받는 자에게는 하나님의 영이 강력하게 함께하시기 때문이다(벧전 4:14). 그래서 바울이 데살로니가에서 복음을 전할 때에는, 물론 다른 곳에서도 그러하였지만, 특별히 성령의 능력과 확신으로 담대히 증거하였던 것이다. 이것을 바울은 이렇게 말한다.

"이는 우리 복음이 말로만 너희에게 이른 것이 아니라 오직 능력과 성령과 큰 확신으로 된 것이니"(살전 1:5).

뿐만 아니라 데살로니가의 사람들이 복음을 받을 때에도 순수하게 그대로 받아들임으로 말미암아 바울에게 큰 위로와 기쁨이 되었다. 이것을 바울은 그의 편지 여러 곳에서 표현하고 있다. "또 너희는 많은 환난 가운데서 성령의 기쁨으로 도를 받아 우리와 주를 본받은 자 되었으니"(살전 1:6). "이러므로 우리가 하나님께 쉬지 않고 감사함은 너희가 우리에게 들은 바 하나님의 말씀을 받을 때에 사람의 말로 아니하고 하나님의 말씀으로 받음이니 진실로 그러하다"(살전 2:13). 이것은 사도행전에 기록된 대로, 바울이 데살로니가에서 복음을 전할 때에 "그 중에 어떤 사람 곧 경건한 헬라인의 큰 무리와 적지 않은 귀부인도 권함을 받고 바울과 실라를 좇았다"(행 17:4)고 한 기록과 일치한다. 바울이 비록 3주 남짓한 짧은 기간 동안(조금 더 길 수도 있음) 복음을 전하다가 핍박을 인하여 그곳에서 쫓겨나게 되었지만(행 17:2), 데살로니가인들이 어찌나 순수하게 복음을 받아들이고 따랐던지 그 믿음의 소문이 온 마케도니아와 아가야 지방과 다른 곳에까지 퍼지게 되었다(살전 1:8).

특히 데살로니가 성도들의 신앙은 믿음과 사랑과 소망이 겸비한 균형 잡힌 신앙이었다(살전 1:3, 살후 1:3~4). 물론 그들 중에는 소망에 대해 좀 지나친 생각을 가진 자들도 있어서 문제가 되기도 하였지만, 전체적으로 보면 데살로니가교회는 믿음과 사랑과 소망에 대해 균형 잡힌 모범적인 신앙이었다고 할 수 있다. 그래서 데살로니가전후에 보면 이들의 신앙에 대한 감사와 칭찬이 많이 나타나고 있음을 알 수 있다(살전 1:2, 7~10, 2:19,20, 3:9, 살후 1:3~4). 바울과 그의 일행이 데살로니가에서 은혜 가운데 복음을 전하다가 유대인들의 핍박을 인하여 아쉽게도 너무나 빨리 그곳을 떠나게 된 사실에 대해 바울은 늘 마음에 아쉬움과 염려가 있었다.

그래서 베뢰아를 거쳐 아덴에 도착했을 때에 바울은 더 이상 참지 못하고 디모데를 보내어 데살로니가교회의 사정을 알아보도록 하였다(살전

3:1~3). 이는 혹 미혹하는 자가 들어와서 데살로니가의 어린 성도들의 믿음을 해치고 유혹할까 염려하였기 때문이다(살전 3:5). 그러나 디모데가 다녀와서 바울에게(이 때 바울은 고린도에 있었다), 그들의 믿음과 사랑의 기쁜 소식을 전하므로, 바울이 크게 안도하고 위로를 받고 기뻐하게 되었다. 이것을 바울은 이렇게 표현하고 있다. "이러므로 형제들아, 우리가 모든 궁핍과 환난 가운데서 너희 믿음으로 말미암아 너희에게 위로를 받았노라. 그러므로 너희가 주 안에 굳게 선즉 우리가 이제는 살리라"(살전 3:7,8).

따라서 이 때의 기쁨과 감사함의 마음으로 쓴 편지가 바로 데살로니가전서이다. 물론 이 편지를 쓰면서 데살로니가교회 성도들에 대한 권면과 경계도 들어 있지만, 전반적으로 볼 때 데살로니가교회에 대한 기쁨과 칭찬, 감사와 애정의 표현이 주된 것이라고 볼 수 있다. 그래서 데살로니가전서는 전형적인 편지의 형태를 보여 준다. 곧 어떤 주제를 가지고 논리적으로 전개해 나가는 논문이나 교리서가 아니라, 일정한 형식에 얽매이지 않고 자유롭게 수신자를 향해 따뜻한 마음을 주고받는 편지의 성격을 가지고 있다는 것이다. 따라서 우리가 데살로니가전서를 대할 때 이러한 서신적 성격을 잊어버리면 안 된다.

이에 비해 데살로니가후서는 바울의 흥분과 감격이 어느 정도 진정된 후에 기록된 것이며, 이 두 번째 편지를 쓰게 된 것은 첫 번째 편지와는 달리 그 교회를 향해 뚜렷한 경계를 할 필요성이 있었기 때문이다. 그것은 주로 그리스도의 재림과 관련한 것으로 데살로니가교회 안에 그리스도의 재림에 대한 지나친 열망으로 말미암아 동요되거나, 아예 일을 하지 않고 소란을 피우며 돌아다니는 사람들이 있었기 때문인 것으로 추정된다. 물론 이러한 경향에 대한 경계는 첫 번째 편지에서도 어느 정도 언급하였지만, 두 번째 편지에서는 이에 대해 좀더 분명히 지적하고 경계해야 할 필요성을 느꼈을 것으로 생각된다.

데살로니가전후서의 내용 분해

데살로니가전후서의 내용을 쉽게 이해하기 위해 그 내용을 분해해 보면 다음과 같다.

1) 데살로니가전서
   ① 인사말(1:1)
   ② 감사와 칭찬(1:2~10)
   ③ 바울의 사역 회고(2:1~12)
   ④ 유대인들에게 고난을 받음(2:13~16)
   ⑤ 데살로니가에 가기를 애썼음(2:17~20)
   ⑥ 디모데가 돌아와서 보고함(3:1~10)
   ⑦ 바울의 기도(3:11~13)
   ⑧ 바울의 권면(4:1~5:22)
      ㄱ) 거룩함(3~8절)
      ㄴ) 형제 사랑(9~10절)
      ㄷ) 자기 손으로 일하라(11~12절)
      ㄹ) 그리스도의 재림(13~18절)
      ㅁ) 재림의 때와 시기(5:1~11)
      ㅂ) 교회 지도자들에 대한 태도(5:12~13)
      ㅅ) 기타 권면들(5:14~22)
   ⑨ 바울의 기원(5:23~24)
   ⑩ 마지막 당부와 축원(5:25~28)

2) 데살로니가후서
   ① 인사말(1:1,2)
   ② 감사와 위로(1:3~10)

③ 바울의 기도(1:11~12)
④ 재림에 관한 미혹을 경계함(2:1~12)
⑤ 바울의 권면과 기원(2:13~17)
⑥ 기도 부탁과 기원(3:1~5)
⑦ 규모 없이 행하는 자들에 대한 경계(3:6~12)
⑧ 몇 가지 권면(3:13~15)
⑨ 평강 기원(3:16)
⑩ 문안과 축원(3:17~18)

데살로니가전후서의 주요 주제

위의 내용 분해에서 볼 수 있는 바와 같이, 데살로니가전후서는 어떤 특별한 주제를 위해 체계적으로 서술한 논문이나 교리서가 아니라 서신 형태이기 때문에 신학적 주제가 뚜렷하게 부각되지는 않는다. 그렇기는 하지만 이 두 편지에는 예수 그리스도의 재림과 관련한 주제들이 중요하게 다루어지고 있음을 알 수 있다. 따라서 여기서는 다른 사소한 것들은 생략하고 재림과 관련된 주제들만 몇 가지 살펴보겠다.

1. 그리스도의 재림과 성도의 부활

데살로니가전후서의 거의 매장마다 빠지지 않고 나타나는 주제는 바로 그리스도의 재림에 관한 것이다. 이것은 데살로니가인들이 바울이 전해 준 그리스도의 재림에 관한 복음을 그대로 믿고 받아들였기 때문이며, 또한 그들이 그리스도에 대한 신앙 때문에 당하고 있는 환난으로 인하여 더욱 더 그의 재림을 소망하고 기다리게 했을 것이다.

첫 번째 편지에서는 4:13 이하에서 5:11까지 재림에 관한 교리를 구체적으로 다루고 있다. 먼저 4장에서는 그리스도의 재림 시에 있을 성도들의 부활에 대해 말하고 있다. 바울은 여기서 그리스도 안에서 죽은 자들이 재림 시에 어떻게 될 것인가 하는 문제에 대해 답하고 있다. 이는 아마도 데살로니가교회의 성도들 중에 어떤 이들이 이미 죽은 신자들은 그리스도께서 오실 때에 어떻게 될 것인가에 대해 불안해하고 염려하고 있었기 때문인 듯하다. 그래서 바울은 이들에 대해 염려하지 말고 슬퍼하지 말라고 한다. 왜냐하면 그리스도 안에서 '자는 자들'을 하나님께서 '예수로 말미암아' 그와 함께 데리고 오실 것이기 때문이다(살전 4:14). 이는 곧 예수께서 강림하실 때에 주 안에서 죽은 자들의 '영혼'을 함께 데리고 오신다는 뜻이다. 이것은 같은 편지의 3:13에 있는 "우리 주 예수께서 그의 모든 성도와 함께 강림하실 때에"라는 말씀과 같은 의미이다. 물론 여기서 '그의 모든 성도와 함께'란 말을 직역하면 '그의 모든 거룩한 자들과 함께'가 된다. 따라서 여기의 '거룩한 자들'은 혹 '천사들'을 뜻하는 것이 아닌가하고 생각할 수도 있다. 왜냐하면 그리스도께서 강림하실 때에는 "주께서 호령과 천사장의 소리와 하나님의 나팔로 친히 하늘로 좇아" 강림하신다고 했으며(살전 4:16), 또한 주 예수께서 "저의 능력의 천사들과 함께 하늘로부터 불꽃 중에" 나타나신다(살후 1:7)고 하시지 않았던가? 그래서 사람들은 이 구절에서도 주 예수께서 '천사들'과 함께 오신다고 생각하기가 쉽다.

그러나 바울 서신에서 '거룩한 자들'이 천사들을 뜻하는 의미로 사용된 예가 결코 없으며, 이들은 항상 '그리스도 안에서 거룩하게 된 자들'을 가리킨다(cf. Van Leewen, *I Thessalonicensen*, Amsterdam, 1926, p. 350). 그리고 이 구절을 같은 서신의 4:14의 말씀과 함께 생각해 볼 때, 이는 주 안에서 죽어서 '천국에 가 있는 영혼들'을 가리킴이 분명하다. 왜냐하면 예수께서 강림하실 때에 '죽은 자들'을 함께 데리고 오신다고 했는데, 이는 죽은 자들의 '영혼'이 아니고 또 무엇이란 말인가?

한편 죽은 자들의 '육체'는 그리스도께서 강림하실 때에 먼저 부활한다(살전 4:16). 그래서 그리스도와 함께 천국에서 온 '영혼'과 땅에서 일어난 '육체'

가 다시 만나 결합하게 된다. 이것은 죽음으로 말미암아 이별하였던 인간의 영혼과 육체가 이 세상 마지막 날에 그리스도 안에서 다시 만나는 '극적인 재회'요, 다시는 분리도 없고 이별도 없는 '영원한 결합'이요, 다시는 죄 짓지 아니하고 아프지도 아니하고 죽지도 아니하는 영화롭게 변한 '신령한 몸'과 그리고 모든 죄와 불의에서 벗어나 온전히 성결케 된 '순수한 영혼'과의 '거룩한 만남'이다. 따라서 그리스도인이 이 세상에서 맞이하는 죽음의 의미는 하이델베르크 요리문답이 가르치는 대로 '죄로부터의 완전한 자유'와 '영생으로 들어가는 관문'일 뿐 아니라(제 42문 답), 또한 마지막 날에 완전한 모습으로 새롭게 만나기 위해 잠시 헤어지는 '잠정적 이별'이기도 하다(제 57문 답에 이 사실이 간접적으로 표현되어 있다).

그리스도께서 강림하실 때에 살아 있는 성도들은 산 채로 그 몸이 '영화로운 몸'으로 변화한다(고전 15:42~44). 그래서 먼저 부활한 성도들과 함께 구름 속으로 끌어올리어져 공중에서 그리스도를 영접하게 된다(살전 4:17). 어떤 사람들은 이 구절을 어렵게 생각하지만, 그러나 그렇게 생각할 필요가 없다. 이 구절을 상징적으로 해석하거나 영해 할 근거는 하나도 없다. 이 구절은 문자 그대로 이해할 것이 요구되고 있고 그대로 이해하면 된다. '구름 속으로 끌려 올라갈 것'이란 말은 문자 그대로 부활한 성도들이(아마도 이 때는 이미 영과 육이 결합한 상태일 것이다) 구름 속으로 끌려 올라간다는 뜻이다. 재림 시에는 이 우주의 물리법칙이 바뀔지도 모른다. 아마 물리법칙에도 근본적인 변화가 일어날 것이다(벧후 3:10 참조). 따라서 그 때에는 여태까지 우리가 알고 있는 중력 법칙이 더 이상 작용하지 않을지도 모른다(확실하게 말하지 않는 이유는 그 때에 어떻게 될지 우리가 모르기 때문이다). 혹 그렇지 않다 할지라도 '신령한 몸'을 입은 새로운 인간은 우주 공간의 제약을 받지 않고 자유롭게 다닐 수 있을 것이다.

부활하신 예수님께서 문이 닫혀 있는데도 그냥 들어오시고 또한 갑자기 사라지시기도 하고 나타나시기도 하신 것처럼, 우리 부활한 몸들도 공간의 제약을 받지 않고 자유롭게 공중으로 올라갈 수 있을 것이다. 그런데 본 구절에 보면 수동태로 '끌어올리울 것이다', '낚아 채이듯이 잡아 당기울 것이다'라고 되어 있는 것을 보면, 하나님의 능력에 의해 곧 성령에 의해 끌어당기어 올라갈 것을 암시하고 있다. 어쨌든 이 모든 것은 다 하나님의 능력에 의한 것이고 성령의 사역에 의한 것이니 서로 충돌된다고 볼 것은 없다.

그리고 "공중에서 주를 영접한다"는 것은 문자 그대로 공중에서 재림하신 예수 그리스도를 영접한다는 의미다. 여기서 영접하다'는 말의 원어 '아판테시스'는 왕을 맞이하기 위해 나가서 모시는 것을 나타내는 전문용어다 (J. Keulers, *De brieven van Paulus*, I, Roermond en Maaseik, 1953, p. 48). 따라서 우리말로 '마중'이라고 번역할 수 있겠다. 왕이신 우리 예수님께서 이 세상에 오시는데 그의 백성 된 우리들이 그냥 앉아서 맞이할 수는 없는 것이다. 따라서 우리는 왕이신 예수님을 맞이하기 위해 공중으로 끌어올리어 간다(마 25장의 신랑을 맞으러 나간 열 처녀 비유 참조). 그런데 어떤 사람들은 이 구절들을 가지고 '공중 휴거'를 주장하며 '7년 대환란'을 주장하는데, 이것은 잘못이다. 물론 우리가 공중으로 끌려 올라감을 당하므로 우리가 '휴거(携擧)된다'고 말할 수는 있으나, 7년 동안 공중에 거하면서 대환란을 피한다는 것은 성경에 없는 사상이다. 우리가 공중으로 올라가는 것은 왕이신 예수님을 마중하기 위해서이며, 만주의 주로 오시는 예수님을 영접하고 찬송하기 위해서이지, 우리가 세상에서의 환란을 피하기 위한 도피가 아니다. 심지어 어떤 사람들은 예수님의 '공중 재림'과 '지상 재림'을 구분하기도 하는데, 이러한 구분은 사도 바울이 여기서 말하는 것과는 전혀 상관이 없다. '공중'이란 부활한 성도들이 재림하시는 예수님을 마중하며 영접하는 장소이지 영원히 거할 장소를 의미하는 것은 아니다(Keulers, p. 48).

우리가 영원히 거할 장소는 '새 하늘과 새 땅'이며(벧후 3:13, 계 21:1), 구체적으로 장소가 어디인지, 어떤 형태로 살아가는지는 알 수 없다. 다만 중요한 것은 우리가 영원토록 그리스도와 함께 살며, 거기에는 죄와 눈물과 고통과 저주가 다시없으며 영원토록 의가 지배하는 곳이라는 사실이다. 그렇지만 우리는 이러한 '새 하늘과 새 땅'이 분명히 장소로서 존재하며, 우리가 그곳에서 예수님과 더불어 영원복락을 누리며 살 것을 믿고 소망한다.

2. 재림의 때와 시기

앞의 것과 밀접히 관계된 것으로 데살로니가전서 5장과 데살로니가후서에서는 재림의 시기와 때에 대해 좀 더 자세히 설명해 주고 있다. 예수께서 언제 강림하실 것인가에 대해서는 "주의 날이 밤에 도적 같이 이른다"고 말하고 있다(살전 5:2,4). 이 말의 뜻은 주께서 언제 오실지 알지 못한다는 것과 사람들이 예기치 않은 때에 오신다는 뜻이다(마 24:36~44 참조). 따라서 사람들이 평안하게 지낼 때에, 곧 하나님을 믿지 아니하고 방탕하게 지낼 때에 홀연히 임하신다는 뜻이다(살전 5:3). 그러나 다른 한편으로 믿는 형제들에게는 그 날이 도적 같이 임하지 못할 것이라고 말한다(4절). 이 말은 우리 믿는 자들은 주님의 재림 날짜를 알 수 있다는 뜻이 아니라, 깨어 근신하고 있는 우리에게는 주의 임하심이 그렇게 갑작스럽거나 당황할 일이 아니라는 뜻이다(5~8절). 따라서 예수님의 재림 날짜를 알려고 하거나 계산하려고 하는 어떠한 시도도 잘못된 것이며, 하나님 앞에 옳지 않은 것이다.

데살로니가교회에 보낸 두 번째 편지에서는 재림에 대한 바울의 강조점이 약간 달라진다. 여기서는 언제 오실지 모르는 예수님을 생각지 아니하고 게으르고 방탕하게 지내는 것이 문제가 아니라, 오히려 지나치게 주님의 재림을 생각함으로 들뜨거나 두려워하는 것이 문제이다. 이것을 우리는 바울의 다음 말에서 알 수 있다. "형제들아, 우리가 너희에게 구하는 것은 우리 주 예수 그리스도의 강림하심과 우리가 그 앞에 모임에 관하여 혹 영으로나 혹 말로나 혹 우리에게서 받았다 하는 편지로나 주의 날이 이르렀다고 쉬 동심하거나 두려워하거나 하지 아니할 그것이라."(살후 2:1,2) 여기서 '쉬 동심(動心)한다'는 것은 마음이 쉽사리 요동하는 것을 말한다. '두려워한다'는 것은 깜짝 놀라는 것을 말한다. 즉, 예수님의 재림이 가까웠다고 소란을 피우거나 놀라거나 떠드는 것은 다 잘못임을 말한다. 예수님의 재림이 다가올수록 우리는 더욱 더 근신하여 우리에게 주어진 임무를 잘 감당해야 할 것이며, 두려워하거나 야단을 피울 것은 아니다.

그리고 나서 바울은 주님의 재림이 있기 전에 먼저 '배도(背道)하는 일'이 있을 것과 '불법의 사람' 곧 '멸망의 아들'이 나타날 것을 말한다(살후 2:3~4). 여기서 이것들이 각각 무엇을 뜻하는지는 알기 어렵다. '배도하는 일'은 교회가 전체적으로 또는 부분적으로 하나님을 버리고 타락하는 것을 말하는데, 구체적으로 어떤 '사건'을 가리키는지 아니면 어떤 '일반적 상황'을 가리키는지는 판단하기 어렵다. 그리고 '불법의 사람' 곧 '멸망의 아들'이 누구 또는 무엇을 가리키는지에 대해서도 의견이 분분하며 판단하기 지극히 어렵다. 먼저 이것이 '어떤 한 개인'을 가리키는지, 아니면 '집단적 세력'을 가리키는지가 문제이다. 그러나 3절 이하를 읽어보면 이것은 아무래도 한 특별한 개인을 가리킨다고 생각된다. 특히 4절의 말씀을 볼 때 이것을 개인이 아닌 어떤 세력으로 보는 것은 불가능하다고 생각된다. 그러나 구체적으로 누구를 가리키는가 하는 것은 여전히 알기 어렵다. 왜냐하면 이것은 우리가 알지 못하는 미래에 속한 일이기 때문이다(전 9:1 참조).

하지만 이 '불법의 사람'은 범사에 하나님을 '대적하는 자'로서 하나님의 성전에 앉아 자기를 하나님이라고 나타내는 자다(살후 2:4). 따라서 이 인물은 '적그리스도'(Anti-Christ)임이 분명한데, 요한일서에서 말하는 일반적인 '적그리스도들' 중의 하나가 아니라 이 세상의(거의) 마지막 때에 나타날 최후의 '적그리스도'다. 왜냐하면 이 '적그리스도'가 나타나면 예수께서 곧 그 입의 기운(πνεῦμα프뉴마)으로 죽이시고 강림하실 것이기 때문이다(8절). 따라서 데살로니가후서에서 말하는 '적그리스도'는 예수님의 재림 직전에 나타나서 극악무도한 패역을 행할 사단의 하수인으로 보는 것이 옳을 것이다('적그리스도'에 대해서는 J. Keulers의 상기 주석, pp. 75~80에 있는 De Antichrist와 거기 있는 참고문헌을 참조).

3. 규모 없이 행하는 자들

데살로니가교회의 중요한 문제 중의 하나는 위의 재림 대망과 관련된 것으로, 주의 날이 가까왔다는 것을 이유로 생업을 포기하고 일을 하지 않는 자들이 있었다는 것이다. 이들은 한편으로 매우 경건하고 열심 있는 것처럼 보이기도 했지만, 다른 한편으로는 뭔가 문제 있다고 느껴졌을 것이다. 기독교 역사상 이런 현상을 처음 맞이하는 데살로니가교회로서는 이런 태도에 대해 어떻게 생각해야 할지 분명한 판단이 서지 않았을 것이다. 사도 바울은 이런 자들을 가리켜 '규모 없이 행하는 자들'이라고 지칭하면서, 이들을 강하게 경계하고 있다(살전 5:14, 살후 3:6~12). 아마도 바울이 데살로니가에 편지를 보내게 된 이유 중의 하나는 바로 이들을 경계하기 위함이었을 것이다. 최소한 데살로니가후서를 보낸 직접적인 계기는 바로 이들을 경계하고 책망하기 위함이었다고 생각된다.

여기서 '규모 없이 행하는 자들'이란 '질서 없는 자들, 자기 자리를 지키지 않는 자들'이라는 의미인데(cf. Liddell~Scott, s.v.), 자기에게 주어진 일들을 하지 않고 이리 저리 돌아다니면서 일을 만드는 자들을 가리킨다(살후 3:11). 바울은 이들을 향하여 "누구든지 일하기 싫어하거든 먹지도 말라"고 단호하게 명하였다(살후 3:10). 이 말은 공산주의자들이 이해한 것처럼 '노동의 신성함'을 말한 것이라기보다도, 각자 하나님께서 주신 일을 성실하게 수행하는 것이 사람의 의무라는 의미로 이해해야 할 것이다. 이 둘은 결국 같은 말처럼 들릴지 모르지만, 전자는 노동 자체에 절대적 의미를 두는 것인 반면 후자는 하나님 앞에서 받은 우리의 사명을 강조하고 있다. 곧 우리가 일을 해야 하는 이유는 우리가 일을 함으로써 하나님께서 우리에게 주신 사명을 이루며(창 1:28, 3:15), 또한 다른 사람에게 폐를 끼치지 않고 도리어 남을 도울 수 있기 때문이다(엡 4:28). 따라서 "누구든지 일하기 싫어하거든 먹지도 말라"는 것은 노동자 계급을 두둔하는 노동 절대주의를 말하는 것이 아니라, 하나님 앞에서 인간이 올바르게 살아가는 모습들 중의 하나로써 말하고 있다. 그러므로 이것은 어린이들이나 노인들, 그리고 병약자들에게까지 무차별적으로 노동을 강요하는 것은 아니며, 일할 수 있는 능력을 가진 자들에게 합당한 것이 무엇인가를 말하는 것이다.

사도 바울은 이것을 가르쳐 주기 위해 자기는 비록 일하지 아니할 권리를 가지고 있었지만(고전 9:9~12), 그들에게 본을 보이기 위해 밤낮으로 일하면서 복음을 전하였던 것이다(살전 2:9, 살후 3:8,9). 이것은 오늘날의 교역자들도 바울을 본받아 세속 직업에 종사하면서 복음을 전해야 한다는 것이 아니다. 바울이 이렇게 한 것은 복음을 처음 전할 그 당시에 교회 성도들에게 노동의 필요성을 가르쳐 주고 불필요한 오해를 막고 복음 전파에 방해가 되지 않도록 하기 위해서였다. 그래서 그는 권리가 있음에도 불구하고 자비량하며 복음을 전했던 것이다. 따라서 이것은 특별한 경우이며, 오늘날의 '교역자들'에게 그대로 적용되는 규칙은 아니다. 바울이 말하고자 한 바는 오히려 '일반 성도들'이 주어진 일을 성실히 감당하며 살아야 한다는 것이다. 이것은 예수님의 재림을 믿는다고 해서 소홀히할 것이 아니라, 오히려 더욱 더 자기에게 주어진 일들을 성실히 감당해야 할 것을 말하는 것이다.

오늘날에도 우리 주위에는 예수님의 재림을 바라보며 오로지 천국에 가는 것만을 삶의 목표로 삼고 살아가는 사람들이 있다. 한편으로는 대단히 믿음이 좋고 열심이 특출하다고 생각되지만, 다른 한편으로는 뭔가 잘못된 믿음이라고 말하지 않을 수 없다. 왜냐하면 예수님께서 다시 오시는 것은 분명히 정해진 사실로서 때가 되면 당연히 오실 것이며, 우리가 관여할 사항이 아니다. 뿐만 아니라 우리가 천국에 가는 것도 때가 되면 다 갈 것인데, 늘 그것만 바라보고 사모하는 것은 옳지 않다.

물론 우리는 천국에 대한 소망은 확실히 가지고 있어야 하며 늘 그것을 바라보며 살아야 하지만, 그것도 지나치면 문제인 것이다. 하나님께서 우리를 이 세상에 태어나게 하시고 살게 하신 것은 우리로 하여금 오로지 천국에 가게 하기 위한 것만이 아니라, 이 세상에 살면서 우리의 삶을 통해 하나님의 이름을 높이고 하나님의 영광을 드러내며 하나님을 증거하게 하기 위함이다. 좁은 의미에서의 전도만이 우리의 삶의 목적이 아니라, 우리의 삶 전체를 통해 하나님을 영화롭게 하는 것이다. 곧 하나님을 믿는 사람이 의롭게 살며 열심히 살아서 형통하게 되는 것을 통해 하나님을 믿는 자의 삶이 불신자의 삶보다 더 우수한 삶임을 보여 줌으로써 하나님께 영광을 돌리는 것이다.

따라서 우리 그리스도인들이 힘쓰고 애써야 할 현장은 바로 이 세상이다. 천국은 죄가 없고 고통이 없는 좋은 곳이지만, 다른 한편으로 거기서는 우리가 더 이상 전도할 수도 없으며 하나님의 나라를 위해 일할 수도 없다. 따라서 이 세상은 비록 문제가 많고 갈등이 많은 고통스러운 곳이긴 하지만, 우리가 하나님을 위해 일할 수 있는 일터이기 때문에 더욱 더 의미 있고 값진 것이다. 그러므로 우리는 예수님께서 다시 오시기 전에 더욱 힘써 주님이 주신 일을 해야 할 것이다. 그리하면 주님이 다시 오실 때 하나님께는 영광이 되며, 우리에게는 큰 상이 있을 것이다.

03
데살로니가전서의 구원론

'하나님의 노하심'으로부터 우리를 건지시는 예수님

한국 교회 성도들에게 구원이 무엇이냐고 묻는다면 아마도 이렇게 대답할 것이다. '죄인인 인간이 예수 그리스도의 십자가 보혈의 권세를 믿음으로써 하나님으로부터 의롭다 하심을 얻고, 죽은 후 천국 가는 것이다.'

우리의 구원은 예수님의 십자가에서 나온다. 왜 예수님이 십자가에서 돌아가셨는가? 십자가는 죄인을 향한 하나님의 사랑을 보여 준다. "우리가 아직 죄인 되었을 때에 그리스도께서 우리를 위하여 죽으심으로 하나님께서 우리에 대한 자기의 사랑을 확증하셨느니라"(롬 5:8).

그러나 동시에 십자가는 하나님의 진노하심을 보여 준다. 바울은 죄의 세력 가운데 있는 인간의 실존을 "본질상 진노의 자녀"(엡 2:3)로 묘사하면서 "하나님의 진노가 불순종의 아들들에게 임"(엡 5:6)한다고 말한다. 죄인이 받아야 할 하나님의 진노가 예수님이 달려 죽으신 십자가에 쏟아진 것이다. 하나님의 진노! 얼마나 두렵고 떨리는 말인가? 스바냐는 종말의 심판이 있게 되는 날을 '여호와의 날'이라고 말하면서, "그날은 분노의 날"(습 1:15)이라고 선포한다. 또 이사야도 "잔혹히 분냄과 맹렬히 노하는 날"(사 13:9), "나 만군의 여호와가 분하여 맹렬히 노하는 날"(사 13:13)로 묘사한다.

하나님의 진노하심을 누가 피할 수 있으랴! 아무도 피할 수 없다. 오직 예수님을 믿는 자만이 피할 수 있다. 데살로니가전서에 나타난 구원은 바로 이것을 말한다.

> "또 죽은 자들 가운데서 다시 살리신 그의 아들이 하늘로부터 강림하심을 기다린다고 말하니 이는 장래 노하심에서 우리를 건지시는 예수시니라"(살전 1:10).
> "유대인은 주 예수와 선지자들을 죽이고 우리를 쫓아내고 하나님을 기쁘시게 아니하고 모든 사람에게 대적이 되어 우리가 이방인에게 말하여 구원 얻게 함을 저희가 금하여 자기 죄를 항상 채우매 노하심이 끝까지 저희에게 임하였느니라"(살전 2:15-16).
> "하나님이 우리를 세우심은 노하심에 이르게 하심이 아니요 오직 우리 주 예수 그리스도로 말미암아 구원을 얻게 하신 것이라"(살전 5:9).

이 글은 성경에 나타난 하나님의 '노하심'이 어떤 것인지 개략적으로 정리함으로써 데살로니가전서에서 말하는 구원의 배경을 살펴보려고 한다.

'하나님의 진노'에 관한 용어

진노(분노)를 뜻하는 히브리어로는 '아프'(אף), '헤마'(חמה), '하론'(חרון), '자암'(זעם) 등이 있다. 하나님의 분노든 사람의 분노든 가장 많이 사용된 것은 '아프'(140회)이다. 원래 이 단어는 '코'나 '콧구멍'을 의미하는데, 분노가 있는 곳이 코라고 생각했기 때문인 것 같다. "이에 땅이 진동하고 산의 터도 요동하였으니 그의 진노로 인함이로다 그 코에서 연기가 오르고 입에서 불이 나와 사름이여 그 불에 숯이 피었도다"(시 18:7~8). '하론'은 하나님의 진노에만 사용되며, 41회 등장한다. 21회 사용된 '자암' 역시 대부분 하나님의 진노를 묘사한다. 신약에서 '분노'(진노, 화냄)에 해당하는 대표적 헬라어로 '쒸모스'(θυμός)와 '오르게'(ὀργή)가 있다. '쒸모스'는 18회(요한계시록 10회, 바울 서신 5회

등), '오르게'는 36회(바울 서신 21회, 요한계시록 6회 등) 사용되었다. 바울 서신에서는 '쒸모스'가 주로 인간의 분냄을 가리키며 죄악의 목록에 올라가 있는 반면(고후 12:20; 갈 5:20; 엡 4:31; 골 3:8. 단, 롬 2:8에서는 하나님의 진노와 심판을 뜻한다), '오르게'는 대부분 하나님의 진노를 뜻한다. 그러나 요한계시록에서는 '오르게'와 '쒸모스'가 거의 모두 하나님의 진노를 나타내는 데 사용되었다.

하나님의 진노는 인간의 범죄에 대한 심판이다

구약에 나타난 하나님의 진노는 많은 경우 범죄에 대한 심판이었다. 하나님의 진노는 단순한 '감정'(affectus)이 아니라 죄악에 대한 심판이라는 하나님의 '행위'(effectus)다(Travis, 6:997). 하나님의 진노는 폭풍과 같은 자연재해로 나타나거나(사 30:30; 욜 1장), 기근이나 전염병으로(겔 5:13~17) 나타난다. 탐욕 속에서 죄를 짓도록 내버려 두는 것 역시 심판의 한 방법이다(롬 1:24~27).

예언서 이전에 하나님의 진노는 주로 죄를 범한 이스라엘 백성들을 향한 것이었다. 포로기와 그 이후로 가면 이방 민족에 대한 하나님의 진노가 언급된다. 하나님의 진노는 대개 이스라엘 백성 전체를 대상으로 하는 경우가 많지만, 한 개인의 범죄에 대해 나타나기도 한다. 웃사가 하나님의 궤를 붙잡은 일에 대한 하나님의 진노와 응징이 한 예다(삼하 6:7)

신약의 경우 성도의 범죄에 대한 하나님의 진노하심과 응징이 명확히 나타나 있지는 않다. 그러나 사도행전의 경우 하나님의 진노하심이라는 표현은 나오지 않지만, 하나님의 응징은 언급되어 있다. 예를 들어 성령을 속이고 돈을 감춘 아나니아와 삽비라가 죽은 것(롬 5:1~11)은 하나님의 응징이다.

또 바울은 고린도 교회의 부자들이 가난한 자들을 배제시킨 채 주의 만찬을 먹는 일에 대해 이렇게 말한 바 있다. "주의 몸을 분변치 못하고 먹고 마시는 자는 자기의 죄를 먹고 마시는 것이니라 이러므로 너희 중에 약한 자와 병든 자가 많고 잠자는 자도 적지 아니하니 우리가 우리를 살폈으면 판단을 받지 아니하려니와 우리가 판단을 받는 것은 주께 징계를 받는 것이니 이는 우리로 세상과 함께 죄 정함을 받지 않게 하려 하심이라"(고전 11:29~32). 고린도 교인들 가운데 병든 자와 잠자는 자(죽은 자)가 생긴 것은, 다 그런 것은 아니겠지만, 주의 만찬을 합당하게 먹고 마시지 않은 때문이다. 만약 주의 만찬의 의미를 제대로 알고 가난한 자와 함께 먹고 마셨다면 이러한 심판을 받지 않았을 것이다. 그러나 주님이 이러한 징계를 내리신 것은 고린도 교인들이 자신들의 잘못을 깨닫게 하기 위함이며, 마지막 날에 주님을 거부한 세상과 함께 정죄를 받지 않게 하기 위함이다.

하나님의 진노는 언약 관계 파괴에 따른 정당한 집행이다

게리 해리온(Herion, 6:989~996)에 따르면 창세기에서는 하나님이 화를 내셨다는 표현이 분명하게 나타나지 않는다. 문맥상 하나님의 진노가 전제되어 있기는 하지만, 창세기 저자는 하나님이 노하셨다는 말 대신 다른 표현을 쓰고 있다. 뱀을 저주하셨다(창 3:14), 아담과 이브를 추방하셨다(창 3:23), 가인의 제물을 받지 않으셨다(창 4:5), 사람을 지은 것을 후회하셨다(6:6), 바로와 그 집에 큰 재앙을 내리셨다(12:17), 소돔과 고모라를 멸하셨다(18:20) 등. 구약에서 하나님의 진노가 명시적으로 나타나고 있는 본문은 출애굽 사건에서다. 하나님은 당신의 부르심을 자꾸 거부하는 모세에게 화를 내셨다(출 4:13~14). 또 하나님은 이스라엘 백성을 뒤쫓아 온 이집트 군대에게 진노하셨다. "주께서 주의 큰 위엄으로 주를 거스르는 자를 엎으시니이다 주께서 진노를 발하시니 그 진노가 그들을 초개같이 사르니이다"(출 15:7). 특히 하나님의 진노는 시내 산 언약 체결 후에 자주 언급된다. 이것은 하나님의 진노의 주요 이유가 이스라엘 백성의 언약 불이행이었음을 보여 준다(Herion, 6:994).[3] 이스라엘의 언약 불이행, 즉 하나님이 주신 율법에 대한 불순종과 이에 대한 하나님의 진노 가운데 주목할 사항이 몇 가지 있다.

첫째, 이스라엘 백성이 하나님의 왕되심과 주권을 불신하고 반역할 때 하나님의 진노가 나타났다. 대표적인 사례가 이스라엘 백성들이 출애굽 후 광야길에서 보인 원망과 반역으로써, 민수기에 잘 나와 있다. 민수기의 히브리어 책 제목은 「베 미드바르」인데, 그 뜻은 '광야에서'이다.

먼저 민수기 11장을 보면 이스라엘 백성이 악한 말로 원망하자(본문은 구체적으로 어떤 내용인지 말하지 않고 있다), 여호와께서 듣고 진노하사 불로 심판하셨다(민 11:1). 또 이스라엘 백성들이 매일 만나만 먹는다고 불평하자 하나님께서는 메추라기를 질리도록 공급해 주시고, 그들이 메추라기를 먹을 때 그들에 대해 진노하사 심히 큰 재앙으로 치셨다(민 11:4~35). 이 사건에 대해 시편 기자는 이스라엘의 불신과 반역을 '하나님을 믿지 않으며 그의 구원을 의지하지 않은 때문이다'라고 설명한다(시 78편). 이스라엘 백성들은 하나님께서 시내 산 언약을 통해 약속하셨던 바, 당신께서 이스라엘의 왕으로서 그들을 책임져 주실 것을 믿지 못하고 원망하고 불평한 것이며, 하나님은 이에 대해 진노하셨던 것이다. 또 시편 59:13에서도 하나님의 진노는 당신의 다스림과 밀접하게 관련되어 있다. "진노하심으로 소멸하시되 없기까지 소멸하사 하나님이 야곱 중에 다스리심을 땅 끝까지 알게 하소서."

둘째, 이스라엘 백성들의 하나님에 대한 반역은 하나님이 세우신 지도자들에 대한 반역으로 나타났고, 하나님은 이들에게 진노하셨다. 민수기 12장에 따르면 구스 여자를 취한 모세를 미리암과 아론이 비방하자, 하나님께서는 아론과 미리암을 불러 당신과 모세의 특별한 관계를 언급하시며 그들이 모세 비방하기를 두려워하지 않은 것을 질책하신다. 그리고 그들을 향하여 진노하셨고, 미리암은 나병에 걸리게 된다. 하나님이 이들에게 진노하신 이유는 모세에 대한 비방은 하나님에 대한 도전이었기 때문이다.

또 민수기 16장에 따르면 하나님께서는 고라, 다단, 아비람, 온과 그 족속들이 모세와 아론에게 항거하였다는 이유로 진노하신다(민 16:22). 그러나 모세의 중재로 회중은 하나님의 심판을 모면하고, 반역한 자들만 땅이 입을 열어 그들과 그 모든 소유를 삼켜 산 채로 스올에 빠지게 되었다. 또 이에 동참한 족장 250명을 불살라 버리셨다. 이러한 하나님의 심판에 대해 왕대일 교수는 이렇게 말한다. "다단과 아비람은 모세의 권위에 도전하기 위해 '일어섰다'(민 16:2). 하지만 그들은 산 채로 음부로 '내려가는' 종말을 맞는다. 다단과 아비람은 회막으로 '올라가기를' 거부하고 애굽으로 '내려가기'를 소원했다(민 16:12, 14). 그런 다단과 아비람을 하나님은 아예 산 채로 음부로 '내려가게 하는' 벌을 내리신 것이다"(왕대일, 292). 하나님의 진노를 불러일으키는 자들은 그들이 원하는 바와 정반대되는 결과를 맞게 됨을 알 수 있다.

그 밖에 민수기 21:4~6에 따르면 이스라엘 백성이 하나님과 모세를 향하여 원망하자 하나님이 불 뱀을 보내어 이들을 죽이신다. 여기에 하나님이 노하셨다는 표현이 없으나 전제되어 있다고 볼 수 있다. 잘 알려진 대로 불 뱀에 물린 자들은 장대 위에 달린 놋 뱀을 보면 살아났다(21:8~9). 요한복음 저자는 이 말씀에 근거하여 십자가의 의미를 이렇게 설명한다. "모세가 광야에서 뱀을 든 것같이 인자도 들려야 하리니 이는 저를 믿는 자마다 영생을 얻게 하려 하심이니라 하나님이 세상을 이처럼 사랑하사 독생자를 주셨으니 이는 저를 믿는 자마다 멸망치 않고 영생을 얻게 하려 하심이라"(요 3:14~16). 여기서 '이처럼'이란 바로 모세가 광야에서 놋 뱀을 장대에 달아 들었을 때 사람들이 살아난 것을 가리킨다. 모세가 광야에서 놋 뱀을 장대에 달아 들었을 때 사람들이 살아난 것처럼, 십자가에 들려진(lifted up) 예수님을 믿는 자는 멸망치 않고 영생을 얻게 될 것이다. 즉 십자가는 하나님의 분노가 쏟아지는 심판의 장소이면서, 동시에 하나님의 구원의 장소인 것이다.

민수기 25장에서는 이스라엘 백성들이 싯딤에 머무를 때 모압 여자들과 음행하자, 여호와 하나님께서 이스라엘에 진노하사 모세에게 명하여 바알브올에게 가담한 자들을 죽이라고 명하셨다. 이때 한 이스라엘 남자가 모세와 온 회중의 눈앞에서 미디안 여인을 데리고 오자 비느하스가 창을 들어 이 두 사람을 죽인다. 비느하스의 이런 행동에 대해 하나님은 모세에게 "비느하스가 나의 질투심으로 질투하여 이스라엘 자손 중에서 나의 노를 돌이켜서 나의 질투심으로 그들을 진멸하지 않게 하였도다"(민 25:11)라고 말씀하셨다. 비느하스의 분노는 하나님의 질투심에서 비롯된 것이다. 비느하스의 분노는 두 명을 죽임으로써 이스라엘 자손을 구한다. 나아가 하나님은 비느하스의 질투심이 이스라엘 자손을 속죄하였다고까지 말씀하신다(민 25:13).

셋째, 이스라엘 백성이 약속의 땅 가나안에 들어간 후에는 이스라엘의 범죄는 주로 우상을 숭배하는 일이었다. 그것은 하나님만 섬겨야 한다는 언약을 범하는 일이었다.

> "만일 너희가 너희 하나님 여호와께서 너희에게 명하신 언약을 범하고 가서 다른 신들을 섬겨 그들에게 절하면 여호와의 진노가 너희에게 미치리니 너희에게 주신 아름다운 땅에서 너희가 속히 망하리라"(수 23:16).
> "여호와께서 이스라엘에게 진노하여 이르시되 이 백성이 내가 그 열조와 세운 언약을 어기고 나의 목소리를 청종치 아니하였은즉"(삿 2:20).

넷째, 하나님의 진노는 사회적 약자를 괴롭히는 자에 대한 응징으로 나타난다. "너는 이방 나그네를 압제하지 말며 그들을 학대하지 말라 너희도 애굽 땅에서 나그네이었음이니라 너는 과부나 고아를 해롭게 하지 말라 네가 만일 그들을 해롭게 하므로 그들이 내게 부르짖으면 내가 반드시 그 부르짖음을 들을지라 나의 노가 맹렬하므로 내가 칼로 너희를 죽이리니 너희 아내는 과부가 되고 너희 자녀는 고아가 되리라"(출 22:21~24). 예언서에 나타난 하나님의 진노는 상당 부분 사회적 불의 때문에 일어났다(사 1:23~24; 42:24~25; 암 8:4~10; 미 6장 등).

이방 민족에 대한 하나님의 진노

하나님의 진노는 이스라엘을 괴롭히는 이방 나라에 대해 나타나기도 했다. 포로기 이전까지 하나님의 진노는 이방인들에게 좀처럼 선포되지 않았지만, 포로의 상황을 배경으로 하는 예언서의 경우 이방 나라들에 대한 하나님의 진노가 나타나고 있다. 사실 하나님의 진노의 대상이 되고 있는 이방 나라들은 많은 경우 범죄 한 이스라엘을 징벌하기 위해 하나님이 도구로 사용하신 나라였다. 즉 이들은 하나님의 분노를 대행하는 국가들이었던 것이다. 이사야는 앗수르를 "나의 진노의 막대기요 그 손의 몽둥이는 나의 분한"(사 10:5)이라고 말한다. 필로는 '진노의 대행자'(διάκονοι τῆς ὀργῆς 디아코노이 테스 오르게스)라는 표현을 사용하였는데, 하나님은 자기 손으로 직접 악한 자들을 벌하지 않고 이들 대행자를 통해서 심판하심으로써 정의를 실행하신다고 보았다(Hanson, 60~61). 바울이 위정자들을 '하나님의 사역자'(διάκονος θεοῦ 디아코노스 쎄우. 롬 13:4)로 부르면서 이들은 "악을 행하는 자에게 진노하심을 위하여 보응하는 자"(롬 13:4)라고 말한 것도 같은 맥락에서 이해할 수 있다.

이방 나라들이 이스라엘을 향한 하나님의 진노를 대행하는 도구이기는 하지만, 그러나 그들의 잔혹함이 면죄되지는 않았다. 대표적인 예언서가 오바댜, 나훔 등이다. 오바댜서에는 하나님의 진노에 관한 언급이 없지만 에돔에 대한 심판을 말하고 있으며, '여호와께서 만국을 벌할 날'(옵 1:15)을 '여호와의 날'로 본다면 하나님의 노하심이 암시되어 있다고 볼 수 있다. 또 니느웨에 대한 심판을 선포하는 나훔서의 경우 1:2부터 하나님의 진노가 매우 구체적으로 언급되고 있다. "여호와는 투기하시며 보복하시는 하나님이시니라 여호와는 보복하시며 진노하시되 자기를 거스르는 자에게 보복하시며 자기를 대적하는 자에게 진노를 품으시며 여호와는 노하기를 더디 하시며 권능이 크시며 죄인을 결코 사하지 아니하시느니라"(나 1:2~3). 나훔서는 그분을 거스리고 대적하는 열방에 대해 분노하며 '보복하시는 하나님', 그분의 백성을 괴롭힌 자에 대한 하나님의 응징을 말하고 있다. 이들 열방이 이스라엘을 징벌하는 하나님의 도구로 사용되다가 하나님의 진노의 대상이 된 원인은 교만이다. 하나님께 대항했기 때문이다. 예레미야는 바벨론에 대한 하나님의 진노를 이렇게 말한다. "나 여호와가 그 병고를 열고 분노의 병기를 냄은 주 만군의 여호와 내가 갈대아인의 땅에 행할 일이 있음이라… 활 쏘는 자를 바벨론에 소집하라 무릇 활을 당기는 자여 그 사면으로 진을 치고 쳐서 피하는 자가 없게 하라 그 일한 대로 갚고 그 행한 대로 그에게 행하라 그가 이스라엘의 거룩한 자 여호와를 향하여 교만하였음이니라"(렘 50:25, 29).

세상의 종말과 하나님의 분노

예언서는 하나님의 심판이 이루어지는 날을 '여호와의 날'로 표현했다. 이 날은 하나님의 분노가 쏟아지는 날이다(습 1:18; 2:2, 3; 사 13:9, 13). '여호와의 날'은 묵시 문학에서 세상의 종말과 분명 밀접한 관계가 있다. 묵시 문학은 전형적으로 이 세대에 대해 소망을 두지 않는다. 이 세대는 하나님의 심판을 받아 멸망하게 될 것이고, 새로운 세대가 시작될 것이라고 본다. 그래서 이 세대의 마지막 일들은 하나님의 진노와 밀접한 관계가 있다. 다니엘서의 경우, 천사 가브리엘은 다니엘이 본 숫양과 숫염소에 관한 환상을 설명해 주면서 이렇게 말한다. "그가 내게 이르되 인자야 깨달아 알라 이 이상은 정한 때 끝에 관한 것이니라… 가로되 진노하시는 때가 마친 후에 될 일을 내가 네게 알게 하리니 이 이상은 정한 때 끝에 관한 일이니라"(단 8:17, 19). 세상의 종말은 하나님의 진노가 온전히 쏟아짐으로써 이루어질 것이다. 그러나 하나님의 자비를 얻은 자, 그분께 신실한 자는 하나님의 진노하심에서 구원받을 것이다. 이러한 사상이 신약에 나타난 하나님의 분노의 배경이 되고 있다.

신약에서도 하나님의 심판의 날은 분노의 날로 나타난다. 세례 요한은 자신에게 세례를 받고자 나오는 무리들에게 "독사의 자식들아 누가 너희를 가르쳐 장차 올 진노를 피하라 하더냐"(눅 3:7)라고 말한다. 바울 역시 로마서 2장에서 남을 판단하는 사람에게 임할 하나님의 심판을 분노의 날로 묘사한다(롬 2:5). 그러나 요한은 '예수 그리스도를 믿느냐'의 여부에 따라 영생과 하나님의 진노 여부가 이미 이 땅에서 이루어진다'(실현된 종말론)고 말한다. "아들을 믿는 자는 영생이 있고 아들을 순종치 아니하는 자는 영생을 보지 못하고 도리어 하나님의 진노가 그 위에 머물러 있느니라"(요 3:36).

무엇보다 하나님의 심판을 하나님의 진노로 묘사하는 대표적인 신약은 요한계시록이다. 요한계시록 6:17에 나오는 '진노의 큰 날'은 스바냐 2:14, 15에 언급된 '여호와의 큰 날'과 '분노의 날'이 결합된 형태다. 요한계시록에서는 마지막 심판 날에 대해 '하나님의 진노의 포도주 잔'이라고 묘사했다(계 14:10; 16:19, 참조 사 51:17~23). 특히 하나님의 진노는 "어린 양의 진노"(계 6:16)로 나타난다. 예수님은 우리의 죄를 대속하는 유월절 어린 양이셨지만, 이제 장차 하나님의 의로운 심판을 행하시는 분으로 나타난다는 뜻이다.

하나님의 진노로부터 구원받는 길

하나님의 진노가 이스라엘 백성들이 언약을 파기하고 범죄했기 때문에 임했다면, 하나님의 진노를 무마시키는 길, 즉 하나님의 진노로부터 구원받는 길은 무엇인가? 구약성경은 여러 가지 방법을 말해 주고 있지만 그 핵심은 회개다. 회개란 잘못된 것을 제거하고 다시 성결케 되는 것이다.

1. 범죄자에 대한 처벌

먼저, 회개는 때로 범죄자에 대한 처벌로 나타나는데, 대표적인 사례가 아간 사건이다. 여호수아가 이끄는 이스라엘 백성이 여리고 성을 함락시킨 후 여호와께서 이스라엘 자손들에게 진노하셨다. 아간이 하나님의 지시를 어기고 하나님께 온전히 바쳐진 물건을 몰래 취했기 때문이다. 하나님은 이미 여리고 성 전투에 앞서 분명히 지시하셨다. 여리고 성에 있는 모든 것을 여호와께 온전히 바치라고. 그렇지 않으면 고통을 당하게 될 것이라고. 그러니 바친 물건에 손대지 말라고 말씀하셨다(수 6:17~19). 아간은 이 명령을 어긴 것이다. "아간이 바친 물건을 취하였음이라"(수 7:1). 하나님은 이러한 아간의 범죄를 언약을 어긴 행위로 규정하셨다. "이스라엘이 범죄하여 내가 그들에게 명한 나의 언약을 어기었나니 곧 그들이 바친 물건을 취하고 도적하고 사기하여 자기 기구 가운데 두었느니라"(수 7:11).

하나님은 당신의 진노를 풀 수 있는 방법을 제시하셨는데, 그것은 이스라엘 백성을 거룩하게 하는 일이었다(수 7:12b~13). 이스라엘의 거룩은 범죄자에 대한 처벌을 통해 이루어져야 했다. 그리하여 여호수아는 제비뽑기를 통해 아간이 범인임을 확인하고 아간과 그의 가족들과 소유들을 이끌고 아골 골짜기로 가서 돌로 쳐 죽인다. 물건들도 돌로 치고 불살라 버렸다. 그 후에야 여호와께서 그의 맹렬한 진노를 그치셨다. 아간 한 사람의 범죄로 인해 이스라엘 전체가 범죄한 사람이 되었기에, 그에 대한 처벌은 불가피했다.

바울도 고린도 성도가 아비의 아내를 취하는 패륜을 범한 자를 쫓아내지 않은 것에 대해 누룩의 비유를 들어 심히 꾸중하였다. 즉 성도는 누룩 없는 자인데, 새 덩어리가 되기 위해서는 묵은 누룩, 즉 악의에 찬 누룩을 내버려야 한다. 적은 누룩이 온 덩어리에 퍼지지 않게 해야 한다. 누룩이 없이 오직 순전함과 진실함의 떡이 되어야 한다는 논리였다(고전 5:1~8). 또한 주전 1세기에 쓰인 것으로 여겨지는 마카비 1서 3:8에 따르면 유다는 경건치 못한 자들을 죽임으로써 '이스라엘로부터 진노를 돌려놓은 자'로서 묘사되고 있다.

2. 희생 제사

하나님의 진노를 푸는 길은 희생 제사를 드리는 것이다. 즉 제사 제도는 범죄한 인간이 하나님의 진노를 피하기 위한 방법이다. 신약에서 예수님의 죽음을 '화목 제물'(ἱλαστήριον 힐라스테리온, 롬 3:25; ἱλασμός 힐라스모스, 요일 4:10)로 언급하는 것은 십자가의 죽음이 하나님의 진노를 무마시켰기 때문이다.

3. 의로운 자의 중보기도

하나님의 진노는 의로운 자의 중보기도를 통해 풀어지기도 했다. 모세가 범죄한 이스라엘 백성을 위해 기도한 것이 그 대표적인 예다. 모세가 나병에 걸린 미리암을 위해 기도하자 하나님은 진노를 푸셨다. 고라 자손의 반역 이후 이스라엘 자손의 온 회중이 "너희가 여호와의 백성을 죽였도다"(민 16:41) 라고 말하며 모세와 아론을 원망하자, 하나님께서 진노하사 이들을 치시려고 했다. 이에 모세가 제단의 불을 담은 향로를 가져다가 회중에게 가서 속죄하자 이미 시작된 염병이 그쳤다(민 16:41~50). 그러나 중보기도에도 불구하고 하나님께서 분노를 그치지 않은 경우도 있다. 가나안 정탐 소식을 들은 이스라엘 백성들이 하나님과 모세를 원망하자 하나님께서 전염병으로 치려고 하셨다. 그때 모세가 중보기도를 드렸다(민 14:13~19). 그러나 이번 경우는 여호수아와 갈렙을 제외한 나머지를 가나안 땅에 들어가지 못하게 하셨다. 한편으로 생각하면 이스라엘 백성들을 즉각적으로 벌하지 않았다는 점에서 모세의 중보기도가 하나님의 진노를 누그러뜨렸다고 볼 수 있겠다.

4. 마음의 회개

범죄자를 처벌하고, 희생 제사를 드리는 것도 회개의 한 형태이기는 하지만, 진정한 마음의 회개가 중요하다. 자신의 죄악에 대해 뉘우치고, 하나님의 긍휼하심을 바라는 마음의 회개가 하나님의 진노를 누그러뜨릴 것이다. 예레미야는 유다 백성들이 육체의 할례가 아닌 '마음의 가죽을 베는 할례'를 행하여 여호와께 속하라고 촉구한 바 있다. 그렇지 않으면 유다 백성들의 악행으로 말미암아 하나님의 분노가 불같이 일어나 그들을 사르게 될 것이라고 경고한다(렘 4:4). 나아가 예레미야는 새 언약을 소망한다. 새롭게 맺을 언약은 마음에 기록될 것이다.

에스겔은 예레미야의 새 언약을 하나님께 주실 새 영, 새 마음으로 말하였다. "또 새 영을 너희 속에 두고 새 마음을 너희에게 주되 너희 육신에서 굳은 마음을 제하고 부드러운 마음을 줄 것이며 또 내 신을 너희 속에 두어 너희로 내 율례를 행하게 하리니 너희가 내 규례를 지켜 행할지라 내가 너희 열조에게 준 땅에 너희가 거하여 내 백성이 되고 나는 너희 하나님이 되리라"(겔 36:26~28). 이 새 언약의 성취가 예수님에 의해 이루어졌으니, 그것이 바로 신약이다. 에스겔의 예언은 성령의 부어 주심으로 이루어졌다. 결국 하나님의 진노로부터의 구원은 예수님의 살과 피로 맺어진 새 언약을 받아들이는 자, 그 선물로 성령을 받은 자만이 얻을 수 있는 것이다.

5. 의인의 죽음 혹은 순교다

마카비 2서 7:38에 따르면 의인(7명의 순교자)의 죽음이 이스라엘 백성에게 내려질 진노를 달래는 역할을 한다. 나아가 마카비 4서 17:22; 6:27, 28; 12:18에도 의인의 죽음이 하나님의 분노를 달랜다는 사상이 나타나 있다. 이것은 신구약 중간기에서 비로소 나타난 하나님의 진노 사상에 있어서 새로운 개념이다(Hanson, 42~44). 누가복음에 따르면 로마 백부장이 예수님의 죽음을 보고 "이 사람은 정녕 의인이었도다"(눅 23:47)라고 말한 것은 의인의 죽음이 죄를 사한다는 전통의 맥락에서 이해될 수 있다.

하나님의 진노와 자비

예언자는 범죄한 이스라엘에게 하나님의 진노하심을 전하는 자다. 그러나 동시에 하나님의 사랑을 말한다. 호세아는 진노가 하나님의 사랑의 또 다른 표현이라고 말한다. "내가 사람이 아니요 하나님임이라"(호 11:8~9)는 말은 하나님께서는 본질적으로 사랑이시며, 진노는 순간적인 것이라는 뜻이다. 하나님의 진노는 변덕스러운 감정이 아니다. 백성을 향한 사랑이었다.

이사야 역시 마찬가지였다. 소위 제2이사야는 구원과 소망의 메시지를 전하면서 하나님의 진노가 일시적임을 말한다(사 48:9; 57:16; 60:10). 하나님의 사랑이 그 진노를 더디게 만든다는 구약의 사상은 "은혜로우시며 자비로우시며 노하기를 더디하시며 인애가 크시사 뜻을 돌이켜 재앙을 내리지 아니하시는 하나님"(욘 4:2)처럼 정형화된 표현으로 다듬어져 구약 곳곳에서 사용되고 있다(출 34:6; 민 14:18; 시 86:15; 103:8; 145:8; 욜 2:13 등).

시편 85편의 저자 역시 하나님의 진노와 자비의 문제를 제기하고 있다.

느헤미야 이후 회복기 후반에 쓰인 것으로 보이는 시편 85편은 크게 두 부분(시 85:1~7, 8~13)으로 나뉘는데, 전반부에 나오는 주의 진노는 이스라엘이 포로로 잡혀간 것과 또 저자가 이 시편을 쓸 때 이스라엘 백성이 당하는 고난을 의미하는 것으로 보인다. 후반부에서 저자는 메시아 시대에 주의 진노와 자비가 서로 화해되는 그림을 그리고 있다. "'긍휼'(인애, 헤세드)과 '진리'(에메트)가 같이 만나고 '의'(체데크)와 '화평'(샬롬)이 서로 입맞추었으며"(시 85:10). 여기서 '인애'는 하나님의 신실하신 사랑이다. '화평'은 하나님과 이스라엘이 화해되었을 때 그에게 내려지는 복이다. 이 점에서 이 둘은 서로 한 쌍을 이룬다. 반면에 '의'와 '진리'는 죄를 간과하지 않는 거룩하고 의로우신 하나님의 심판과 관련되어 있다는 점에서 서로 한 쌍을 이룬다(Hanson, 18~20).

한편 핸슨에 따르면 이사야 64:5~7은 죄가 하나님의 분노를 일으키는 원인이면서 또한 그 진노의 결과임을 암시하고 있다(Hanson, 16~18). "우리가 범죄하므로 주께서 진노하셨사오며… 우리의 죄악이 바람같이 우리를 몰아가나이다… 주께서 우리에게 얼굴을 숨기시며 우리의 죄악을 인하여 우리로 소멸되게 하셨음이니이다"(사 64:5~7). 루터는 "죄는 죄를 짓게 할 수 있다"(peccatum est peccati poena)고 말했는데, 이것은 죄란 죄에 대한 벌이라는 말이다. 즉 '죄→진노→죄'가 계속해서 되풀이되는 것이다. 이사야는 그의 백성이 계속해서 죄를 짓는 데는 하나님의 진노가 관계되어 있음을 알고 있었다. 그들은 그들이 지은 죄의 지배 아래 있으며, 그들 자신의 힘으로써는 거기서 벗어날 수 없다는 것이다. 그래서 그는 하나님의 개입을 간구한다. "원컨대 주는 하늘을 가르고 강림하시고 주의 앞에서 산들로 진동하기를… 주께서 강림하사"(사 64:1~3). 그는 '죄→진노→죄'라는 악순환을 해결하는 유일한 힘으로 하나님의 은혜, 즉 하나님의 결정적 개입밖에 없음을 알았던 것이다. 죄는 하나님의 은혜로만 해결된다. 죄악에 대한 하나님의 진노는 당신의 은혜와 자비에 의해서만 풀린다. 인간이 드리는 제사와 회개도 하나님의 자비를 촉발시킬 뿐이며, 하나님의 진노에서 우리가 건짐을 받는 것은 하나님의 한량없는 자비와 긍휼 덕분임을 기억해야 한다.

04
바울의 재림론[1]

바울은 그리스도의 재림을 확신하고 산 사람이다. 바울은 예수님의 십자가상의 죽음과 부활을 되돌아보고 예수님의 재림을 바라다보면서 살았던 사도이다(살전 1:10). 따라서 바울의 신학 구조는 그리스도의 재림이 없으면 형성될 수 없는 것이다. 바울이 성도들의 부활을 논증할 때도 그리스도의 재림을 전제로 했다. 이제 예수님의 재림과 관련된 바울 서신의 구절들을 통해 재림의 때와 확실성, 재림과 공평성, 재림과 주권성, 재림과 성도의 소망, 그리고 재림과 구속 계획의 완성에 관해 고찰하기로 한다.

재림의 때와 그 확실성

1. 고린도전서 15:21~28

바울 사도가 고린도전서 15장에서 그리스도의 부활과 성도들의 부활의 관계를 설명할 때, 먼저 그리스도의 부활을 증명한다(고전 15:1~11). 바울의 이런 증명을 들을 때 고린도 교회 성도들은 '우리도 그리스도의 부활을 믿지만 그러나 우리의 형제, 자매가 죽은 후 다시 살아난 일이 없지 않는가'라고 의문을 제기할 수 있다. 그래서 바울은 그리스도의 부활과 성도의 부활이 별개의 사건으로 발생한 것이 아니요 연합된 사건이라고 설명한다(고전

15:12~20). 바울은 죽은 자의 부활이 없으면 그리스도가 살아났다고 해서 무슨 소용이 있느냐고 논증한다(고전 15:13, 16). 그리고 그리스도의 부활이 모든 죽은 자의 부활의 첫 열매이기 때문에 성도들의 부활이 반드시 있을 것이라고 증거 한다(고전 15:20). 바울은 자신이 성도들의 부활의 확실성을 그리스도의 부활과 성도들의 부활의 연합 개념으로 증거 할지라도 고린도 교회 성도들의 마음에 아직도 남아 있는 질문이 있다는 것을 알고 있다. 그것은 성도들의 부활이 언제 있을 것인지에 관한 것이다. 그래서 바울은 그때에 대한 고린도 교회 성도들의 의구심을 풀어 주기 위해 고린도전서 15:21~28에서 성도들이 부활할 때에 관해 비교적 자세하게 설명한다.

바울은 고린도전서 15:22에서 아담과 그리스도를 비교한 후 그리스도의 구속 성취의 시간성을 소개한다. "먼저는 첫 열매인 그리스도요 다음에는 그리스도 강림하실 때에 그에게 붙은 자요 그 후에는 나중이니 저가 모든 정사와 모든 권세와 능력을 멸하시고 나라를 아버지 하나님께 바칠 때라"(고전 15:23~24). 메시아로 이 땅에 오신 예수님은 십자가상의 죽음을 통해 인간의 죄 문제를 해결하고 사흘 만에 부활하심으로 그를 믿는 자들에게 영원한 생명을 주셨다. 바울은 '먼저는 첫 열매인 그리스도요'를 통해 예수님의 역사적 부활을, '다음에는 그리스도 강림하실 때에 그에게 붙은 자요'를 통해 예수님의 재림 때에 있을 성도들의 일반 부활을 언급했다. 그리고 그때가 이 세상의 마지막이 될 것이라고 '그 후에는 끝이니'라고 말하고 있다. 여기서 우리는 바울이 예수님의 재림의 때와 성도들의 일반 부활의 때의 동시성을 확인하고 있음을 본다.

그런데 어떤 이는 '다음에는'(ἔπειτα 에페이타)과 '그 후에는'(εἶτα 에이타)의 용법에 근거하여 바울이 여기서 부활이 두 번 있을 것을 말하고 있다고 주장한다. 즉 먼저는 첫 열매인 그리스도의 부활이 있고, '다음에는' 그리스도 강림하실 때에 그리스도에게 붙은 자의 부활이 있을 것이며, 그리고 '그 후에는' 첫 번째 부활에서 살아남지 못한 자들(믿지 않은 유대인이나 이방인들)의 부활이 있을 것을 말하고 있다고 주장하는 것이다. 또 어떤 이는 비슷한 개념으로 '다음에는'과 '그 후에는' 사이에 중간기 왕국(혹은 천년 왕국)이 있을 것을 말하고 있다고 주장한다. 그러나 '먼저는'과 '다음에는' 그리고 '그 후에는'의 관계는 문맥으로 볼 때 전체 부활에서 오직 예수님의 부활과 성도들의 일반 부활만 있음을 증거 한다. 그 뜻은, 먼저는 그리스도의 부활이 있고 다음에는 예수님의 재림 때에 성도들의 일반 부활이 있고 '그 후에는' 끝이라는 것이다. '에이타 토 텔로스'는 '그 후에는 끝이니' 혹은 '그 후에는 마지막이니'라는 뜻이다. '그 후에는' 다음에 두 개의 시간을 나타내는 구절이 뒤따르는데, 바울은 두 개의 '~할 때'(ὅταν 호탄)를 사용하여 세상 끝에 무슨 일이 있을 것인지를 설명한다. '그 후에는'은 종말로, 예수님이 나라를 아버지께 바칠 때이며 모든 대적을 멸망시킬 때이다. 어떤 이는 본문에 동사가 없기 때문에 미래 시상인 '에스타이'를 제공하여 '그 후에 끝이 올 것이며'로 미래 사건으로 해석하여 '다음에는'과 '그 후에는' 사이에 장시간의 간격이 있을 것으로 생각한다. 또 어떤 이는 '에이타 토 텔로스'를 '그 후에는 남은 자들'로 해석하여 성도들과 남은 자들 즉 악한 자들을 구분하여 성도들의 일반 부활이 예수님의 재림 때에 있고, 악한 자들의 부활은 오랜 시간이 흐른 후에 있을 것으로 생각한다. 또 어떤 이는 '토 텔로스'를 '그 후에는 부활이 끝나게 될 것이니'로 해석하여 역시 '다음에는'과 '그 후에는' 사이에 긴 시간이 있을 것으로 생각한다. 그들은 먼저 성도들의 부활이 있고 오랜 시간 후에 불신자들의 부활이 있다고 생각하는 것이다. 그러나 '그 후에는'은 '토테'와 같은 뜻으로 사건들의 순간적인 연속을 표현하는데 사용될 수 있다. 즉 '다음에는'과 '그 후에는' 사이에 장시간의 간격이 있는 것으로는 해석할 수 없으며 더욱이 한 천년 되는 간격이 있을 것으로는 결코 생각할 수 없는 것이다.

바울은 예수님이 재림하실 때 성도들은 죽은 자 가운데서 부활할 것이며 바로 그때 마지막 원수인 사망이 멸망 받게 될 것이라고 설명한다(고전 15:26). 그리고 마지막 원수인 사망이 멸망 받을 때 하나님이 만유의 주로서 통치하시게 될 것이다. 그때에 그리스도는 그의 모든 구속적 성취를 아버지께 바치게 될 것이다. 칼빈은 "그때에는 하나님께서 어떤 중간 역할 없이 하늘과 땅을 직접 다스리실 것이다. 그는 그런 뜻으로 전체(all)가 되실 것이다. 그리고 그 결과 하나님은 종국적으로 모든 것 안에(만유 안에, 참조 고전 15:28) 계시되, 모든 사람들 안에 뿐만 아니라 모든 창조물 안에 계시게 될 것이다"(Calvin 1973, 328)라고 해석한다. 쿨만은 "모든 구속적 행위의 마지막 성취가 아들이 아버지에게 드리는 최종적인 복종으로 정확히 묘사된 것은 대단히 의미심장한 것이다"(Cullmann 1959, 293)라고 말하면서 고린도전서 15:28을 "모든 신약 기독론을 이해하는 열쇠"라고 설명한다. 벵겔은 "아버지는 아들 없이 통치를 시작하지 않을 것이며 아들은 아버지 없이 통치하시지 않을 것이다. 그 이유는 아버지와 아들의 왕국은 영원으로부터 영원에 이를 것이기 때문이다"(Bengel 1981, 256)라고 아버지가 통치할 왕국의 특성을 바로 묘사해 주고 있다. 바울은 예수님의 재림 때에 예수님께서 설립하신 나라를 하나님 아버지께서 받으실 때라고 말한다. 예수님의 재림 때에 하나님은 메시아이신 예수님이 이루신 모든 구속적 성취를 받으실 것이다. 그때가 성도들이 모두 부활체를 입게 되는 때이며, 그때가 이 세상의 끝이요 마지막이다.

2. 데살로니가전서 4:13~18

데살로니가전서는 그리스도의 재림이 중요한 주제가 될 만큼 각 장마다 예수 그리스도의 강림에 관한 내용이 나온다(1:10; 2:19; 3:13; 4:13~18; 5:1~11, 23). 4:13~5:11에서는 그리스도의 재림을 집중적으로 다루고 있는데, 첫째 부분(4:13~18)에서는 그리스도의 강림의 확실성을 근거로 그 강림이 누구에게나 공평한 사건이 될 것임을, 둘째 부분(5:1~11)에서는 그리스도의 강림이 도적과 같이 예고 없이 갑자기 있게 될 것을 설명하고 있다. 여기서는 그리스도의 강림의 확실성과 공평성을 다루는 첫째 부분을 고찰하도록 한다.

1) 자는 것으로 묘사된 성도의 죽음(4:13)

죽음은 그 자체로 고통스러운 경험이다. 영광의 상태로 인도하긴 하지만 죽음 자체는 관계의 단절, 이별이 있어 고통스럽다. 바울이 '죽음'을 '잠'으로 묘사한 것은 완곡어법을 활용한 것이다. 이 완곡어법을 성도들에게만 적용했고 예수 그리스도에게는 적용하지 않았는데, 예수 그리스도의 죽음은 구속의 성취와 직결된 죽음이었기 때문에 '잠'으로 묘사할 수가 없었다.

"형제들아 자는 자들에 관하여는 너희가 알지 못함을 우리가 원치 아니하노니"(살전 4:13)라는 바울의 묘사처럼 성경 여러 곳에서 '죽음'을 '잠'으로 묘사한다. 성경은 예수님의 부활 때에 죽은 성도들의 부활을 묘사하면서 "무덤들이 열리며 자던 성도의 몸이 많이 일어나되"(마 27:52)라고 설명했다. 예수님은 나사로의 죽음을 가리켜 "우리 친구 나사로가 잠들었도다"(요 11:11)라고 말씀하시고 마치 '잠든' 자를 깨우는 것처럼 "그러나 내가 깨우러 가노라"(요 11:11)고 말씀하신다. 스데반 집사의 죽는 모습은 "무릎을 꿇고 크게 불러 가로되 주여 이 죄를 저들에게 돌리지 마옵소서 이 말을 하고 자니라"(행 7:60)로 묘사되었다. 바울은 성도들의 부활을 설명하면서 성도들의 죽음을 그리스도 안에서 '잠자는 것'으로 묘사한다(고전 15:6, 18).

신약에서 성도의 죽음을 '자는 것'으로 묘사하는 배경은 구약에 근거를 두고 있다. 야곱은 죽음을 앞에 두고 자신의 죽음을 '조상들과 함께 눕는 것'으로 묘사한다. "내가 조상들과 함께 눕거든 너는 나를 애굽에서 메어다가 선영에 장사하라"(창 47:30). 하나님께서 다윗과 언약을 맺으시면서 "네 수한이 차서 네 조상들과 함께 잘 때에 내가 네 몸에서 날 자식을 네 뒤에 세워 그 나라를 견고케 하리라"(삼하 7:12)고 위로의 말씀을 주신다. 이렇게 성경은 죽음을 '잠자는 것'으로 묘사하여 고통스러운 경험을 완화시켜 표현한다.

이제 '죽음'을 '잠'으로 묘사하는 더 깊은 의미를 생각해 보자. 잠은 활동과 노동으로부터 쉬는 기간이다. "또 내가 들으니 하늘에서 음성이 나서 가로되 기록하라 지금 이후로 주 안에서 죽는 자들은 복이 있도다 하시매 성령이 가라사대 그러하다 저희 수고를 그치고 쉬리니 이는 저희의 행한 일이 따름이라 하시더라"(계 14:13). 이처럼 성도들의 죽음은 그들의 수고를 그치고 쉬는 것과 같기 때문에 성경은 죽음을 '잠자는 것'으로 묘사한 것이다.

성경이 죽음을 '잠자는 것'으로 묘사하는 다른 측면은 잠자는 사람은 잠자는 상태에서 다시 깨어나는 것처럼 죽은 성도들도 영광스러운 부활로 깨어날 것이기 때문이다. 성도가 죽으면 영혼은 이 세상을 향해서는 잠자는 상태로 들어간다(욥 7:9~10; 전 9:3~6). 잠자는 상태는 활동이 정지되므로 서로 간의 관계가 끊어지게 되고 따라서 죽은 자는 점점 이 세상에서 잊혀 가게 된다. 그러나 성도의 영혼은 오는 세상에 대해서는 깨어 있는 상태이다. 부자와 나사로의 이야기(눅 16:19~31)는 이를 증거 하고 있다. 부자와 나사로는 죽은 후에 깨어 있는 상태로 있었다. 부자는 죽은 후에 깨어 있는 상태로 아직 이 세상에서 살고 있는 자신의 다섯 형제의 구원 문제에 관심을 보이고 있다(눅 16:28). 예수님과 함께 십자가에 매어 달린 한 강도가 회개할 때 예수님께서 "내가 진실로 네게 이르노니 오늘 네가 나와 함께 낙원에 있으리라"(눅 23:43)고 말씀하신 것도 죽음 후에 영혼이 깨어 있음을 증거 하고 있는 것이다(참조 고후 5:8; 빌 1:21~23; 계 7:15~17; 20:4). 이처럼 성도의 영혼은 죽음 후에 무의식 상태로 들어가는 것이 아니요, 오는 세상에서 깨어 있는 상태로 있는 것이다. 성경이 '죽음'을 '잠'으로 묘사할 수 있는 것은 '잠'이 깨어날 수 있는 것을 전제하는 것처럼 죽음도 영광스럽게 깨어날 수 있기 때문이다.

그래서 성도는 죽음이 앞에 있을지라도 소망이 있다. 히브리서 저자는 구약의 성도들이 "믿음을 따라 죽었으며"(히 11:13)라고 표현함으로 같은 사상을 전한다. 구약 성도들이 '믿음으로' 살았다는 말은 믿음의 결단으로 생활하고 행동했다는 뜻이지만, '믿음을 따라 죽었다'는 말은 죽음을 믿음의 원리로 맞았다는 뜻이다. 그들은 죽음의 시간에 믿음의 원리에 따라 죽음을 맞이했다. 그들은 죽음이 마지막이 아니요 오히려 영생의 관문임을 믿으면서 죽음을 대한 것이다. 이처럼 성도는 소망으로 죽음을 맞이할 수 있다.

바울은 데살로니가 성도들이 죽음과 그 이후의 삶에 대해 무지하기를 원치 않는다. 그 이유는 성도들이 죽음을 맞이해도 "소망 없는 다른 이와 같이 슬퍼하지 않게 하려 함"(살전 4:13)이기 때문이다. 성도들은 죽음 이후의 영광스런 삶에 대해 확실한 소망을 가지고 산다. 바울이 이렇게 말한 이유는 그 당시 데살로니가 성도들이 죽은 자들의 몸이 어떻게 부활할 것인지에 대한 확신도 없었고 소망도 없었기 때문이다. 바울은 성도들에게는 죽음 이후 삶에 대한 소망이 있다고 강조해서 말한다. 바울은 '형제들'과 '소망 없는 다른 이들'을 대비시킴으로, 형제들은 영광의 부활을 할 것이지만 '소망 없는 다른 이들'은 부활의 소망이 없음을 확실히 한다(살전 4:13). 바울이 성도들의 죽음을 자는 것으로 표현한 것은 성도들의 죽음이 끝이 아니요 예수님의 재림 때에 성도들이 다시 일어날 것을 뜻한다. 성도들은 예수님의 재림 때에 부활할 것을 확신하는 가운데 소망을 가지고 산다. 성도들은 자는 자들이 아침에 다시 일어나는 것처럼 예수님의 재림 때에 확실하게 부활할 것이다.

2) 부활에 있어서 예수님과 성도들의 연합(살전 4:14)

예수님의 부활은 성도들의 부활의 첫 열매이다(고전 15:20; 롬 8:29). 그러므로 예수님의 부활이 확실한 만큼 성도들의 부활도 확실한 것이다. 바울은 "우리가 예수의 죽었다가 다시 사심을 믿을진대"(살전 4:14)라고 말함으로 데살로니가 성도들이 예수님의 부활에 대해서는 의심하지 않고 있음을 밝힌다. '예수의 죽었다가 다시 사심'은 바울 서신에 나타난 복음의 내용 중 가장 축소된 내용이다(참조 롬 10:9~10). 바울은 복음과 관련 있는 사람들에 대해서만 말하고 있다. '예수 안에서 자는 자들'은 성도들을 가리킨다. 예수님의 재림은 성도들만의 잔치이다. 불신자들은 그 잔치에 초대받지 못할 것이다. 그래서 바울은 '예수 안에서 자는 자들만' 즉, 예수를 믿는 성도들만 하나님께서 데리고 오실 것을 확실히 한다. 성도는 그리스도의 생애와 연합된 사람이며, 그리스도의 삶과 죽음과 부활과 승귀와 연합된 존재이다. 그러므로 바울은 성도들의 죽음을 가리켜 '예수 안에서 자는 자들'이라고 표현한다. 바울은 그의 서신에서 그리스도와 성도들이 연합되었음을 풍부한 자료로 증거하고 있다. 그리스도와 성도들은 '함께 살고'(롬 6:8), '함께 고난 받고'(롬 8:17), '함께 십자가에 못 박히고'(롬 6:6), '함께 죽고'(롬 6:8; 고후 7:3), '함께 장사지내고'(롬 6:4), '함께 부활하고'(골 2:12; 3:1), '함께 살림을 받고'(골 2:13; 엡 2:5), '함께 영광에 이르고'(롬 8:17), '함께 후계자가 되고'(롬 8:17), 그리고 '함께 통치한다'(딤후 2:12; 롬 5:17). 바울은 그리스도와 성도의 연합을 근거로 그리스도와 연합된 성도들의 장래를 하나님이 책임져 주신다고 분명히 밝히고 있다.

바울은 예수님의 재림 때에 예수님 안에서 자는 자들을 하나님이 데리고 오실 것이라고 말한다(살전 4:14). 여기 예수님의 재림 때에 발생할 사건들의 간단한 요약이 있다. 바울의 논리는 다음과 같다. 하나님께서 예수님의 재림 때에 예수님과 함께 죽은 성도들의 영혼을 하늘로부터 데리고 오며, 죽은 성도들의 영혼은 곧 그들의 부활체와 연합을 하게 될 것이며, 예수님의 재림 때에 살아 있는 성도들도 부활체를 입고, 부활체를 입은 모든 성도들이 공중에 끌려 올라가 주님을 만나게 되고 영원히 주님과 함께 살게 될 것이다(살전 4:14~17). 이와 같은 바울 신학의 구조를 생각할 때 예수님의 재림이 없으면 그의 모든 신학적 사고가 성립할 수 없는 것이 되고 만다. 따라서 예수님의 부활과 재림 그리고 예수님의 재림 때에 있을 성도들의 일반 부활은 바울 신학의 큰 기둥 역할을 하는 것이다.

예수님의 재림과 공평성

바울은 데살로니가전서 4:15~17에서 예수님의 재림 때에 있을 일에 관한 '주님의 말씀'의 내용을 소개한다. '주의 말씀'의 내용은 예수님이 재림하시면 그 당시 살아남아 있는 성도들이나 이미 죽은 성도들이나 공평하게 부활체를 입고 주님을 영접하게 된다는 것이다. 데살로니가전서 4:14의 '주님의 말씀'은 예수님이 직접 언급한 말씀이라고 생각하는 것이 가장 타당하다. 그러나 이런 내용이 복음서에 언급되어 있지 않다. 이 구절과 가장 근접한 내용은 "저가 큰 나팔소리와 함께 천사들을 보내리니 저희가 그 택하신 자들을 하늘 이 끝에서 저 끝까지 사방에서 모으리라"(마 24:31)이다. 이처럼 비슷한 내용이 복음서에 나오지만 그 내용이 이 구절의 내용과 상당한 거리를 두고 있기 때문에 '주의 말씀'에 대한 해석이 여러 가지로 나타난다. 어떤 이는 여기 '주의 말씀'이 예수님께서 바울에게 직접 주신 계시라고 주장한다. 이디는 "사도가 말하려고 하는 것은 그에게 특별히 계시된 것이다. 그리고 그의 말은 저 계시 안에서 그 내용과 권위를 가졌다"(Eadie 1979, 154)라고 해석한다. 라이트푸트 역시 바울 사도는 주님으로부터 자신이 직접 받은 계시를 가리킨 것이라고 해석한다(Lightfoot 1895, 65).

반면 스토트는 바울 사도가 한두 문장을 주님 자신의 말씀이라고 특별히 의미를 부여하지 않았을 것이라고 지적하고 본문의 '주의 말씀'은 바울 사도가 기억하고 있는 역사적 예수의 어록을 인용했다고 생각하는 것이 가장 타당하다고 해석한다. 그리고 스토트는 계속해서 본문의 인용이 사복음서에 나타나고 있지 않은 것으로 보아 바울이 기록되지 않은 예수님의 어록을 인용했다고 해석한다(Stott 1991, 99~100).

이상의 두 견해 가운데 가장 적합한 해석은 예수님께서 직접 하신 말씀으로 복음서에 기록되지 않은 말씀이라고 생각하는 것이다(참조 요 20:30; 21:25). 성경은 바울이 계시를 직접 받은 사실을 증거 하고 있다. 예수님은 바울이 특별한 선교의 사명을 감당하게 될 것을 계시해 주셨고(행 9:15~16; 22:18~21), 주님의 만찬에 관한 내용도 계시해 주셨으며(고전 11:23~29), 그리스도의 부활의 실재와 증거와 결과에 대해 계시해 주셨고(고전 15:3~58; 고후 12:1), 그리고 예수 믿는 이방인들이 어떤 복된 자리에 들어갈 것인지에 대해서도(엡 3:3~6) 계시해 주셨다. 우리는 성경 저자들이 예수님의 어떤 말씀은 정경에 포함시키고, 또 어떤 말씀은 포함시키지 않았는지 그 이유를 알 수가 없다.

바울은 주님 강림하실 때 "우리 살아남아 있는 자도 자는 자보다 결단코 앞서지 못하리라"(살전 4:15)고 말함으로 이미 죽은 성도들과 예수님의 재림 때에 살아남아 있는 성도들과의 관계를 설명한다. 바울은 본문에서 예수님 재림 때에 살아 있는 사람들이나 이미 죽은 사람들이나 차이가 있을 수 없다고 말하고 있다. 예수님의 재림 전에 죽은 성도들도 재림 때에 살아 있는 성도들과 똑같이 재림의 영광에 참여하게 될 것이다. 예수님 재림 때에 살아남아 있는 자들이나 이미 죽은 성도들이나 똑같은 부활체를 입게 될 것이다.

바울은 이 재림의 때가 언제 발생할 것인지는 말하지 않는다. 바울의 태도는 예수님의 말씀과 일치한다. "그날과 그때는 아무도 모르나니 하늘의 천사들도, 아들도 모르고 오직 아버지만 아시느니라"(마 24:36). 부활하신 예수님께서 하나님 나라의 회복의 때를 묻는 제자들에게 "때와 기한은 아버지께서 자기의 권한에 두셨으니 너희의 알 바 아니요"(행 1:7)라고 분명히 밝히셨다. 예수님의 재림은 도적같이 임할 것이다(마 24:42~44; 살전 5:2~3). 예수님의 재림은 모든 사람들이 깜짝 놀라도록 갑자기 임할 것이요, 기대하지 않을 그때에 임하시게 될 것이다. 그러므로 예수님의 재림의 때와 시기를 알기 원하는 것은 어리석은 생각이다.

예수님의 재림이 도적같이 임하는 상황은 노아 때의 홍수 심판과 소돔과 고모라의 멸망에서 찾아 볼 수 있다. 노아 때에 물로 심판하시겠다는 하나님의 말씀이 있었음에도 불구하고 그 당시 사람들은 하나님의 말씀을 무시하고 "노아가 방주에 들어가던 날까지 사람들이 먹고 마시고 장가들고 시집"(눅 17:27)가는 일을 했다. 롯의 때도 마찬가지였다. "사람들이 먹고 마시고 사고팔고 심고 집을 짓더니 롯이 소돔에서 나가던 날에 하늘로서 불과 유황이 비 오듯 하여 저희를 멸하였느니라"(눅 17:28~29). 노아의 때나 롯의 때에 살았던 사람들은 그들을 멸망시킬 시간이 다가오고 있었음에도 불구하고 아무런 생각 없이 일상생활을 계속했다. 롯의 때에 소돔과 고모라 사람들은 그들의 배후에서 그들의 멸망 문제를 놓고 하나님과 아브라함 사이에 의인 논쟁이 있는 것도 알지 못한 채(창 18:22~33), "평안하다, 안전하다"(살전 5:3) 하면서 계속 죄악 된 삶을 산 것이다. 가짜 평안과 가짜 안전에 관한 사상이 구약에서 자주 나타나는 것처럼(렘 6:14; 8:11; 겔 13:10; 미 3:5) 예수님의 재림 때 역시 재림이 확실하고 임박해 있음에도 불구하고 "평안하다, 안전하다"는 생각으로 재림을 준비하지 못할 것이다.

예수님의 재림 때에 사람들은 "주의 날이 밤에 도적같이 이를 줄을"(살전 5:2) 알면서도 "평안하다, 안전하다" 하면서 죄악 된 생활을 계속할 것이다. 그러나 분명한 것은 하나님의 말씀에 따라 노아 때 홍수 심판이 있었던 것처럼, 롯 때 소돔과 고모라에 불 심판이 있었던 것처럼, 예수님의 재림도 하나님의 정하신 때에 있는데, 그때에는 "잉태된 여자에게 해산 고통이 이름과 같이 멸망이 홀연히 저희에게 이르리니 결단코 피하지 못하리라"(살전 5:3).

여기서 예수님의 재림을 "잉태된 여자에게 해산 고통이 이름과 같이"(살전 5:3)라고 한 표현에 주목할 필요가 있다. 잉태에는 해산의 고통이 있을 것은 확실하다. 즉 여자가 잉태하면 해산의 고통이 반드시 있는 것처럼 예수님의 재림도 확실하게 있음을 뜻한다. 그럼에도 불구하고 불신자들은 "평안하다, 안전하다" 하면서 죄의 삶을 계속 진행하는 것이다. 그래서 바울 사도는 "저희가"(살전 5:3)를 사용하여 불신자들의 장래가 어떻게 될 것임을 확실히 하고 예수님의 재림 때에 "멸망이 홀연히 저희에게 이르리니"(살전 5:3)라고 경고하고 있다. 불신자들은 예수님의 재림의 심판을 피할 수 없게 될 것이다.

'주의 날이 밤에 도적같이 이른다'(살전 5:2)는 교훈은 예수님께서 인자의 오심을 가르칠 때도 사용한 교훈이다(마 24:43; 눅 12:39). 그리고 계시록에서 예수님의 재림을 예언하는 기록에서도 사용된 비교이다(계 3:3; 16:15). 이와 같은 비교는 경계심을 풀지 않고 준비된 상태로 예수님의 재림을 맞이하라는 교훈을 담고 있다. 주님은 예기치 않은 때에 오실 것이다. 그러므로 성도들은 슬기로운 다섯 처녀처럼 항상 준비된 상태로 생활하다가 예수님의 재림을 맞이해야 한다(참조 마 25:1~13).

'주의 날'은 구약에서 사용된 개념으로 여호와 하나님께서 의로운 자는 인정하고 악한 자는 벌하시는 날이다(암 5:18; 욜 2:31; 말 4:5). 이날은 '여호와의 크고 두려운 날'이 될 것이다. 신약은 예수님을 주님으로 인정하는 뜻이 담긴 표현으로 '주의 날'(살후 2:2; 벧후 3:10; 고전 5:5 '주 예수의 날'), '그리스도의 날'(빌 1:10; 2:16), '그리스도 예수의 날'(빌 1:6), '우리 주 예수의 날'(고후 1:14), '우리 주 예수 그리스도의 날'(고전 1:8) 등으로 표현했다. 그리고 문맥이 명확하면 '그날'(살전 5:4; 고전 3:13; 히 10:25) 혹은 '저 날'(살후 1:10, 개역한글은 '그날'로 번역)로도 표현했다. '주의 날'은 예수님께서 영광 중에 오셔서 선과 악을 구분하고 의인과 악인을 구분하시는 날이 될 것이다. 그러므로 '주의 날'은 의인에게는 기쁨과 즐거움의 날이 될 것이요, 악인에게는 두려움의 날이 될 것이다. 예수님의 재림이 도적같이 올 것과 심판의 필연성을 설명하면서 스토트는 "첫 번째 경우는 경고가 없을 것이요, 그리고 두 번째 경우는 피할 길이 없을 것이다"(Stott 1991, 109)라고 바로 설명한다.

그러므로 예수님의 재림은 그때가 알려지진 않았지만 성도들에게 두려운 사건이 되지 못한다. 예수님의 재림은 놀랄 만한 사건이긴 하지만 성도들에게는 기쁨과 즐거움의 사건이 될 것이다. 그러나 세상의 아들들은 두려움과 떨림으로 그날을 맞이하게 될 것이다. 성도들에게 그날이 도적같이 임하지 못한다는 뜻은 그날에 성도들이 준비된 상태로 있게 될 것을 뜻한다(살전 5:4). 그 이유는 오실 분이 예수님이시요, 성도들은 예수님의 십자가 보혈로 값 주고 산 백성이기 때문이다. 예수님이 재림하시면 죄인은 심판을 받게 될 것이요 성도들은 이미 죽은 상태로 있거나 그 당시 살아 있거나 공평하게 대우 받게 될 것이다.

예수님의 재림과 주권성

바울은 예수님의 부활을 묘사할 때 항상 예수님이 수동적 역할을 하신 것으로 기록한다. 바울은 예수님의 부활을 묘사하는 데 사용한 '에게이로'(일으킨다, 살린다)와 '아니스테미'(일으킨다, 세운다)를 그의 서신에서 예수님에게 적용할 때 '에게이로'와 '아니스테미'가 능동태이면 하나님이 주어가 되도록 기록했고, 반면 수동태이면 예수님이 주어가 되도록 기록하여 항상 하나님이 부활사건의 주체이시며 예수님은 그의 부활에서 수동적 역할을 한 것으로 만든다. 바울이 이렇게 예수님의 부활에서 예수님의 수동적 역할을 강조한 것은 부활에서 예수님과 성도들의 연합을 강조하여 성도들의 부활의 확실성을 증거 하기 위해서이다(롬 8:11).

그러나 바울은 데살로니가전서 4:16에서 예수님의 재림을 당당한 모습으로 소개한다. 누가는 예수님의 재림을 "갈릴리 사람들아 어찌하여 서서 하늘을 처다보느냐 너희 가운데서 하늘로 올리우신 이 예수는 하늘로 가심을 본 그대로 오시리라"(행 1:11)고 묘사함으로 예수님의 재림이 누구나 알아볼 수 있게 오실 사건임을 증거 한다. 요한 사도는 예수님의 재림의 모습을 "볼 지어다 구름을 타고 오시리라 각인의 눈이 그를 보겠고 그를 찌른 자들도 볼 터이요 땅에 있는 모든 족속이 그를 인하여 애곡하리니 그러하리라 아멘"(계 1:7)이라고 당당한 사건으로 묘사한다. 바울 사도도 예수님의 재림을 "주께서 호령과 천사장의 소리와 하나님의 나팔로 친히 하늘로 좇아 강림하시리니"(살전 4:16)라고 예수님이 친히 그분의 재림을 주관할 것이라고 예수님의 주권성을 강조해서 묘사한다. 모리스는 "바울의 주된 요점은 다른 사람 아닌 주님 자신이 오실 것이라는 것이다. 세대의 끝은 어떤 매개자에 의해 도래될 것이 아니요 하나님 자신에 의해 도래될 것이다(참조 미 1:3). 그 사건은 장엄한 사건이다"(Morris 1991, 93)라고 재림의 사건에서 예수님의 주권적 역할을 강조한다. 예수님은 그의 재림에서 주권적 역할을 할 것이다.

바울은 데살로니가전서 4:16에서 예수님의 강림을 설명하면서 세 개의 전치사를 사용한다. 이 전치사들은 예수님의 재림과 동시에 발생할 상황을 가리킨다. 호령과 천사장의 소리와 하나님의 나팔소리가 예수님의 재림과 동시에 들리게 될 것이다(살전 4:16). 첫째, 호령은 주님이 친히 명령하신 것이다. 이 호령으로 죽은 자는 생명으로 회복되어 '영광스러운 부활체'를 덧입게 되고, 살아 있는 자도 부활체로 변화하게 될 것이다. 둘째, 천사장의 소리가 있을 것이다. 예수님은 자신의 재림을 설명하면서 "저가 큰 나팔소리와 함께 천사들을 보내리니 저희가 그 택하신 자들을 하늘 이 끝에서 저 끝까지 사방에서 모으리라"(마 24:31)고 말했다. '천사장'이라는 용어는 신약성경에서 데살로니가전서 4:16과 유다서 1:9에만 사용되는데 유다서는 '천사장 미가엘'로 표현하여 정관사와 함께 사용하였다. 바울 사도가 미가엘(Michael)을 천사장으로 생각했을 가능성은 있지만 확실하지 않다. 분명한 것은 예수님의 재림과 같은 구속 역사를 완결하는 사건에 천사 세계의 최고 책임자인 천사장이 큰 역할을 한다는 것이다. 셋째, 하나님의 나팔 소리가 있을 것이다. 하나님의 나팔은 천사장이 하나님의 나팔을 사용하여 명령하는 것을 가리킨다. 브루스는 "마지막 두 구절에서 천사들과 나팔 부는 것이 밀접히 연관된 것으로 보아 '천사장의 소리'와 '하나님의 나팔'은 하나의 같은 명령을 두 가지로 표현한 것으로 생각 된다"(Bruce 1982, 101)라고 해석한다.

바울이 분명히 하는 내용은, 예수님이 어떤 명령에 순응하여 재림하시는 것이 아니요, 친히 호령을 발하면서 권세 있게 당당하게 재림하신다는 것이다. 천사장의 소리와 하나님의 나팔은 예수님의 재림을 성도들에게는 기쁘고 경사스러운 사건으로, 불신자들에게는 두렵고 떨리는 사건으로 알리는 역할을 할 것이다. 바울 사도는 다시 한 번 "그리스도 안에서 죽은 자들"(살전 4:16)은 예수님의 재림 때에 특별한 위치를 점하게 될 것임을 증거 한다. 그 때 주 안에서 죽은 자들이 먼저 일어난 후에 살아남은 자와 함께 구름 속으로 끌어올림을 받을 것이다. 이는 재림하시는 예수님을 성도들이 영접하는 모습이다. 공중에서 주를 만난 후 예수님과 함께 계속 지상으로 내려오게 될 것이다. 바울은 "그리하여 우리가 항상 주와 함께 있으리라"(살전 4:17)고 말하고 더 이상 말하지 않는다. 바울은 그 말 이외에 다른 말을 첨가할 이유를 찾지 못했다. 왜냐하면 예수님의 재림이 너무도 확실함을 믿을 수 있을 뿐만 아니라 예수님께서 친히 주권을 가지고 자신의 재림을 주관하실 것이기 때문이다. 예수님은 하나님이 정하신 때에 세상이 놀랄 모습으로 위엄 있고 당당하게 누구나 볼 수 있게 재림하실 것이다.

예수님의 재림과 성도의 소망

1. 로마서 8:15~25

로마서는 바울 서신 중 진주 같은 서신이다. 그런데 로마서 8장은 진주 중에서도 가장 값진 진주와 같은 내용을 담고 있다. 로마서 8장은 성도들의 구원의 확신을 웅변적으로 설명하고 있다. 바울은 성도들이 장차 받을 영광이 얼마나 귀한 것인지를 현재 받고 있는 고난과 비교하여 설명하고 있다(롬 8:18). 성도들이 현재 받는 고난이 고통스러운 것일지라도 성도들은 그 고통을 참아야 한다. 왜냐하면 하나님께서 성도들을 위해 준비해 두신 영광이 크기 때문이다. 그래서 바울은 로마서 8:17에서 "그와 함께 영광을 받기 위하여 고난도 함께 받아야 될 것이니라"고 말한 것이다. 성도들이 이 세상에서 그리스도와 함께 받는 고난 중의 교제는 오는 세상에서 그리스도와 함께 충만히 받을 영광의 교제를 위한 길을 준비하는 것이다. 성도들은 그리스도와의 연합을 통해 이미 '장차 나타날 영광'을 소유하고 있다. 성도들이 받을 '장차 나타날 영광'은 예수 그리스도의 부활로 인하여 성도들의 생애에 이미 존재하고 있다(롬 8:11, 17).

바울은 이미 성도들에게 존재하는 영광이 현 세상에서는 감추어진 상태로 있지만 앞으로 공개적으로 표명될 것이라고 말한다. 그때는 죄 문제가 해결되어 사망이 무력화될 때이며 성도들이 부활체를 입게 될 때이다. 그래서 바울은 피조물들까지도 '하나님의 아들들의 나타남'(롬 8:19)을 소망하고 있으며 "하나님의 자녀들의 영광의 자유"(롬 8:21)를 고대하고 있다. 성도들의 영광은 아직 공개적으로 표명되지 않았지만 예수님의 재림 때에 누구나 알 수 있도록 드러나게 될 것이다. 본문은 하나님의 자녀들의 영광이 이미 존재하지만 오직 표명되는 것만을 기대하고 있다는 사상을 제시한다(골 3:4; 요일 3:2). 로마서 8:15이 확증한 것처럼 신자들은 이미 양자의 영을 받았다. 신자들의 양자된 상태는 다만 표명되지 않은 모습으로 현존하고 있다.

보스는 "하나님의 아들들로서 신자들의 상태는 자유와 후사(後嗣) 등과 같은 모든 특권을 이미 받은 상태로 현존하지만 아직 공개적으로 표명되지 않았을 뿐이다"(Vos 1966, 198)라고 바로 설명한다. 확실히 신자들은 이미 하나님의 아들들이 되었고 그들의 상태는 충만한 영광으로 표명되어질 것이다(참조 요 1:12). 바울 사도는 '고대하는 바'라는 특이한 용어를 사용함으로써 하나님의 아들들의 나타남이 얼마나 간절히 기대되고 있는 사건인지를 강력하게 표현하고 있다. 또한 '간절한 기다림'이란 용어의 사용은 그 간절한 기대의 개념을 더욱 강조하고 있다(참조 롬 8:23, 25; 고전 1:7; 갈 5:5; 빌 1:20; 3:20).

그런데 바울 사도는 하나님의 아들들의 영광의 표명을 고대하는 것이 '창조물'이라고 말함으로 여기서 그리스도의 구속 사역의 우주적인 범위를 함의하고 있다. 창조의 개념은 구속 개념의 기초가 되며 바울의 위대한 구속 역사적 전망의 배경을 형성하는 것이다. 바울은 그리스도의 구속의 성취를 통해 장엄한 하나님의 구속 계획의 전모를 보고 있다. 바울은 하나님의 창조 사건, 인간의 타락, 예수님의 죽음과 부활을 통한 구속, 예수님의 재림, 성도들의 일반 부활, 죄 없는 신천 신지를 한꺼번에 보고 있는 것이다(롬 8:20~21, 참조 창 3:17). 바울 사도는 창조물이 하나님의 저주로 굴복 당한 것은 자체의 성향 때문이 아니라 비참한 인류의 상태(狀態) 안에 엉키게 된 연고임을 알고 있다. 그래서 바울은 계속해서 말하기를 '소망 가운데서 굴복케 하시는 이 때문에 창조물이 허무한 데 굴복하게 되었다'(롬 8:20)고 말하고 있다. 창조물이 하나님께 대한 인간의 불순종 때문에 저주를 받았으므로 인간의 회복과 함께 썩어짐의 종노릇 한 데서 해방될 수 있는 소망이 있는 것이다. 우주적 회복이 신자들의 구속과 분리될 수 없는 것이다.

그런데 바울은 로마서 8:23에서 성도들이 이미 "성령의 처음 익은 열매"를 소유하고 있다고 말한다. 이 구절에 사용된 소유격은 부분을 표시하는 것이다. 그러므로 "성령의 처음 익은 열매"는 바로 성령을 가리킨다. 성도들은 성령을 소유한 존재로 이 세상에서 감추어진 상태의 하나님의 자녀이지만 주님의 재림의 날에 성취될 완성을 고대하면서 살고 있다. 신자들은 몸의 구속 곧 몸의 부활을(고후 5:2)기다리고 있다. 그날에 성도들의 '겸양의 몸은 그리스도의 영광의 몸'(빌 3:21)과 같이 될 것이고, 바로 그 완성을 위해 하나님의 아들들이 탄식하는 것이다. 이 완성은 우리 속에 거하시는 성령이 현재 확증하시고 있지만(고후 5:5; 롬 8:9~11) 미래에 성취될 것이다. 바울 사도는 "성령의 처음 익은 열매"를 통하여 성도들이 이미 올 영광에 참여자가 되었으며 오직 미래 사건들은 이 사실을 명백히 표출시키는 것에 지나지 않음을 표현하고 있다. 이와 같은 이유 때문에 바울은 로마서 8:24에서 '우리가 소망으로 구원을 얻었다'라고 말한다. 신자들은 이미 구원을 받았다. 그러나 구원은 아직 완성되지 않았다. 우리는 이 점에서 구원 개념 자체에 있어 '이미… 그러나 아직'이라는 사실을 발견할 수 있다. 성도들은 이미 구원받은 하나님의 자녀들이지만 예수님의 재림을 소망하면서 사는 사람들이다.

2. 고린도전서 15:50~56

"성령의 처음 익은 열매"(롬 8:23)를 받은 성도들은 궁극적으로 하나님 나라를 유업으로 받을 것이다. "혈과 육은 하나님 나라를 유업으로 받을 수 없고"(고전 15:50)는 성도들이 현재의 몸체로는 영원한 하나님의 나라에 들어갈 수 없다는 뜻이다. 예수님께서 "호령과 천사장의 소리와 하나님의 나팔"(살전 4:16) 소리와 함께 재림하시면 성도들은 '썩지 아니할 것'(고전 15:50, 54), '죽지 아니할 것'(고전 15:53), "영광스러운 것"(고전 15:43)을 입게 될 것이다. 즉 성도들은 썩지 않고, 강하고, '영광스러운 부활체'(고전 15:42~43)를 입게 될 것이다. 왜냐하면 혈과 육은 하나님 나라를 유업으로 받을 수 없기 때문이다.

이와 같은 계획은 하나님이 주도하시는 구속 계획의 비밀로 감추어져 있었다. 이 비밀은 이전까지는 알려지지 않았으나 그리스도 안에서 밝히 드러났다(롬 16:25~26). 바울은 "우리가 다 잠잘 것이 아니요 마지막 나팔에 순식간에 홀연히 다 변화하리니 나팔 소리가 나매 죽은 자들이 썩지 아니할 것으로 다시 살고 우리도 변화하리니"(고전 15:51~52)라고 비밀의 내용을 밝힌다. 이 비밀이 더 이상 비밀일 수 없는 때는 바로 예수님의 재림 때이다. 예수님이 재림하실 때 모든 사람이 다 죽을 것이 아니요 어떤 사람은 이미 죽은 상태에 있을 것이요 또 어떤 사람은 아직 살아 있는 상태에 있을 것이지만 마지막 날에 모든 성도가 다 부활체로 변화하게 될 것이다. '나팔 소리가 나매 죽은 자들이 썩지 아니할 것으로 다시 살게 될 것이요'(고전 15:52) "그 후에 우리 살아남은 자도 저희와 함께 구름 속으로 끌어 올려 공중에서 주를 영접하게"(살전 4:17) 될 것이다. 보스는 고린도전서 15:52에 대해 "확실한 점은 바울이 부활을 영적인 변화가 포함된 것으로 생각하고 있는 것이다"(Vos 1966, 213)라고 설명한다. 이런 영적 변화가 있으면 마지막 대적 사망이 정복되고 성도들은 썩지 아니할 하나님 나라를 유업으로 받게 될 것이다. 칼빈은 "사망의 쏘는 것은 죄요"(고전 15:56)를 해석하면서 "죽음은 우리에게 상처를 입힐 만한 무기로 죄 이외의 다른 무기를 갖고 있지 않다. 왜냐하면 죽음은 하나님의 진노에서부터 오기 때문이다. 그러나 하나님은 우리들의 죄에 대해서만 진노하신다. 죄를 없이해 버리면 죽음은 더 이상 우리를 해칠 수 없다"라고 바로 설명한다. 예수님이 재림하시면 성도들은 모두 부활체를 입고 영적인 변화를 하게 될 것이요 그때가 되면 사망은 그 쏘는 힘을 잃게 될 것이다. 성도들은 예수님의 재림 때에 있을 사망이 무력하게 될 그때를 소망하며 또 부활체를 입게 될 그때를 소망하며 산다.

3. 고린도후서 5:1~5

바울은 예수님의 재림 때에 성도들이 부활의 몸으로 덧입혀질 것을 간절히 소원하고 있다고 말한다(고후 5:1). 이 몸은 하나님이 만드신 것이다. 하나님의 구원 계획이 완성된 날에는 '죽을 것'이 생명에 의해 삼킨 바 될 것이다(고후 5:4; 참조 롬 8:11). 성도들은 이 사실의 확실성을 어떻게 아는가? 바울 사도는 성도들이 성령을 '보증'으로 받았기 때문에 부활의 몸을 입게 될 것이 확실하다고 말하고 있다.

고린도후서 5:5의 "보증으로 성령을"의 '성령'은 동격적 소유격(genitive of apposition)이므로 성령이 바로 보증임을 증거 한다. 휴즈는 "성령의 보증은 단순히 정적인 축적이 아니며 신자 안에서 성령의 능동적이고 활기를 불러일으키는 역사로써 죽은 자들로부터 예수 그리스도를 부활시킨 같은 능력의 원리가 현재 신자 속에 존재하며 역사하고 있다는 사실을 신자로 하여금 확신하게 하고 영광된 상태의 몸으로 구속의 완성을 위해 그의 죽을 몸을 준비하고 있는 것이다"(Hughes 1962, 174)라고 성도들의 현재 상태를 적절하게 묘사하고 있다. 따라서 성도들이 현재 입고 있는 몸은 '장막집'으로 성도들의 현재 몸은 영구한 처소가 되지 못한다. 성도들은 앞으로 '장막집' 대신 '하늘에 있는 영원한 집'(고후 5:1)을 덧입게 될 것이다(고후 5:1~7). 바울 사도가 성도들의 현재의 몸을 장막으로 비유한 것은 우리의 현재 몸이 최종적인 몸이 아니요 일시적인 몸이며, 영원한 몸은 부활체임을 증거 하고 있는 것이다. 이처럼 성도들은 하나님이 지으신 부활체 입기를 소망하면서 살아간다. 그때는 예수님의 재림 때가 될 것이다.

4. 빌립보서 3:20

바울은 약간 다른 각도에서 성도들의 소망을 정리한다. 성도들은 현재 하나님 나라의 시민권을 가지고 있기 때문에 성도들의 궁극적 소망은 하나님 나라이다. 바울은 빌립보서 3:20에서 '폴리튜마'라는 용어를 사용함으로 성도들의 시민권(citizenship)의 풍성한 의미를 함의하고 있다. '폴리튜마'는 시민권, 국가(commonwealth), 고향(homeland, fatherland), 출생지(native city), 식민지(colony) 등으로 해석된다. 성도들은 하늘나라가 본향이기 때문에 이 세상에서는 '낮은 몸'을 입고 살고 있지만 예수님의 재림 때에는 '영광의 몸'을 입고 완전한 하나님 나라에서 살 것이다(빌 3:21).

바울은 성도들이 하늘의 시민권을 가지고 '있다'고 표현할 때, 예수님이 하나님으로 영원부터 계셨음을 설명할 때 사용한 같은 용어를 여기서도 사용하고 있다(참조 빌 2:6). 바울의 의도는 예수님이 성육신하시기 전에 이미 존재하고 계셨던 것처럼 성도들이 아직 완전한 하늘나라에 살고 있는 것은 아니지만 이미 하늘나라 시민권을 소유하고 있음을 증거 하는 것이다. 즉 예수님의 선재(pre-existence)는 성육신(incarnation)의 전제가 되는 것처럼 성도들은 이 세상에서 살고 있지만 그리스도 안에서 오는 세상에 속해 있는 존재들이다. 성도는 자신이 속해 있는 지상 나라의 시민권과 하늘의 시민권을 동시에 소유한 사람들이다. 이런 특별한 위치 때문에 성도들은 하늘의 시민으로 이 땅 위에 발을 붙이고 살지만 "더 나은 본향을 사모"(히 11:16)하면서 사는 사람들이요, '위엣 것을 찾으면서'(골 3:1) 사는 사람들이다.

"바울이 빌립보 교회에 '우리의 시민권은 하늘에 있다'고 쓴 사실은 빌립보 시의 역사적 배경과 함께 생각할 때 의미심장하다. 바울이 빌립보서를 쓸 때 마게도냐 지역은 로마의 통치권 아래 있었고, 특히 빌립보 시는 로마의 식민지로써 이탈리아인의 특권을 누릴 수 있었다. 따라서 빌립보 시의 시민들은 로마 시에서 태어난 사람이 누릴 수 있는 모든 권리와 특권을 소유한 로마의 시민이었다. 이런 역사적 배경을 가지고 있는 빌립보 성도들에게 바울이 '폴리튜마'라는 말을 사용하여 '우리의 시민권은 하늘에 있는지라'고 말한 것은 성도들이 하늘나라의 모든 특권과 권리를 소유한 사람들로서 이 땅 위에서 살고 있음을 밝히기 원한 것이다"(박형용 1997, 208). "바울의 말은 기독교인들이 단순히 죽은 후에야 하나님 나라의 시민이 되는 것이 아니요, 현재 지상에서 살고 있는 동안 하나님 나라의 시민들로서 살고 있음을 뜻한다" (Robertson 1980, 219; Martin 1989, 163). 따라서 성도들은 현 세상에서 고통과 고난을 피할 수 없는 삶을 살지만 하나님 나라의 시민권을 소유하고 있기 때문에 확실한 소망을 가지고 있는 것이다. 성도들은 소망 중에 구세주 예수 그리스도를 기다리면서 살고 있다. 그래서 바울은 "거기로서 구원하는 자 곧 주 예수 그리스도를 기다리노니"(빌 3:20)라고 쓴다. 성도들의 소망과 기대는 예수님께서 다시 오셔서 영광스러운 완전한 나라를 설립하시고 그 나라에서 하나님과 함께 영원히 그를 즐거워하며 사는 것이다.

예수님의 재림과 구속 계획의 완성

1. 고린도전서 13:8~13

바울은 예수님이 재림하시면 '온전한 것'이 온다고 말한다(고전 13:9~10). 바울은 '부분적으로'와 '온전한 것', '어렸을 때에는'과 "장성한 사람이 되어서는"(고전 13:11), "이제는"과 "그때에는"을 대칭시켜(고전 13:12) 재림의 소망과 확실성을 천명한다. 또한 "부분적으로 알고 부분적으로 예언하니"(고전 13:9)

에서 '부분적으로'를 두 번 사용하고 고린도전서 13:10에서 '온전한 것'과 대칭시키기 위해 '부분적으로' 앞에 정관사를 붙여 '부분적인 것'으로 만든다. 그래서 바울은 '부분적인 것'은 '온전한 것'으로 대치될 것이라고 증거 한다.

'온전한 것'이 오는 때에 대해 몇 가지의 해석이 있다. 어떤 이는 '온전한 것'을 개인 성도의 완숙한 상태(maturity)나 교회의 완숙한 상태로 본다. 다른 이는 '온전한 것'을 사랑 자체와 연계시켜 사랑이 충만하게 되면 온전하게 된다고 해석한다. 또 다른 이는 '온전한 것'을 완성된 정경과 연계시켜 해석한다. 하지만 이상의 세 견해는 문맥에 비추어 볼 때 타당성이 약하다.

문맥에 더 타당한 해석은 '온전한 것'을 예수님의 재림과 연계시키는 해석이다. 물론 '온전한 것'이 재림 자체는 아니다. 오히려 예수님의 재림으로 발생하는 총체적인 모든 사건들을 가리킨다고 생각할 수 있다. 이는 다른 곳에서 나타나는 바울의 견해와 일치한다. 그는 그리스도의 재림으로 세상이 완전하게 될 것임을 자주 언급했다(참조 빌 3:21; 골 3:4). 그리스도가 재림하시면 성도들의 기대 이상으로 모든 것이 온전하게 될 것임을 말하고 있다. 예수님이 재림하심으로 온전한 것이 올 때에는 "얼굴과 얼굴을 대하여"(고전 13:12) 보는 것처럼 예수님의 마음과 뜻을 직접적으로 알게 될 것이라고 말한다. 성도들은 구속 계획이 완성될 이때를 간절히 소망하면서 살고 있다.

바울은 항상 예수님의 재림으로 완성될 나라를 고대하며 살았다. 그날에 성도들은 그리스도와 함께 '영광을 받게 될 것이며'(롬 8:17; 골 3:4), "몸의 구속"(롬 8:23; 고전 15:42~49) 즉 부활체를 입게 될 것이며, '실패하지 않은 사랑'(고전 13:8)을 체험하게 될 것이며, "주께서 나를 아신 것같이 내가 온전히 알"(고전 13:12) 것이요, '신령한 몸체를 입게 될 것이요'(고전 15:42~44), '우리의 낮은 몸이 그리스도의 영광의 몸의 형체와 같이 변하게 될 것이요'(빌 3:21), '교회가 충만한 상태로 존재하게 될 것이요'(엡1:23), "하나님 우리 아버지 앞에서 거룩함에 흠이 없게"(살전 3:13) 될 것이요, "항상 주와 함께"(살전 4:17) 있게 될 것이다. 예수님이 재림하실 때 '사망의 효력이 정지될 것이요'(고전 15:25, 54~56), 예수님께서 "나라를 아버지 하나님께 바칠"(고전 15:24) 것이요, 그때가 하나님께서 구속 계획의 대단원의 막을 내리시는 끝이 될 것이다.

이때가 도래하면 예언과 방언과 지식이 더 이상 필요하지 않을 것이다. 바울은 사랑을 한편에 두고 예언, 방언, 지식을 다른 편에 두어 비교하면서 사랑은 지속되지만 예언, 방언, 지식은 없어질 것이라고 말한다. 예언은 바울 자신이 고린도 교회의 덕을 위해 추천한 은사였지만, 방언과 지식은 고린도 교인들이 자랑하고 좋아하는 은사였다. 그런데 바울은 이 세 가지 은사가 모두 흘러가는 것이요, 잠정적인 것이며, 지나가는 것이라고 강조한다.

예언은 많은 사람들이 소유하기를 원하는 은사이다. 예언은 교회를 위해 필요한 은사이기도 하다. 신구약을 통해서 하나님의 예언의 말씀을 해석한 예언자가 얼마나 귀하고 유익한 일을 했는가! 하나님께서 수백 년 동안 그의 예언자들을 사용하여 그의 뜻을 밝혀 주셨다. 하나님의 뜻을 직접 받아 백성들에게 전달한다는 직책 때문에 하나님의 예언자는 왕보다 더 위대했다.

그러나 바울 사도는 이렇게 귀하고 유용한 예언도 예수님이 재림하시면 폐하게(고전 13:8) 될 것이라고 강조한다. 예언은 지상에서 생활하는 동안에만 필요한 것이다. 예수님께서 재림하심으로 하나님께서 세상을 완성시킬 그때에는 더 이상 예언이 필요하지 않다. 그때에는 예언자들의 계통이 끊겨질 것이요 예언자들의 사역과 그 결과가 더 이상 필요하지 않게 될 것이다.

바울은 예수님이 재림하시면 '방언도 그칠 것… 지식도 폐하게 될 것'(고전 13:8)을 말한다. '그친다'는 방언에 아주 적절한 용어이다. '지식도 폐하고', '예언도 폐한다'(고전 13:8)의 '폐하다'는 같은 단어이다. 이 지식은 일반적인 지식, 학교에서 배우는 그런 지식이 아니다. 성령의 은사로써의 지식(참조 고전 12:8), 계시된 비밀을 이해하는 지식이다. 이 지식은 특별히 현 시대에서 성도들의 삶을 위한 하나님의 방법을 아는 지식을 뜻한다. 이렇게 해석하는 것이 분명한 이유는 "부분적으로 알고"(고전 13:9)라는 표현과, 고린도전서 13:12에서 "이제는 내가 부분적으로 아나"를 "그때에는 주께서 나를 아신 것같이 내가 온전히 알리라"와 비교시키는 문맥 때문이다. 현세에서 아는 부분적인 지식은, 완전하게 되는 종말이 올 때 '얼굴과 얼굴'을 보듯 알게 되는 지식과 비교된다. 바울은 하나님의 진리를 명확하게 체계화시키고 설명하는 그런 지식도 예수님이 재림하시면 모두 폐하게 된다고 말한다.

이처럼 예언, 방언, 지식은 현재 불완전한 상태에서만 우리를 도울 수 있는 은사들이다. 예수님이 재림하셔서 완전한 종말이 오면 이런 은사들은 더 이상 필요하지가 않다. 그러나 한 가지 기억해야 할 것은 지식과 예언에 제한이 있을지라도 우리가 현재 알고 있는 지식과 우리에게 계시된 예언은 그 가치가 결코 과소평가될 수 없다는 것이다. 그 이유는 우리가 계시된 예언의 말씀으로 하나님이 누구이시며, 하나님이 무슨 일을 하셨고, 그리스도가 우리를 위해 무슨 일을 하셨는지 알 수 있고, 또 믿을 수 있으며, 또한 하나님을 알고 그리스도를 아는 것은 우리에게 영생이기 때문이다. "영생은 곧 유일하신 참 하나님과 그의 보내신 자 예수 그리스도를 아는 것이니이다"(요 17:3). 바울은 "그리스도께서 영광 중에 다시 오실 그때의 완전한 상태에 대해 말하고 있다. 즉 은혜의 왕국이 영광의 왕국으로 통합될 그때를 말하고 있는 것이다"(Lenski 1963, 672~673). 또한 영구히 변치 않고 지속될 것이 믿음, 소망, 사랑이라고 말한다. 예수님이 재림하시면 삼위일체 하나님에 대한 믿음, 실현된 소망, 그리고 온전한 사랑이 지속될 것이다. 구속 계획이 완성되는 그때에도 믿음, 소망, 사랑은 영원히 존재할 것이다.

2. 보장된 영광의 몸체(빌 3:21)

바울 사도는 예수님이 재림하시면 성도들이 현재 입고 있는 '낮은 몸'이 '영광의 몸의 형체'로 변하게 될 것을 확실히 한다. '영광의 몸의 형체'는 예수님의 부활체와 같은 몸체로 성도들이 예수님의 재림 때에 입을 부활체이다.

바울 사도는 성도들의 몸체가 썩지 아니할 몸체, 영광스러운 몸체, 강한 몸체가 될 것이라고 설명한다. 즉, 성도들의 몸체는 신령한 세계에 적합한 신령한 몸체가 될 것이다(고전 15:42~44). 성도들은 예수님의 재림 때에 하나님이 만드신 영원한 집을 덧입게 될 것이다(고후 5:1~7). 성도들은 예수님의 부활체와 같은 몸체를 입게 될 것이다. 성도들은 부활할 때 이런 영광의 몸체를 입게 될 것이므로 '몸의 구속'을 고대하면서 살고 있다(롬 8:23~25; 참조 요일 3:2). 몸의 구속이 성취되는 때는 예수님의 재림 때이며 바울은 그때에 하나님이 "우리의 낮은 몸을 자기 영광의 몸의 형체와 같이 변케 하시리라" (빌 3:21)고 말한다. '우리의 낮은 몸'은 '악한 몸'이 아니다. 단지 '낮은 몸'은 타락의 상태, 연약한 상태, 썩을 수밖에 없는 상태, 그리고 죽을 수밖에 없는 형편을 묘사하고 있다. 구원받은 성도들도 부활체로 나타날 때까지는 이런 '낮은 몸'을 입고 살 수밖에 없다. 바울은 우리의 '낮은 몸'을 '성령의 전'(고전 3:16; 6:19)으로 묘사하여 전인(全人)을 가리키는 것으로 설명한다. 성도들의 현재의 몸은 그만큼 중요한 것이요, 현재의 '낮은 몸'을 소유해 본 성도만이 예수님의 재림 때에 부활체를 입을 수 있게 될 것이다. 하나님의 구속 계획이 성취되는 때에 성도들은 '영광의 몸의 형체'를 입게 될 것이다.

맺는 말

바울 사도의 신학은 예수님의 죽음과 부활을 되돌아보고 예수님의 재림을 바라다보는 구속의 성취와 완성을 근간으로 성립되어 있다. 그러므로 바울 사도의 모든 신학의 내용은 예수님의 재림이 확실하지 않으면 허구일 수밖에 없다. 그래서 바울은 예수님의 재림의 역사적 확실성을 예수님의 죽음과 부활의 역사적 확실성에 근거하여 설명하고 있다. 바울은 예수님이 재림하시면 먼저 죽은 성도나 예수님이 재림하실 때에 살아 있는 성도나 공평하게 취급 받게 될 것임을 강조한다. 그리고 예수님이 재림하시면 이 세상의 모든 질서가 새롭게 되고 성도들은 부활체를 입게 될 것이며 그때에 이 세상의 끝이 올 것이라고 말한다. 예수님의 재림으로 구속의 대 드라마는 완성될 것이다. 그러므로 성도들은 예수님의 재림을 소망하면서 흔들리지 말고 주님의 일에 더욱 힘쓰는 자들이 되어야 한다(고전 15:58).

05
바울, 그리스도의 종 그리고 성도

데살로니가전서 2장을 중심으로

바울의 사역과 신학이 잘 기록된 서신

예수님을 그리스도로 영접한 후에 바울은 익히 알려진 것처럼 매우 힘든 상황 가운데서도 자신의 사역을 감당한다. 그것은 그가 명확한 사명의식을 가지고 있었음을 보여 준다. 데살로니가를 떠난 후에 많은 비난과 조롱 속에서 그는 자신의 부르심과 위치를 인식했다. 그리고 바울 자신이 전한 복음을 통해 생명을 얻은 성도를 향해 쓴 데살로니가전서는 그리스도의 부름을 받은 그리스도의 진정한 종의 모습을 우리에게 보여 준다.

일반적으로 이 서신은 사도 바울이 주후 49~50년경에 고린도에서 마케도니아의 수도인 데살로니가에 있는 교회에 쓴 것으로 알려져 있다. 학자에 따라서는 신약성경에서 가장 먼저 기록된 것으로 말하기도 한다. 데살로니가전서의 그 저작 시기가 가장 빠른 것으로 보는 사람들은 바울의 첫 서신이라는 이유로 바울의 초기 생각을 이 서신들에서 읽을 수 있을 것이라 기대한다. 하지만 이 서신이 가장 먼저 기록되었다 해도, 그의 회심 이후 약 10년이 지나서 기록된 글이기에, 데살로니가전서에는 이미 그의 생각들이 잘 정립되어 있다고 짐작할 수 있다.

그런 의미에서 이 서신에 언급된 여러 가지 신학적 내용들은 바울의 사역 시에 매우 심도 있게 다루어진 주제들이었음에 틀림없다. 그리고 바울이 이런 신학적 주제들을 매우 잘 정립하고 있다는 것도 어렵지 않게 확인할 수 있다. 따라서 이러한 신학적 주제들은 현대를 사는 많은 목회자와 신학자들에게 새로운, 어떤 의미에서 좀 더 깊이 있는 사도 바울의 그림을 그리게 도와준다. 이러한 신학적 사유의 근저에서는 무엇이 그 역할을 하고 있을까? 이러한 물음은 사유에 관련된, 보다 진지한 사도 바울의 내면을 보도록 인도한다. 그러한 의미에서 모두에 언급된 이 주제는 반복되어 논의되지만, 여전히 우리 시대의 바울 상을 그리는 데 중요한 역할을 한다.

우리가 관심을 가지고 보려는 데살로니가전서 2장은 데살로니가에서 행했던 참 힘들었던 사역을 돌아보며, 바울 자신이 스스로 고백하는, 그리스도의 부름 받은 종의 자세를 매우 호소력 있게 그들에게 설명하는 부분이다. 이 부분을 바울의 다른 서신들에 언급된 내용들과 함께 다루어 보자.

쫓겨 다니며 복음을 전하는 사도

빌립보를 지나(사도행전 16장에 따르면 추방된 것으로 보인다) 암비볼리와 아볼로니아를 지나 데살로니가에 도착한 바울의 일정은 사도행전 17장에 나타난다. 이 거리는 지금으로 보면 약 55km정도다. 여기서 우리는 바울이 암비볼리에서 사역을 하지 않은 것에 의문을 가질 수 있다. 왜냐하면 그곳은 빌립보보다 두 배는 큰 도시였기 때문이다. 바울이 도시를 중심으로 선교를 했다면, 암비볼리를 빌립보보다 더 중요하게 생각하고 갔을 것이기 때문이다. 이러한 바울의 여정은, 바울이 단순히 대도시를 따라 선교한 것이 아니라 자신의 계획에 따라서 움직였다는 사실을 보여 준다. 아마도 자신의 선교가 시간을 다투는 것으로 보고, 자신의 선포가 더 빠른 시기에 더 많은 곳에 전파되기를 원했다면, 그는 이동 인구가 많은, 더 큰 도시인 데살로니가로 가야만 했을 것이다. 지금은 데살로니키라 불리는 이곳은 당시 마케도니아의 수도였다.

데살로니가에서의 선교 상황을 그가 앞서 방문했던 빌립보와 비교해 본다면, 빌립보에서 겪은 고난을 오히려 감사하게 느꼈을지도 모른다. 빌립보에서는 루디아를 만나 순조로운 시작을 하였고, 그녀를 통하여 그곳의 사람들을 접촉하면서 전도했다. 그뿐 아니라 생계의 문제도 그들의 도움으로 인하여 큰 어려움을 겪은 것으로 보이지는 않는다. 그로 인해 바울과 그 일행은 빌립보에서는 온전히 선교에 집중했다.

빌립보에서와는 다르게 바울은 자신의 생계를 위하여 밤낮으로 일해야 했다(살전 2:9). 데살로니가 사람들에게 신세를 지지 않으려 했기 때문이다(살후 3:8). 지금이나 그 당시나 보통의 노동자들이 낮에만 일했다면, 바울은 그들보다 많은 시간을 노동에 투자한 것이다. 후에 바울은 이러한 자신의 수고를 고린도후서 11:27에서 이렇게 회고한다. '수고와 고역에 시달리고, 여러 번 굶고, 추위에 떨고, 헐벗었다.' 이러한 표현은 바울이 데살로니가에서 그와 같이 많은 수고를 했음에도 경험하지 않을 수 없었던 경제적 어려움을 반영한다. 그러한 수고를 했음에도 바울은 방한복조차 가지지 못했던 것 같다. 바울이 있던 곳은 그리스 북쪽이어서 겨울에는 매우 추운 지역이다. 따뜻한 예루살렘에서 성장한 바울에게 그러한 추위는 감당하기에 매우 어려웠을 것이다. 이러한 힘든 상황에 있던 바울에게 자신들 역시 어려운 가운데서 보내 준 빌립보 교인들의 도움은 매우 소중했을 것이다. 그래서 자신의 원칙에는 부합하지는 않았지만, 여러 번에 걸친 빌립보 교인의 도움을 바울은 기꺼이 받았다(빌 4:16).

그러한 외적인 어려움뿐만 아니라 바울은 선교에도 직접적인 어려움을 겪는 가운데 쫓겨 다니며 복음을 전했다. 이러한 상황에서 바울이 마지막으로 택한 길은 베뢰아로 움직이는 것이었다(행 17:10ff). 자신이 전도한 사람들을 모두 뒤로한 채 바울은 박해를 피하여 다른 곳으로 도망한 것이다. 이런 경우는 종종 보인다. 다메섹에서 아레타 왕의 자객들을 피해 광주리를 타고 도망한 일도 있다(고후 11:32~33). 도망한 후의 바울의 심경을 잘 표현하는 내용이 데살로니가전서 2장에 암시되는데, 변명처럼 들릴지 몰라도 바울이 그들에게 다시 돌아가지 못하는 이유는 사단이 막았기 때문이라고 한다(살전 2:18).

그가 피신하여 결국 도착한 도시인 아테네는 데살로니가에서 약 512km 떨어진 곳에 위치한다. 아마도 바울 사도는 자신이 떠난 후, 자신에 대한 평판이 매우 나쁘게 작용했을 것이라고 추측했을 것이고, 그것과는 다르게 자신이 겪은 박해를 그곳의 성도들, 아마도 그리 지위가 높지 않은 노동자들이 바울 자신을 보고 믿음을 포기할 뿐 아니라 자신의 복음을 매우 신뢰할 수 없는 것으로 생각할까 매우 걱정 했을 것이다(살전 2:14). 그런데 그곳 교회가 든든히 서 간다는 소식은 바울에게 감사와 함께 자신에 대한 변호의 기회로 작용했을 것이다. 이러한 바울의 뒤돌아봄에 우리의 주제가 있다.

그리스도의 종, 바울

바울의 중요한 신학적 사고는 복음, 계시, 기독론과 구원론 그리고 특히 살전후에 특징적으로 나타나는 종말론 등등의 주제들로 취급된다. 이러한 것은 많은 사람들이 짐작하듯이, 바울이 부활한 그리스도와의 만남을 통하여 얻었던 자신에 대한 절실한 이해 내지는 그리스도인 됨의 정당성이나 당위성을 표현한다. 따라서 이러한 주제들은 사도 바울이 당시의 기독교를 어떻게 이해했고, 무엇을 복음전파의 내용으로 생각했는가를 잘 보여 준다.

하지만 이제 다루어질 주제인 '그리스도의 종'은 이미 많은 사람들이 다루었기에 식상한 주제일 수도 있다. 그러나 이 글의 초점은 바울이 자신의 그리스도인 되는 과정을 말하기보다는 그리스도인이 된 후에 자신의 정체성을 깨달아 이른 개념과 자신을 통하여 예수님을 그리스도로 영접한 사람들이 자신과 어떤 관계를 가지는가 하는 문제다. 물론 근본적으로 "하나님의 종" 개념은 인간과 관계된 다양한 정황을 표현하지만, 바울에게는 1차적으로 "그리스도의 종" 개념과 자신의 관계를 나타낸다. 그리고 이와 더불어 자신의 전도를 통하여 하나님의 백성이 된 사람들, 즉 성도와 자신의 관계 또한 중요한 의미가 있다.

바울은 자신을 종종 그리스도의 종으로 표현한다. 편지의 서두에서 자신의 소명이나 정당성을 말할 때 사용하기도 하며 자신이 왜 그리스도의 종이 되어서 복음사역을 이렇게 열심히 감당하고 있는가를 말하기도 한다.

종에 대한 이러한 설명은 구약에 언급된 다양한 내용을 통하여 설명이 시작된다. 구약에 나타난 종에 대한 설명은 몇 종류로 요약되는데, 본질적으로 구약성경에서 언급되는 종은 하나님과의 관계에서 이해를 가져온다. 구약에서 종의 내용은 대체로 1) 하나님의 현현 앞에서 경건한 자가 자신을 표현할 때 사용되거나 2) 야훼의 종들이라는 복수형이 등장할 때도 있다. 3) 단수로 쓰이는 경우는 집합단수로 이스라엘을 묘사한다. 그러나 4) 야훼의 종으로 불리 때는 하나의 칭호가 되어 하나님의 도구로 구별된 사람을 지시한다. 그러나 5) 결정적으로 메시아를 지시할 때는 하나님께서 스스로 그 대상을 향하여 '나의 종'이라고 말씀하시는 형태를 가진다. 이 부름은 과업이 맡겨지는 단계로 이어진다.

위에 언급된 종의 의미는 철저하게 하나님과의 관계에서만 규정된다. 물론 바울은 종의 문제를 다루면서 하나님과의 관계에 그 모든 초점을 맞춘다. 이러한 주제가 매우 자주 다루어져서 흥미를 유발하지 못할 수도 있으나, 이 주제는 현대의 기독교인들이 자신을 인식하는 데 중요한 척도가 된다.

사도 바울이 생각한 그리스도의 종의 목적은 무엇인가? 이 부분은 데살로니가전서 2:4에서 매우 잘 표현했다. 그리스도의 종의 목적은 하나님을 기쁘시게 하는 것이다. 이러한 표현은 바울의 다른 서신에도 나타난다. 특히 갈라디아서 1:10은 이 부분을 보다 명확하게 보여 준다. 이러한 표현 방식을 사용하는 바울이 의도하는 것은 무엇일까?

여기에는 바울이 자각한 특별한 부르심이 있다. 바울은 자신의 부름을 하나님과 관련하여 '칼레인/클레토스'(롬 1:1, 고전 1:1)를 사용한다. 갈라디아서 1:15에서는 하나님의 부르심을 나타내는 말로 과거분사형인 '칼레사스'란 표현을 사용한다. 사람들과의 관계에서 바울은 이 용어를 사용하지 않는다. 따라서 바울이 자신의 소명을 깨닫는 시작이 바로 하나님의 부르심에 응답하는 것이었다고 할 수 있다.

바울은 이러한 부르심을 통하여 얻은 과업인 하나님의 복음 전파를 자신의 숙명으로 인식한다. 바울은 편지에서 '아낭케'란 표현을 사용한다(고전 7:26, 9:16). 이 표현은 외부의 압력이나 물건을 통한 강요에 의해서 이행되는 사태를 지시한다.[1] 이 용어는 바울이 몇 번에 걸쳐서 사용하는데 그 용례가 흥미롭다. 갈라디아서에 언급된 베드로를 향한 비난의 말에도 이 단어의 동사형태[2]가 언급된다. 바울이 이 언어를 쓰는 것은 베드로가 사도의 권위로 그들을 강요할 때 그들이 그 명령을 피할 수 없었던 상황의 난처함을 매우 적절히 표현한 것이다. 그러나 바울은 이 단어의 명사형을 사용해서 하나님으로부터 받은 자신의 사명을 강조한다.

고린도전서에서 바울이 '복음을 전하는 것은 부득불 해야 하는 것'(고전 9:16)이라고 표현한 것은 사도의 심경을 극명하게 묘사하는 부분이다. 이 용어는 바울이 판단했던 종의 삶에 대한 자세를 보여준다. 이러한 그의 표현은 데살로니가교회에 보내는 이 편지에서 자신이 그곳을 그렇게 떠나야 했던 배경적 지식을 전해 준다. 바울이 그리스도로부터 받은 부름은 복음을 전파하는 것이기 때문이다. 그것이 모든 것을 결단하는 요인이었기 때문이다.

'오직 하나님의 옳게 여기심을 입어 복음전할 부탁을 받았으니'(살전 2:4), 이 부분을 좀 더 적극적으로 '우리가 하나님의 인정함을 받아 위탁받은 대로 복음을 전하니'와 같이 번역할 수 있다. 이 말씀에 투영되어 있는 바울의 부름은 하나님의 복음을 전하는 것이다. 이러한 종의 개념은 자신의 소명을 깨달으면서 시작된다.

이러한 소명 의식은 자신의 환란을 견디어내게 했다. 바울은 자신의 고난을 회상하면서, 그 처절한 고통을 매우 감동적으로 기술했다(고전 4:11~13, 고후 4:7~12, 고후 6:4~10, 고후11:23~29). 특별히 고린도전서 11:25에서 자신의 고난을 지명을 빌어 표현한다. 고난을 당한 이 세 장소는 빌립보, 고린도, 데살로니가인데 그곳에서 받은 고난은 그에게 매우 혹독한 것이었다. 눈에 띄는 것은 바울이 데살로니가전서 2:2에서 '고난과 능욕을 당하였으나'[3]라는 표현이다. 자신에게 맡겨진 복음의 전파를 위해 자신의 고통을 감내하는 그의 모습에서 하나님의 부르심을 받은 자의 목적의식을 찾을 수 있다. 바울은 부활 하신 그리스도를 만나 후에 자신을 부르신 하나님의 뜻을 따라 헌신한다. 종은 인간의 기쁨을 얻으려고 노력하지 않고 하나님을 기쁘시게 하는 존재이다(갈 1:10). 그가 종으로 부름을 받은 것은 복음 전파의 과업 때문이다. 그러한 그의 생각 중심에는 언제나 하나님의 이름이 있다. 실은 그리스도의 종으로 인정을 받았다고 하지만, 그는 언제나 하나님의 존재를 그 배후에 놓고 언급한다. 이러한 그의 태도는 데살로니가전서에 두루 나타난다. 그래서 바울은 언제나 하나님의 기쁨을 구하는 종의 태도를 가지고 있다. 즉 바울이 겪은 고난은 자신의 소명을 잊게 하는 것이 아니라 더욱 깊이 각인시키는 촉매제와 같이 작용했다.

부름을 받은 하나님의 종의 목표는 인간을 기쁘게 하는 것이 아니고, 하나님을 기쁘게 하는 것이다(갈 1:10). 이 말의 다른 표현은 인간으로부터 칭찬을 구하는 것이 아니라, 하나님으로부터 오는 칭찬만이 의미가 있다는 뜻이다(살전 2:4b). 이러한 확신은 바울의 선교와 목회의 중요한 근거였다. 그러므로 바울이 사용하는 '너희가 어떻게 행동하고, 어떻게 하나님을 기쁘시게 할 것인지를 우리에게서 배운 대로 지금 실천하고 있으니 그대로 힘쓰라'고 표현된 데살로니가전서 4:1은 데살로니가전서 2:4과 동일한 내용을 담은 또 다른 표현이다.

종의 개념에는 완전히 새로운 영역으로의 이전이라는 의미가 담겨 있다. 바울은 자신뿐 아니라 그리스도인이 된다는 것을 그리스도의 종이 된다고 기술한다. 일반적으로 종의 개념은 주종관계를 연상하게 한다. 그러나 바울이 생각하는 종의 관계는 사람과의 관계를 지시하지 않는다. 왜냐하면, 이 종의 개념을 매개로 새로운 영역으로의 이동을 말하기 때문이다.

비록 이 땅에서 종으로 살다가 그리스도인이 되었다면, 새로운 국면에 접어든 것이다. 이러한 이해는 다른 바울 서신에도 나타난다.

> "각 사람은 부르심을 받은 그대로 지내라. 네가 종으로 있을 때에 부르심을 받았느냐? 염려하지 말거라 그러나 제가 자유인이 될 수 있다면 차라리 이를 사용하여라 종일지라도 주안에서 부르심을 받은 사람은 주께 속한 자유인이요. 그와 같이 자유인으로서 부르심을 받은 사람은 그리스도의 종이다. 너희는 값으로 사신 자이니 사람이 종이 되지 말라"(고전 7:21~24)

바울은 이 본문에서 할례의 문제를 다루면서 그리스도인으로 부르심을 받았으면 새로운 세계에 들어간 것이라고 말한다. 비록 이 땅의 속박과 제도가 장애가 된다 할지라도 그는 예수님을 그리스도로 영접함으로 자유를 얻었기 때문이다. 이는 이미 앞에서 언급된 것과 같이 구약에 나타난 종의 개념이 가진 구별을 전제한다.

이러한 새로운 세계는 당시 그레코-로만(Greco-Roman)의 정서에서 보면, 매우 불편한 주제였을 것이다. 그러나 바울은 이와 같은 내용을 편지에 종종 사용했을 뿐 아니라, 빌레몬서와 같은 경우에는 종의 문제를 전혀 새로운 영역에서 다루었다. 이는 바울의 사고가 그리스도 안에서 새로운 단계에 들어간 공동체에 머물러 있음을 의미한다.

이 '그리스도의 종'은 하나님과의 새로운 관계를 내포한다. 바울은 하나님을 아버지라고 부르는 이 공동체적인 사건을 매우 가치 있게 생각했다.

"너희는 그리스도 예수 안에서 믿음을 통하여 다 하나님의 아들이 되었다. 세례를 받고 그리스도와 연합한 너희는 누구나 다 그리스도를 입었다. 유대인이나 이방인이나 종이나 자유인이나 남자나 여자의 차별이 없이 너희는 다 그리스도 예수 안에서 하나다"(갈 3:26~28).

이러한 종의 개념은 영역의 이동을 말해 준다. 상관을 기쁘게 하는 것이 아니라 하나님을 기쁘시게 하는 것이다. 복음을 전한다는 것은 이러한 마음을 먼저 소유해야 함을 뜻한다. 너무 비현실적인가? 실제로 당시에 예수님을 따르는 것이 현실적인 것이었는가? 복음서의 내용과 당시에 대한 배경 지식을 가지고 있다면, 그것은 현실적이라기보다는 비현실적이다. 그러한 사람들에게 본을 보이는 사람은 바울이다. 모두가 찾는 표적이나 지혜를 구하지 않고 십자가를 전한다는 그의 메시지는 이미 자신이 세상의 가치와는 전혀 다른 가치를 추구하고 있음을 보여 준다.

바울의 소망, 성도

성도라는 표현은 어떤 사람을 지칭한다기보다는 복수 형태의 개념이다. 데살로니가전서 2:17~20에 나타난 내용은 성도에 대한 바울의 이해를 잘 반영한다. 사도 바울에게 성도는 아주 특별한 의미를 점유한다. 사도 바울은 그리스도인이 되기 이전에 행한 자신의 활동에 대해 심한 가책을 느꼈다 (갈 1:13~14, 빌 3:6, 고전 10:32, 참고, 행 9장, 행 22장, 행 26장). 바울은 이러한 행위들을 십자가의 원수의 행위로 인식했고 그것에 대해 자책하며 살았던 것 같다. 이러한 바울에게 있어 예수님을 그리스도로 영접한 하나님의 새로운 백성이 되었다는 것은 그 의미가 매우 깊다.

고린도 교회에 보내는 편지에서 바울은 성도를 그리스도 안에서 자신의 추천서(쉬스타티케 에피스톨레)라고 말한다. 즉 바울은 성도를 대할 때 자신과 하나님과의 관계를 증명하는 존재로 인식한 것이다(고후 3:1). 그들이 자신의 장래 소망을 더욱 가치 있게 하는 존재로 생각한 것이다. 바울이 그들에게 바라는 것은 그들이 하나님 앞에서 아름답게 서는 그날을 기다리는 것이다(살전 3:13, 비교 살후 1:10). 왜냐하면 그들은 하나님께서 맡기신 사역의 대상이기 때문이다(엡 2:19).

이러한 바울의 생각이 초기 서신에서부터 매우 분명하게 나타난다. 데살로니가전서 2:19~20의 언급은 상술된 내용을 보다 잘 표현하고 있다.

> "우리의 소망이나 기쁨이나 자랑의 면류관이 무엇이냐 그의 강림하실 때 우리 주 예수 앞에 너희가 아니냐 너희는 우리의 영광이요 기쁨이니라"

이와 같은 표현에는 바울이 생명과 같이 사랑하는 성도를 향한 간절한 소망이 녹아 있다. 이와 같은 성도에게 바울이 복음을 전하는 모습은 참으로 간절하다. 그는 이들에게 복음을 전하기 위해 간사하지도, 부정하지도 않았고, 궤계가 있는 것도 아니라고 기술한다. 이는 결국 성도와 그 공동체의 지도자가 서로의 자랑이 됨을 알려 준다(고후 1:19).

그리스도를 통한 새로운 영역으로의 이동

바울의 사고는 이미 개인적으로 자신이 속해 있던 유대교에서 기독교라는 새로운 지평을 접하면서 시작되었다. 바울의 이러한 변화는 그가 지금까지 원칙으로 삼았던 해석의 모든 원칙을 바꾸어 놓았다. 그가 배웠던 구약은 이제 예수님이 중심이 되고, 그 목적이 되는 새로운 해석을 정당화시키는 근거로 작용한다.

이러한 해석의 변화는 당시 사람들이 구하는 것과는 근본적으로 다른 차원의 내용을 도출시켰다. 표적이나 지혜를 찾는 것이 더 이상 의미를 가지지 못한다(고전 1:22ff). 그가 지금까지 귀중하게 생각했던 족보, 전통 그리고 율법과 지식들은 이 새로운 해석의 결론 앞에서 모두 배설물처럼 여겨진다(빌 3:7).

성도를 자신의 면류관으로 인식하는, 바울의 성도 이해는 데살로니가 전·후서에 두루 나타난다. 그는 이 땅 끝까지 하나님께서 예수님을 통하여 사람들을 구원하시려는 이 계시의 핵심인 복음을 전해야 했다. 사람에게 영광을 받으려는 것이 아니기 때문에 하나님으로부터 받은 양육의 사명을 이행하기 위하여 권세를 주장할 수도 있으나 주장하지 않았고, 그들에게 아첨을 하지도 않았으며, 탐욕을 위하여 탈을 쓰지도 않았고, 사람에게 영광을 구하려 하지도 않았다(살전 2:5~7). 돌아보면, 이 주제는 기독교 지도자와 성도에게 기독교가 시작되면서부터 적용된 마음가짐일 것이다.

실제로 이러한 해석을 통하여 그가 발견한 것은 궁극적으로 이 땅의 영역을 벗어나는 것이었다(빌 3:11). 이 진리의 내용은 그리스도를 통한 새로운 영역으로의 이동이다. 결국 주인과 종, 상관과 부하, 귀족과 평민 그리고 천민으로 구분된 세계에서 이 복음의 선포를 통해 그 모든 것을 뛰어 넘는 새로운 지평을 열었다.

06

데살로니가전서에 나타난 바울의 종말론

데살로니가전서는 대부분의 성경학자들에 의해 바울이 선교사역을 해나가면서 만나는 문제를 해결하기 위하여 기록한 최초의 서신일 뿐 아니라, 신약 성경 중에서도 가장 처음으로 기록된 문서로 인정되고 있다. 이 서신이 최초의 서신이라는 사실은 여러 면에서 커다란 중요성을 지닌다.

첫째, 그동안 구전으로만 내려오던 기독교의 복음과 초대교회의 역사가 처음으로 문서로 기록됨으로써 이제 기독교는 세계적인 종교로 나아갈 수 있는 기초를 갖게 되었다는 것이다. 둘째, 데살로니가전서가 최초의 문서이기 때문에 기독교의 초기 형태를 가장 정확하게 보여주는 자료인 동시에 초기 기독교의 본질을 규명하는 데 매우 중요한 실마리를 제공하고 있다. 또한 데살로니가전서는 바울의 초기 사상적 진수를 파악하는 데 큰 공헌을 제공해 주었다고 볼 수 있다.

이와 더불어 신약 성경 내에서 가장 오래된 본문인 데살로니가전서는 종말론적인 특징을 독특하게 입증할 뿐만 아니라, 기독교 초기 교회들의 교훈과 소망이 얼마나 뚜렷하게 종말론적이었는가 하는 것을 제시해 주고 있다. 실제로 데살로니가전서를 읽다가 보면, 각 장에서 우리는 예수님의 재림에 대하여, 그리고 그 재림을 기다리는 성도들의 모습이 어떠해야 하는지에 관한 바울의 교훈을 분명히 발견하게 된다(2:12; 3:13; 4:13~5:11; 5:23). 이처럼 데살로니가교회를 향한 바울의 설교는 아주 강한 종말론적 요소를 지니고 있고, 무엇보다도 임박한 그리스도의 재림(파루시아)에 대한 기대가 현저하게 나타나고 있다. 한마디로 데살로니가전서의 중심 주제는 그리스도의 재림에 관한 교훈, 즉 종말론(Eschatology)이라고 할 수 있는 것이다.

데살로니가전서의 중심이 되는 '예수 그리스도의 재림'이란 주제는 어쩌면 오늘 이 땅 위에서 살아가고 있는 우리 성도들에게는 조금은 식상한 단어로 들릴지도 모른다. 그것은 '시한부 종말론' 혹은 '재림 예수' 등, 재림에 대한 오해로 인해 현실을 회피하고 미래에만 몰두하는 우리 사회에 나타난 잘못된 종교적 현상들 때문이다. 이런 이유로 많은 성도들이 '재림'하면 무슨 못들을 이야기를 듣기나 한 것처럼 귀를 막고 피하는 모습을 보이거나, 혹은 이것을 죽음 이후의 문제로 생각하여 심각히 생각하려 하지 않는 모습까지 보인다. 그러나 이런 모습은 결코 정상적인 모습도, 또한 바람직한 모습도 아니다. 초대교회를 힘 있게 지탱해 주었던 가장 중요한 원동력이 무엇이었는가? 바로 임박한 재림대망사상이 아니었는가! 그들의 인사가 '마라나타'였다. 이처럼 주님의 재림을 기다리는 '재림대망사상'은 확실히 초대교회를 힘 있게 지탱시켜 주던 원동력임에 틀림없다.

그렇다면 이러한 재림대망사상은 과거 초대교회에만 필요한 것일까? 그것은 결코 아니다. 교회사를 보면 이 재림 신앙이 살아있을 때 교회가 살아있었던 것을 우리는 확인할 수 있다. 이런 면에서 본다면, 오늘 우리 한국교회와 성도들의 모습은 어떤가? 과연 우리는 주님의 재림을 소망하고 있고, 그 재림신앙을 우리 신앙의 원동력으로 삼고 있는가? 아니면, 주일마다 "…저리로서 산 자와 죽은 자를 심판하러 오시리라"라고 고백은 하지만, 더 이상 주님의 재림을 기다리지 않는 모습을 보이고 있지 않은가? 이 질문에 긍정적인 대답을 할 수 없다면, '재림 신앙'은 지나치게 현실에 안주하는 삶을 살아가면서 세속화의 위기 앞에 직면하고 있는 오늘날 우리 한국 교회가 회복해야 할 가장 중요한 신앙의 모습이 아닌가 생각된다.

그러므로 이 글의 목적은 데살로니가전서에 나타난 예수님의 재림에 관한 바울의 종말론적 교훈을 살펴보고, 그러한 메시지가 오늘을 살아가는 우리에게 어떠한 중요한 의미가 있는지를 살핌으로 데살로니가전서를 설교하는 설교자들에게 도움을 주려는 것이다.

데살로니가교회의 상황

그렇다면 바람직한 재림 대망의 모습은 어떠한 것인가? 이 질문에 대한 바른 답을 얻기 위해서는 무엇보다도 먼저 데살로니가교회의 상황을 바로 아는 것이 중요하다. 이는 잘못된 재림 대망의 모습이 데살로니가교회에 나타났었고, 이에 대한 올바른 답변을 바울이 주고 있기 때문이다.

어떤 학자들은 데살로니가교회에는 문제가 없었다고 말하기도 한다(E. Best, *The First and Second Epistles to the Thessalonians*, p. 59). 그렇게 주장하는 이유는 바울이 이 서신의 상당 분량을 감사의 부분에 할애하고 있기 때문이다. 그러나 데살로니가전서를 자세히 살펴보면 바울이 이 편지를 보낼 수밖에 없었던 상황이 전개되고 있다. 사실 바울이 어떤 교회에 편지를 보냈다고 하는 것은 그 편지를 보낼 수밖에 없었던 분명한 상황을 전제로 하고 있는 것이다. 그렇다면 그 주된 상황은 무엇이었을까?

당시 데살로니가교회에는 여러 가지 위기적 상황이 존재하고 있었다. 먼저 성도들과 교회는 계속되는 박해 아래 놓여 있었다. 데살로니가교회의 특징은 박해받는 교회라고 할 수 있을 것이다. 이러한 박해의 상황 속에서 계속되는 박해를 이겨내고 성도들로 하여금 굳건히 서도록 하기 위하여 바울은 이 서신을 기록하고 있는 것이다(3:3).

또한 데살로니가교회 안에는 바울의 사도권과 복음에 대하여 의문을 제기하는 반대자들이 있었다(2:3~13). 이런 상황 속에서 바울은 자신의 전도 사업과 인격에 대해 비평하는 자들로부터 자신의 사도권과 복음을 변호하려는 변증의 목적으로 이 서신을 기록하고 있다.

그렇지만 데살로니가교회를 위협하고 있었던 가장 중요한 문제는 재림에 대한 오해로 말미암아 비롯된 혼란의 상황이었다. 당시 데살로니가의 교인들은 재림의 때와 시기, 그리고 죽은 자의 부활에 대한 바울의 가르침을 올바로 파악하지 못했고, 그 결과 혼란에 빠져 현재의 삶에 충실하지 못하고 무위도식하거나 부도덕한 행위를 하는 성도들이 속출하고 있었던 것이다. 그렇다면 구체적으로 왜 이런 재림에 대한 오해가 발생했고, 그 위기의 원인은 무엇이었을까?

위기의 발생원인: 임박한 종말에 대한 오해

바울이 데살로니가교회에서 세 안식일에 걸쳐 복음을 전할 때, 그가 전한 복음은 기독교 신앙의 본질인 예수에 관한 기독론적인 설교였다. 즉 예수는 하나님의 아들이시요, 주님이 되신다고 하는 것이었다(행 17:3). 계속해서 바울은 증거하기를, 하나님께서는 그 예수를 죽은 자 가운데서 다시 살리셨는데 그렇게 부활하시고 승천하신 주님(Lord)은 심판주와 구세주로서 곧 세상에 다시 오실 것이라는 재림에 관한 종말론적인 메시지를 전하였던 것이다. 이러한 바울의 가르침은 바울만의 것이 아니라 초대교회의 기본적인 가르침이기도 했다.

아마도 데살로니가 교인들은 바울의 이러한 재림에 관한 설교에 깊은 감명을 받았던 것으로 보인다. 그래서 그들은 과거에 섬겼던 우상을 버리고 하나님께로 돌아와서 하늘로부터 다시 강림하시는 하나님의 아들을 간절히 기다리고 있었다(1:10). 또한 그들은 그 주님이 그들을 장차 노하심에서 건지실 것이라고 믿었기에(1:10) 그리스도가 다시 오시기까지 흠 없고 순전한 생활을 영위하기를 열망하였다(3:13; 5:23). 하지만 곧 오실 것이라고 기대하였던 주님의 재림이 지연되고, 오히려 그들에게 고난과 박해만이 계속되자 그들의 확신은 흔들렸고, 문제가 발생하기 시작하였다.

1. 죽은 자들에 대한 의문 제기

특히 공동체의 위기는 데살로니가 교인들 중에서 주님의 재림을 보지 못하고 죽은 자들이 속출함으로 인해 생겨나기 시작했다(4:13). 당시 살아 있던 교인들의 눈에 보기에 그들은 재림으로 완성될 하나님의 나라에 참여할 기회를 놓쳐 버린 것으로 이해되었다. 실제로 신자들은, "신앙은 죽음도 극복하는 것이라"고 믿어 왔는데, 만일 "죽음이 예수로 말미암은 새로운 삶의 끝이라"고 한다면 미래에 대한 소망은 이제 더 이상 없다고 느꼈을 것이다. 이것이 그리스도인의 현존의 삶에 대한 의의를 인식하지 못하게 하였고, 결국 데살로니가 교인들은 죽은 자들과 마찬가지로 자신들의 믿음도 결국 헛된 것이 아닌가 하는 의심 속에서 혼란에 빠져들게 되었던 것이다.

2. 재림의 시기에 관한 의문 제기

재림에 관한 의문 중에서 공동체의 최대 관심사가 된 것은 주님의 재림이 정확히 언제 임하느냐 하는 재림의 시기에 관한 것이었다. 당시 성도들은 재림의 시기와 날짜에 대해 추측하고 계산하는 데 지나치게 신경을 쓴 나머지 정작 자신들이 지금, 여기서 마땅히 해야 할 일을 잊고 태만한 삶을 살았던 것으로 보인다.

데살로니가 교인들은 상당히 열광적으로 종말을 기대했던 것으로 보인다. 그래서 어떤 학자들은 데살로니가교회를 말할 때 '열광주의적 공동체' 혹은 '천년왕국적 과격주의' 등으로 표현하고 있다(R. Jewett, *The Thessalonian Correspondence*, p. 176). 이러한 열정이나 몰두가 반드시 나쁜 것만은 아니지만, 그러나 그것이 현재와 미래에 대한 균형 잡힌 모습을 상실할 때 이러한 종말론적 열광주의는 바람직하지 못한 모습으로 나타날 수 있다. 종말론적으로는 급격한 기대감이 이미 종말이 실현되었다는 사실로 오해될 수도 있고, 윤리적으로는 현실에 대한 책임감보다는 현실에 대한 도피나 거부로 나타날 수도 있다. 실제로 이러한 조짐이 이미 데살로니가교회에 나타나고 있었다고 보아도 좋을 것이다(5:6~8참조). 이처럼 종말론적 열광주의가 부정적으로 표출될 때는 현실의 삶에 대한 도피 내지는 책임감 결핍으로 나타나는 것이다. 성적인 윤리문제가 야기된 것도 같은 맥락에서 이해할 수 있을 것이다.

한마디로 데살로니가 성도들은 그리스도의 재림과 죽은 자의 부활에 대한 바울의 교훈을 올바로 파악하지 못했던 것으로 보인다. 특히 그레코-로만 사상 체계에 익숙해 있던 데살로니가 교인들은 바울의 메시지를 자신들의 체계로 변형시켜 이해하여 종말론적 열광주의에 빠져들었고, 그 결과 그들의 사상이 삶으로 표현될 때 오히려 무책임성과 혼란으로 나타났다.

데살로니가교회를 향한 바울의 교훈

바울은 그릇된 종말론으로 말미암아 위기에 봉착한 데살로니가교회를 향하여 다음과 같은 세 가지의 답을 주고 있다.

첫째로, 바울은 이미 죽은 자들도 주님의 재림 때에 불이익을 받지 않을 것이라고 분명히 말한다(4:16~18). 즉 살아 있는 사람들뿐만 아니라 이미 죽은 사람들도 재림으로 완성될 구원에 참여할 것이라는 확신을 심어줌으로써 죽은 자들에 대한 데살로니가 교인들의 걱정과 염려를 없애주려 하고 있다.

둘째로, 바울은 데살로니가 교인들이 가장 관심을 가지고 있는 재림의 때와 시기에 관하여 말하기를, 그것은 어떤 시간표나 계산에 의해 정해지는 것이 아니라, 전적으로 하나님의 주권 안에 있음을 밝히고 있다(5:1~3). 그러면서 바울은 구체적인 재림의 때와 시기에 관하여는 언급을 하지 않고, 다만 주의 날이 도적같이 임할 것이라고 말하면서 "근신하여 깨어 있으라"고 권면한다. 이렇게 말하는 이유는 무엇일까? 그것은 사람들로서는 알 수도 없고, 또 추측할 필요도 없는 하나님이 하시는 일에 지나치게 신경을 쓰느라 정작 지금 이 땅에서 내가 해야 할 일에 충실치 못하는 어리석음을 범하지 않도록 하기 위함이었다.

셋째로, 바울은 가장 중요한 문제인 데살로니가교회의 위기의 원인에 대하여 언급하고 있는데, 그 위기는 교인들이 자신의 정체성을 잊어버린 데서 생겨난 것임을 지적하고 있다. 데살로니가교회의 성도들은 어떤 사람들이었는가? 도대체 그들의 정체성은 무엇이었는가? 그들은 이미 예수 그리스도와 함께 죽고 다시 살아서 그리스도 안에서 새로운 피조물이 된 사람들이었다(고후 5:17). 또한 죽음과 악에 대하여 본질적인 승리를 쟁취하고, 구원과 생명의 새로운 시대로 들어가 이미 영생을 소유하고 있는 사람들이었다. 그들은 위기의 순간마다, 그 무엇보다도 이와 같은 '자신의 정체성'을 기억해야 했다.

또한 이러한 자신의 정체성과 더불어 그들이 잊지 말았어야 할 것은, 그들이 믿는 하나님이 어떠한 분이신가 하는 것이었다. 하나님은 "그리스도를 죽음 가운데서 살리신 분"이시며, "사시고 참되신 분"이시다(1:9). 그렇기 때문에 이런 하나님을 믿는 자들은 "하나님은 예수를 죽은 자들 가운데서 살리셨다"는 역사적 사실에 기초한 참된 소망을 가지고 있을 뿐 아니라, 마지막 날 하나님께서 그들을 또한 살리실 것이라는 것을 분명히 믿는 사람들이다. 그러므로 상황이 아무리 이해하기 어렵고 힘들다 할지라도 이 두 가지 사실만은 반드시 기억해야 했다. 그런데 데살로니가 교인들은 자신의 신분과 정체성을 잊어버리고, 또 하나님 없는 자처럼, 소망이 없는 자처럼 자기들 중에 죽은 자들을 위하여 슬퍼했던 것이다. 바울은 이러한 위기의 원인을 데살로니가 교인들에게 분명히 상기시키므로, 다시 한 번 그들의 신분에 합당한 올바른 삶을 살도록 교훈하고 있다.

재림을 기다리는 성도의 올바른 삶

그렇다면 재림을 기다리는 성도들의 바람직한 삶의 모습이란 어떠한 것일까? 이 질문에 대하여 바울은 다음과 같이 교훈한다. 비록 데살로니가 교인들이 주님의 재림의 때와 시기는 정확히 알 수 없지만, 그들이 분명히 알

고 있는 것은 주님이 재림하시면 그들은 "항상 주와 함께 있을 것이다"(4:17)
는 것이다. 그래서 바울은 데살로니가 교인들에게 이러한 소망을 가지고,
두 세대이 개념은 바울의 종말론을 특징짓는 중요한 단어인데, 다음 항목을
참조하라 사이에서 오직 깨어 근신하면서(5:5~10), 부르심에 합당하게 살라
(4:7)고 권면하고 있다.

그렇다면 "깨어 근신한다"는 것은 구체적으로 어떻게 표출되어야 하는
가? 그것은 결코 새로운 교훈이 아니었다. 바울은 데살로니가전서 4:1~2,
그리고 11절에서 데살로니가 성도들이 이미 교훈을 받아 알고 있었던 조목
들임을 상기시키고 있다. "… 여러분은 어떻게 살아야 하며 어떻게 하나님
을 기쁘시게 해야 할 것인지를 우리에게서 배운 대로 하고 있으니, 더욱 그
렇게 힘쓰도록 하십시오"(2절; 필자역); "그리고 우리가 여러분에게 명령한 대
로 조용하게 살기를 힘쓰고, 자기 일에 전념하며, 자기 손으로 힘써 일하십
시오"(11절; 필자역). 이것들은 아마도 거룩함을 가르치는 초대 기독교의 교리
문답을 가리키는 것 같다.

특별히 바울은 데살로니가전서 4:5에서 데살로니가 교인들에게 "하나님
을 모르는 이방인과 같이 색욕을 좇지 말라"고 권한다. 이는 거룩함을 버리
고 더러움 속에서 살아가는 사람은 거룩함을 위하여 성도를 부르신 하나님
을 저버리는 자이기 때문이다(4:5~8). 바울은 또한 믿는 자들은 교회의 다른
형제, 자매들에게 사랑의 태도를 취하여야 한다고 권면한다. 서로 위로함으
로 덕을 세우고(4:18; 5:11), 지도자들을 존중하고(5:12), 서로 화목해야 함을
강조한다(5:13). 더 나아가서 바울은, 당시 철학자들의 가르침을 상기시키는
조언을 하고 있다. "… 자기 일에 전념하며, 자기 손으로 힘써 일하십시오"
(4:11).

이와 같이 두 세대 사이에서 "근신하며 깨어 있는 삶"이란 정상적인 삶을
포기하고 종말의 징조들만 살피기에 전념하는 것이 아니라, 현재 자신의 삶
에 충실하면서 이 땅 위에서 하나님의 사명을 감당하는 삶을 살아가는 것이
다. 한마디로 "범사에 헤아려 좋은 것을 취하고, 악은 모양이라도 버리는"

삶을 살아가는 것이다(5:21~22).

그리스도인들은 분명히 재림의 영광스러운 미래를 가지고 있다. 그 영광스러운 미래, 즉 재림을 가장 잘 준비하는 모습은 어떠한 것일까? 한마디로 그것은 현재의 중요성을 기억하여 현재에 충실하는 것이다. 이보다 더 좋은 미래의 준비는 있을 수 없는데, 이는 현재가 없는 미래란 존재할 수 없기 때문이다. 따라서 '지금' 그리고 '이 세상' 속에서 그리스도인들이 마땅히 감당해야 할 사명과 역할을 등한시여기는 사람이 있다면, 그 동기가 아무리 영적이라 할지라도 결코 하나님이 원하시는 삶을 살아가는 사람은 아닌 것이다.

바울의 종말론

바울의 종말사상은 유대 묵시사상의 구조를 이어 받기는 하지만, 다메섹 도상에서 만난 예수 그리스도의 죽음과 부활에 의해 완전히 새롭게 해석되고 있다.

1. 바울 종말론의 구조

바울의 종말론은 '두 세대'(two ages)사상에서 잘 보이는데, 그가 이와 같은 '두 세대', 즉 옛 세대와 새 세대 사상을 가지고 있었던 것은 그의 서신에 분명히 나타난다(롬 12:2; 고전 1:20; 2:6, 8; 3:18; 고후 4:4; 갈 1:4; 엡 1:21; 2:22 등). 이 세대(혹은, 이 세상)는 사단의 지배 아래 있는(엡 2:2) 악한 세대이며(갈 1:4), 어둠의 세대이다(엡 6:12; 롬 13:12).

그러나 바울에 의하면, 이처럼 옛 세대가 존속하는 이 세대 안에 예수의 죽음과 부활에 의해 하나님 나라의 질서에 속한 '새 세대'가 이 땅에 이미 도래했다는 것이다. 다시 말하면, 그리스도의 죽음과 부활은 과거 역사 가운데 일어났던 단순한 사건이 아니라 그리스도께서 통치하시는 새로운 세대를 이 세상 속에서 시작하게 만든 종말론적 사건이었다. 이처럼 그리스도와 더불어 새 세대가 시작되었고, 그리스도 안에서 죄인들이 믿음으로 구원받고 하나님의 백성이 되는 하나님의 종말론적 구원이 나타난 것이다.

따라서 우리는 '현재'가 하나님의 종말론적 구원의 활동이 이미 시작된 때라는 사실을 인정할 때만 그의 종말론을 바르게 이해할 수 있다. 바울은 말하기를, "때가 차서 하나님이 그 아들을 보내신 것, 그리고 이 악한 세대에서 우리를 건지시려고 우리 죄를 위하여 자기 몸을 바치신 것"은 '현재'(갈 4:4)라고 말한다. 동일한 맥락에서 바울은 고린도교회 교인들에게는 "보라 지금은 은혜 받을만한 때요 보라 지금은 구원의 날이라"(고후 6:2)라고 쓰고 있고, "그런즉 누구든지 그리스도 안에 있으면 새로운 피조물이라 이전 것은 지나갔으니 보라 새것이 되었도다"(고후 5:7)라고 증거하고 있다.

그럼에도 하나님의 완전한 구원은 아직도 미래에 속한다. 바울은 옛 세대의 권세가 아직도 존속하며, 주 예수의 강림(살전 3:13)과 마지막 부활(살전 4:16~17)과 세계의 구원은 아직도 도래하지 않았음을 명백히 한다. 사실 그리스도인들은 죽은 자의 부활(살전 4:14~16)과 재림의 날(살전 3:13; 4:14~17)을 고대하며, 그리고 마지막 원수인 사망의 권세까지도 멸망할 것을 희망하고 있다.

이처럼 사도 바울의 종말론 구조는 연속적인 계획(the plan of consecutiveness)에 근거해 있다. 이것은 지금 이 세상과 장차 올 새 세상이 대조되어 있는 가운데, 초자연적 역사의 결과요, 새로운 존재가 옛 세상 안에서 진전해 나간다는 의미이다. 이러한 두 세대론은 한마디로 하나님의 통치가 '이미'(already) 이 땅 안에서 시작되었지만, 그러나 '아직'(not yet) 그 완성을 기다리고 있다는 것이다. 그렇지만 바울의 세대 의식에서 분명한 것은, 하나님의 종말론적 행위인 구원은 그리스도의 십자가와 부활에 의해 '이 세대'의 운명은 이미 결정되었다는 것이다. 그것은 그리스도의 사건에서 근본적인 전환점을 이루었다. 비록 현재의 악한 세대가 아직 계속되고 그리스도의 재림과 하나님나라의 도래가 지연되는 듯한다 할지라도 그리스도의 종말론적인 통치는 이미 시작되었기 때문이다.

2. 그리스도인의 정체성

그렇다면 바울은 그리스도인을 어떻게 정의하고 있는가? 바울에게 그리스도인은 새로운 구원의 소망을 덧입고 살아가는 새로운 실재이며, 장래 그리스도와 연합하여 부활하리라는 확실성을 지니며 살아가는 종말론적 실재인 것이다. 다시 말하자면 그리스도인은 비록 옛 세대에 살지만, 옛 세대에 속하지 않은 새 세대의 사람, 새로운 피조물로 정의할 수 있는 것이다. 한마디로 그리스도인은 이 세상의 정착민이 아니라 나그네와 행인이요, 저 천국 본향을 향해 가는 순례자들이다.

3. 두 세대 사이를 살아가는 그리스도인의 삶

이와 더불어 이 땅 위에서의 '그리스도인의 삶'에 대해 바울은 말하기를, 공존하는 두 세대-존속되는 옛 세대와 도래한 새 세대-사이에서 종말론적 갈등을 겪는 삶으로 정의하고 있다. 두 세대 사이의 긴장, 이것은 바울 사상 전체의 반영이다. 그리스도인은 두 세대를 살아간다. 그는 옛 세대에 아직도 살고 있지만, 이미 새 세대의 시민이다. 새 것이 왔지만, 아직도 옛 것이 남아 있다. 그러나 바울은 흔히 우리가 여전히 악한 세력들과 싸워야 할 이 '악한 세대'(갈 1:4)에서 살고 있음을 상기시킨다. 그래서 죄의 몸을 멸하기 위해 비록 그들의 옛 사람이 그리스도와 함께 이미 십자가에 못 박혔을지라도(롬 6:6), 그들은 여전히 육의 행실들을 죽여야만 한다(롬 8:13). 다른 본문에서 신자는 육과 그 죄악 된 정욕들과 싸우는 적극적인 방식으로 그리스도를 옷 입거나(롬 13:14), 또는 새 사람을 옷 입으라(엡 4:24)고 권면 받는다.

성도들은 하나님 나라의 시민이 된 자신의 신분을 예수 그리스도께서 그의 왕국을 완성하기 위해 다시 오실 때까지 그 신분에 일치하는 삶의 유형으로 나타내야 한다(빌 1:27; 3:20f; 골 3:1ff). 그리고 바울은 이것이 오직 성령의 능력을 통해서만 실현될 수 있다고 말한다. 따라서 바울은 그의 독자들이 '성령으로'(롬 8:13; 갈 5:16f; cf. 골 3:5ff) 몸의 행실을 죽이며, 성령을 좇아 살 것을 권면하고 있는 것이다(갈 5:16~26).

이러한 두 세대 사이의 삶 속에서 그리스도인들이 흔들림 없이 그리스도인답게 살아갈 수 있는 비결은 무엇보다도 자신의 정체성을 바로 이해하는 것이다. 또한 동시에 이 시대는 임시적인 것이요, 완성을 향해 나아가는 과정이라는 것을 바로 이해하고 주님의 재림을 대망하면서 살아가는 것이다. 그렇게 할 때 우리는 이 세상에 안주하는 대신 이 세상을 상대화시킬 수 있는 것이고, 이 세상의 정착민이 아니라 '본향을 향해 가는 나그네와 순례자'답게 이 세상 속에서 구별되어 살아갈 수 있는 것이다.
　결론적으로, 그리스도인들은 분명히 재림의 영광스러운 미래를 가지고 있다. 두 세대의 긴장 속에서 살아가는 그리스도인들은 순간마다 자신들이 주의 궁휼에 의지하고 있으며, 우리의 구원을 완성하러 다시 오실 주님의 재림에 기초한 삶을 살아가고 있다는 사실을 망각해서는 안 된다. 하나님께서 인간들의 산술적인 시간 개념을 깨뜨리시고 성육신하신 아들을 통해 나타나실 것인데, 그는 자신의 왕적인 통치권을 확립하기 위해 역사에 종지부를 찍을 것이다. 바울은 또한 그리스도인들이 오실 예수님을 기다리는 동안 아무 일도 하지 않고 빈둥거리며 세월만 허송하도록 부르심을 받은 것이 아니라는 것을 분명하게 교훈한다. 오히려 그들은 미래의 재림을 준비하기 위해 현재를 믿음과 사랑과 소망으로 성실하게 살아가야만 하는 것이다.

데살로니가전서가 우리에게 주는 교훈

　지금까지 살펴본 데살로니가전서는 바울의 종말에 대한 교훈과 더불어 그리스도인들이 오늘날 이 땅 위에서 어떻게 살아가야 하는지를 분명히 가르쳐 준다. 그럼에도 일부의 현대 신학자들은 재림을 강조한 바울의 교훈은 이미 많은 시간이 지나가 버렸기 때문에 비현실적인 것이라고 주장하기도 한다. 그러나 어떤 이유에서든 재림신앙을 강조하지 않는 것은 기독교의 뿌리를 송두리째 흔드는 위험한 주장이라는 것을 분명히 알아야 한다.

그렇지만, 이러한 재림대망사상이 데살로니가교회처럼 결코 현실에 대한 도피나 방치로 나타나서도 안 된다. 바울은 그리스도인들이 오실 예수님을 기다리는 동안 아무 일도 하지 않고, 세월만 허송하도록 부르심을 받은 것이 아니라는 것을 분명하게 가르친다. 하나님께서는 분명한 뜻과 목적이 있으셔서 성도들을 죄의 덫으로부터 구원하셨다. 결코 그 구원 자체를 마지막 목적으로 착각해서는 안 된다. 만일 우리를 구원하여 하늘나라로 데려가는 것, 그 자체가 목적이라면 하나님께서는 왜 우리 인간들을 구원하신 즉시 하늘나라로 데려가시지 않고 이 세상에서 살라고 하신 것일까? 하나님께서는 구속받은 백성들이 이 세상에 살면서 하나님의 백성으로서 거룩한 모습을 드러내며 살도록 우리를 죄로부터 구원하신 것이다. 따라서 구원을 받았으면 구원받은 자의 합당한 모습을 실제 삶 가운데서 나타내야 하고, 삶의 모든 영역을 그리스도의 영역주권으로 변화시켜 나가는 귀한 모습을 보여야 하는 것이다. 바로 이것이 데살로니가 서신들이 우리에게 주는 분명한 메시지다.

한국 교회의 성장 원인을 연구하는 교회사가들에 의하면, 한국 개신교의 성장의 중요한 원인 가운데 하나는 바로 '초대교회적 재림대망사상'이었다고 입을 모으고 있다. 초대교회와 마찬가지로 한국 교회를 생동감 있고 힘있게 만들었던 원동력이 재림대망사상이었다. 그런데 언제부터인가 한국 교회에서 재림의 메시지가 서서히 사라지기 시작했다. 특히 경제가 급격히 부흥하고, 성도들의 생활이 안정되면서 이러한 현상은 그 속도를 더해갔다. 한국의 기독교 전파 이래 경제 부흥이 있기 이전까지 모든 시대에 걸쳐 그렇게도 강조되던 마라나타의 재림신앙이 특히 최근 들어 그 자취를 감추고 있는 까닭은 무엇일까?

많은 뜻있는 사람들은 오래 전부터 세속화의 위기 앞에 선 우리 한국 교회와 성도들에 대하여 염려의 목소리를 높여 왔다. 우리 교회 안에는 '마음이 부한 자'들이 너무 많다는 것이다. 또 하나님 없이도 살 수 있을 것 같은 사람들이 너무도 많고, 자신이 누구인지, 그리스도인이란 어떤 사람인지에 대한 '그리스도인의 정체성'을 모르는 사람들도 너무 많다고 한다. 그리하여 영원한 본향을 향해 가는 나그네와 행인의 신분에 전혀 걸맞지 않은 삶을 사는 사람이 많다. 주일마다 사도신경을 고백하며 주님의 재림을 믿으며 기다린다고 말하지만 그 고백에 일치하는 삶을 전혀 살지 못하는 성도가 많다고 염려하고 있다. 데살로니가전서를 읽으면서 바라보는 오늘 우리 한국 교회의 모습은 어떠한가?

재림신앙의 회복과 관련해서, 이 시점에서 한번 언급하고 싶은 신앙인이 있다. 지나온 그 분의 삶의 족적을 보건대 모든 면에서 존경하지 않을 수 없는 한 원로께서, 지나온 자신의 생애를 정리하면서 글을 썼는데, 그 글의 제목이 "세상을 다녀가며"이다. "세상을 다녀가며" 이 한 구절 속에는 한 신앙인의 신앙관과 인생관이 분명히 나타나고 있다. 이 세상은 정착지가 아니라 임시적인 곳이요, 잠시 '다녀가는 곳'이라는 것이다. 그리고 이 땅 위에서 그리스도인으로 살아가게 하시는 하나님의 뜻과 바람과 사명이 있다는 것이다. 자신의 정체성에 대한 올바른 이해와 이 세상에 대한 바른 이해를 가지고 주의 재림을 기다리며 살아간 성도의 삶이 얼마나 하나님 보시기에 아름다운 생애였을까? 이처럼 자신이 어디로부터 와서 어디로 가는지 시작과 최후의 목적지를 분명히 알고 있는 사람만이 이 세상 자체를 목적이나 우상으로 삼지 않고, 무엇을 위해 이 세상을 다녀가는지를 바로 알고 바르게 살아갈 수 있는 것이다.

칼빈주의 설교학자인 카이퍼(R. B. Kuiper)는 강조하기를 "복음의 피안성과 차안성을 동시에 설교하는 설교자가 하나님의 말씀 전부를 바로 선포하는 것이다"라고 말했다.

데살로니가전서를 설교하는 설교자들이 이런 교회와 성도들의 현실을 직시하고, 다시 "재림신앙을 회복하라"고 힘 있게 외침으로 위기 가운데 서 있는 교회와 성도들을 다시 깨우고, 그리하여 그들을 '세상을 다녀가는' 참된 믿음의 사람으로 살아가게 하는 귀한 역사가 이 땅 위에 다시 일어나기를 간절히 소망해 본다.

07

올바른 종말의 신앙으로 덕을 세우라

데살로니가전서 4:13~5:11을 중심으로

서론

초대교회는 주님의 하나님 나라의 선포로 시작된 새 시대에 속하였다는 의식을 갖고 있었다. 아울러 이들은 자신들이 기다리는 새 날이 곧 임할 것으로 기대했다. 그러나 기다리는 인자는 오지 않았다. 이러한 신학적 고민에 대한 해답은 늘 하나님의 시간 계산법은 사람의 것과 다르다는 식이었다. '그에게는 천년이 하루와 같다.' 더러는 '하나님의 계획은 감추어져서 아무도 그 날과 시간을 알 수 없다'라고 이해했다.

사실 이런 진술은 바울의 서신에서 볼 수 있다. 그렇다면 이런 진술들은 바울이 이미 주님의 재림의 연기를 경험하고 이것을 신학적으로 정리한 것으로 이해될 수 있는가 하는 것으로 이어서 질문할 수 있다. 또한 바울의 서신에 나타나는 종말에 관한 그의 진술에 어떠한 형태의 발전의 양식이 나타나는가에 대해서도 질문할 수 있다.

우리는 본문에 나타난 바울 사도의 진술을 바탕으로, 사도와 그의 독자들인 데살로니가교회의 성도들이 처했던 상황을 재구성하고 그 안에서 다시 사도의 진술을 해석할 것이다. 그리고 이러한 배경에서 사도가 그의 독자들인 데살로니가교회의 성도들에게 사용한 전통적 표상들을 해석하고 그 의미를 살펴볼 것이다. 결론에서는 주석의 내용을 요약하고, 바울의 종말론에 관한 신학적 이해를 정리할 것이다.

본문 데살로니가전서 4:13~5:11까지는 형식적으로나 주제로나 하나의 본문으로 형성되어 있다. 이것은 문학적 관련성을 고려하여도 비교적 분명하게 드러나고 일반적으로 그렇게 인정받는다. 본문은 우선 두 단락으로 나누어지는데 4:13~18까지가 한 단락이며 5:1~11까지가 나머지 단락이다. 앞의 단락에서는 묵시적 사상들이 지배적으로 나타나서 주님의 재림 사건에 관해 묘사하고 있으며, 두 번째 단락에서는 성도들에 대한 실제적 권면의 내용으로 구성되어 있다. 두 단락은 전개와 결론 부분이 유사하며 5:11에서는 전체 본문을 마무리하고 있다.

본론

1. 4:13~14: 잠자는 자들과 그들의 운명

13절에서 "너희가 슬퍼하지 않도록 하기 위함이다"라고 한 말은 다음에 이어지는 종말론적 교훈을 통하여 본문이 위로를 주려는 목적으로 기록됐음을 밝히고 있다. 죽음 후의 삶에 대한 표상은 당시 데살로니가교회의 주변에 있던 이방 세계에 이미 다양한 형태로 존재하고 있었다. 그러나 이들의 슬픔은 단순히 사후의 삶에 대한 불확실성에서 기인했다기보다는 주님께서 재림하실 마지막 날에 주님과 더불어 영광에 참여하지 못하게 될지도 모른다는 불확신 때문에 생긴 슬픔이다. 따라서 사도가 "잠자는 자"라고 완곡하게 표현한 죽은 자는 죽은 자 일반을 칭하는 것이 아니라 그리스도 안에서 죽은 자를 칭하는 것이다. 이 사실이 13절 하반절과 14절 그리고 16절에 구체적으로 진술되고 있다. 또한 바울이 여기에서 문제를 삼은 것은 성도들의 죽음을 경험한 살아있는 이들의 슬픔에 대한 감정이 아니라, 소망 없는 삶의 지배를 받는 그들의 삶의 태도에 관한 문제다.[1] 즉 "소망 없는 다른 이"란 표현에서 지금 무엇이 데살로니가교회의 성도들에게 문제가 되고 있는지를 알 수 있다는 말이다. 그들은 주님과 함께 하는 영광스러운 삶에 대한 소망이 없었기 때문에 교회에 속하지 않았던 사람들이며 이들은 유대인이며 이방인들이었다. 이들은 소망의 실체인 "하나님의 영광"(롬 5:2)과 "하나님의 나라"(고전 15:50), "몸을 떠나 주와 함께 거함"(고후 5:8), "그리스도와 함께 함"(빌 1:23)등을 알지 못했다.[2]

이것이 그들에게는 위로가 되었을 것이다. 14절에서 바울은 "우리"라는 주어를 사용하여 자신과 교회의 일체감을 표시하면서, 초대교회에 전해지던 예수의 죽음과 부활에 대한 신앙고백을 "우리는 무엇을 믿는다"라는 형식적 어구를 통하여 그 내용을 요약하고 있다.

그러나 14절의 구문은 좀 복잡하게 구성돼 있어 이해하기 쉽지 않다. 조건문에서 제시된 조건의 내용이 뒤에 이어지는 문장에서 결과와 함께 매듭되지 않고, 보다 확대된 의미로 제시되고 있다. 조건문에서 우리가 믿는 믿음의 내용이 예수가 죽으심과 부활하심인데, 뒤에 이어지는 문장에서는 주어가 "우리"가 아니라 "하나님"으로 바뀌면서 "하나님이 잠자는 자들을 이끄신다"라고 되어있다는 말이다. 이 어법대로라면 살아있는 자들의 믿음이 죽은 자들을 구원해야 한다는 결론이 된다.

그러나 오히려 이러한 어법을 통해 바울의 진술 의도는 상승효과를 얻고 있는 것이라 이해할 수 있다.[3] 조건문에서는 예수 그리스도의 죽음과 부활에 대한 신앙고백을, 이어지는 문장에서는 미래의 구원에 대한 기대를 서술함으로써 바울은 중요한 신학 사상을 요약하고 있다. 이를 통해 본문은 당혹스러워하는 데살로니가의 성도들에게 잠자는 자들이 어떻게 미래의 구원에 참여하게 되는지에 대해서도 확신시키고 있다. 이러한 미래의 구원에 참여함이 어떻게 이루어지는지에 대해 본문은 유대의 묵시문학의 표상을 빌어서 16~17절에서 소개한다.

"예수를 통하여"가 무엇을 수식하는가에 따라 의미가 달라진다. 만일 "잠자는 자들"을 수식한다고 보면 그 의미는 '예수와 긴밀한 관계를 가지다 잠들다'는 뜻이거나 (개역성경은 이런 의미로 "예수 안에서" 라고 번역하였다), 혹은 죽음의 이유가 예수가 되어서 의미상 2:13과 관련해 핍박의 의미로 해석할 수 있을 것이다. 그러나 여기에서는 "잠자는 자들"을 수식한다기보다는 "그와 함께 이끄실 것이다"를 수식한다고 보아야 한다.[4] 이 경우에 예수는 잠자는 자들에게 행하는 하나님의 종말론적 행동에서는 결정적으로 중간자적 입장에 서게 된다. 이로써 예수는 하나님의 행동을 경험해야 하는 잠자는 자들과 강조되어 구별되며, 잠자는 자들에게 수행되는 사건이 "예수와 함께"일치됨으로 야기 된다.[5] 여기에서 주와 함께하는 산 자와 죽은 자를 포괄하는 공동체가 목표로 주어진다.

이러한 어법을 통하여 바울이 데살로니가교회의 성도들에게 말하고 있는 사실은 이것이다. 만일 우리가 예수의 죽었다가 다시 사심을 믿는다(실제로 그들이 그러했다)면, 우리는 확신한다. 하나님께서 잠자는 자들을 예수를 통하여 그와 함께 공동체로 이끄실 것이다.

2. 4:15~18: 주의 말씀에 대한 바울의 적용과 권면

14절에서 진술된 사도의 기본 입장은 데살로니가교회의 성도들의 믿음의 확신을 위하여 접속사 "왜냐하면"과 함께 15~17절에서 힘 있게 보충되고 설명된다. 여기에서는 우선 두 가지 사실이 설명되어야 한다. 하나는 "주의 말씀" 이고 다른 하나는 당시의 상황에서 특별한 의미를 담고 있던 그 말씀의 내용이다. 여기에서 "주의 말씀"이란 초대교회에서 전승된, 승천하신 주님께서 친히 하신 말씀으로 전해지던 권위 있는 말씀인데[6](비교, 고전 9:14), 어떻게 바울 사도가 그것을 알게 되었으며, 구체적으로 어떤 내용을 담고 있는가에 대해서 우리는 알 수 없다. 주의 말씀의 내용을 의미하는 "이것을"을 통하여 사도는 지금까지 알려진 내용과는 다른 그 무엇을 전면에서 암시하고 있다.

"남아 있는 자들"의 개념은 묵시 문학의 언어와 표상의 세계에서 그 기원을 가지며 더욱이 이것은 구약성경의 남은 자 사상과도 관계 된다.[7] 유대의 묵시 문학에서 이들은 모든 재난과 파멸을 견디고 마지막에 이르러서 구원에 참여하는 자들이다. 제4 에스라서에서는 이들만 결국 구원을 얻는다는 기대가 여러 번 강조되어 있다.[8] 이러한 표상의 세계에서는 "남아 있는 자들"이란 우선 종말의 날들에 있을 일반적 운명을 안은 자들이 겪어야할 고통을 겪지 않고 그 날을 맞이하는 자들을 의미하지만, 바울의 경우는 이와는 달리 "남아 있는 자들"이란 그날까지 살아남아 있는 자들을 의미한다. 이처럼 본문에서는 이 개념이 원래 지닌 묵시적 고통과 희망이 교차하는 의미들이 완화되어 단순히 종말의 날을 경험하는 자들의 의미로 사용되었다. 구약성서와 묵시적 전통에 담긴 "남아 있는 자들"의 사상은 데살로니가교회의 살아 있는 어떤 성도들에게는 더 위로가 될지 모른다. 그러나 바울은 이 개념을 그러한 전통적 의미와는 다른 의미로 사용하면서 죽은 자들의 운명을 설명하고, 희망이 없고 실의에 빠진 살아 있는 성도들을 위로한다. "우리 살아남아 있는 자도 죽은 자보다 결단코 낫지 못하리라"(15b). 사도는 여기에서 단순히 죽은 자들의 구원의 소망을 진술할 뿐만 아니라, 주님의 재림하실 때에 죽어 있음과 살아 있음의 상태가 중요한 것이 아니기 때문에 염려할 이유가 없다는 것이다. 즉 죽은 자와 살아남아 있는 자들의 동등한 관계를 설명하는 것이다.[9]

16절에서 설명의 의미를 가지는 "왜냐하면"은 그와 같은 것들이 어떻게 일어날 것인가를 16~17절에서 포괄한다. 바울은 여기에서 종말의 사건을 단계별로 묘사하지만 주의 말씀에서 인용된 내용이라는 어떠한 근거를 제시하지는 않는다. 이 내용의 표상의 세계는 유대교에서 기원된 묵시 문학의 전승 자료에서 비롯되었다.[10] 16절의 3인칭 주어가 17절에서 1인칭 주어 (우리)로 바뀐 사실을 들어 바울이 임박한 종말을 직면하여 "살아남아 있는 자"와 자신을 동일시하고 있다고 말하는 것은 본문의 전체 맥락에서 볼 때에 수용되기 어렵다.[11]

우선 언급되지 않은 "호령"의 주체는 바울 사상에서 어디까지나 종말의 사건의 근원자이신 하나님이시다. 14절에서 잠자는 자들을 예수와 함께 이

끄시는 주체가 하나님이었듯, 여기에서도 죽은 자의 부활과 "끌어 올라감"이 하나님의 행위로 이해된다. "천사장의 소리"란 천사장이 말한 내용을 의미하는 것이 아니라 천사장이 지른 소리란 의미다. 이러한 구상 언어에 대한 기술을 통하여 본문은 마지막 날에 대한 보다 풍성한 내용을 제공한다. "하나님의 나팔"은 마지막 때의 사건이 우주적이며 갑자기 일어남을 의미하며, 이때에 주님은 강림하시며 그리스도 안에서 죽은 자들이 부활하고 살아남은 자들도 부활한 자들과 함께 주를 영접한다. 이 사건의 신학적 의미는 주님이 접근할 수 없는 감추어진 자신의 세계로부터 하늘에 내려와서 직접 자신과 더불어 공동체를 이루고 구원을 완성한다는 것이다.

이 재림 사건에 바울은 "그리스도 안에서 죽은 자들의 부활"에 관한 보도를 첨가한다. 왜냐하면 주님의 재림의 시점에 그리스도 안에서 죽은 자들과 살아남은 그리스도인들의 운명이 결정되기 때문이다.[12] 누가 살아남은 자와 부활한 자들을 "끌어 올릴" 것인가라는 질문에 대한 답은 역시 바울에게는 언제나 하나님으로 귀결된다. 바울에게서 하나님은 종말론적 사건의 주체이시기 때문이다. 그러므로 "끌어 올림"은 하나님께서 행하시는 종말론적 사건이며, 이때에 구원에 참여하는 자는 구름과 더불어 하늘의 영역으로 올라가진다. "끌어 올림"의 목표는 "주님을 영접함"이다.

여기에서 "영접함"의 의미가 문제가 되는데, 다른 동사와 결합하여 '향하여 가서 영접함'이란 뜻과 "가서 데려옴"의 뜻으로 구분된다. '향하여 가서 영접함'이란 의미로 해석할 때에 본문은 '주님을 향하여 끌려 올라가 영접함'의 의미가 되고, '가서 데려옴'의 의미로 해석하면 영접함의 의미는 '끌려 올라가 주를 모셔옴'이 된다. 이 경우에 주님은 이 땅으로 내려오시는 것으로 해석된다. 우리의 본문에서 주님은 하늘에서 내려오시고, 구원에 참여하는 자들은 주님을 향하여 끌려 올라가지는데, 하늘의 공간에서 만나기 위함이 아니라 하늘에서 내려오시는 그의 길에서 영접하여 그를 땅으로 모셔오기 위함이다.[13] 왜냐하면 어떤 표상의 세계에서도 "공중"은 주님이 머무르는 곳이 아니기 때문이다.[14] 물론 바울이 여기에서 이 땅에 관한 전승의 표상에 따라 무엇을 말하려는지를 정확히 알 수는 없다. 그는 다만 이 표상을 통하여 끌려 올라간 자들이 주님과 일치되는 시점까지만 언급하고 있다.[15] 아무튼 바울이 이러한 묵시 문학의 표상을 통하여 진술하려는 것은 끌려 올라간 자들이 그들의 주님과 연합하는 것에 있다.

그러나 본문을 고린도전서 15:51~52의 재림 때 이루어질 사건과 비교하면 정확히 일치하지 않는 것을 보게 된다. 이를 통하여 알 수 있는 사실은 바울 사도의 마지막 때에 관한 표상 세계가 하나로 제한된 것이 아니라는 점이다. 그러므로 바울 사도의 관심은 교회들에게 이러한 표상들을 정확하게 전달하려는 것은 아니라는 사실이다.[16]

바울은 이와 같은 주님의 재림에 관한 묵시 문학적 표상들을 제시하면서 "그리스도 안에서 죽은 자들의 부활"을 첨가하면서, 이들이 어떠한 불이익도 없다는 사실을 강조하고 있다. 이것은 데살로니가교회의 성도들에게 당면한 시급한 염려였다. 어쩌면 데살로니가교회에서도 고린도교회에서처럼 그 때에 살아남아 있는 자들(살아남아 있는 영적 열광주의자들)의 절대적 우위성을 주장하는 경향이 있었을 것이다. 이러한 상황에서 바울은 데살로니가교회로 하여금 주님의 말씀을 기억하게 하여 이 문제에 대한 답을 얻도록 하면서, 다시 한 번 이와 같은 성도들에게 참된 종말의 소망을 갖도록 안내하고 있으나 이 표상들과 사도의 진술 의도가 정확히 일치한다고 볼 수는 없다.[17] 따라서 바울 사도는 본문에서 임박한 종말에 대해 예측하고 있다고 볼 수 없다. 18절로 데살로니가교회의 성도들은 이러한 상황에서 서로 위로할 수 있었을 것이다.

3. 5:1~3: 주의 날이 예측할 수 없게 찾아옴

5:1의 "때"와 "시기"라는 말은 마지막 시점까지의 순간과 관계되어 있기 때문에 정당한 표현이다. 그러므로 "때와 시점에 관하여 너희에게 쓸 것이 없음"은 마지막 때에 존재하는 긴장되고 가능한 많은 시점들 중에서 결정적인 시점을 찾는 것에 대하여 쓸 것이 없음을 의미한다.

"주의 날"은 구약성경의 "여호와의 날"에서 기원하였다. 아모스 5:18 이하에 내포된 심판에 관한 사상이 나타난다. 이 개념은 두 가지 의미를 지니는데, 믿지 않는 자들에게는 심판의 날이지만 믿는 자들에게는 구원의 날이다.

'밤의 도둑'에 관한 표현은 유대의 묵시 문학에 등장하는 일반적인 표상이며, 심판의 날이 예측할 수 없는 순간에 임하기 때문에 이 날을 예측하는 것이 의미가 없다는 뜻을 포함하고 있다. 그러나 묵시 문학에서는 밤의 도둑에 관한 은유적 표현은 나오지 않는다.[18] 바울은 이러한 표상을 수정하여 그리스도인들이 미래에 고정되어 있어서는 안 되며 항상 준비되어 있어야 함을 역설하고 있다.[19] 바로 지금 준비되어 있어야함을 강조하는 것이다. 주의 날이 도적같이 임하는데 "평안하다", "안전하다"고 말하는 자들은 이 날의 도래를 믿지 않는 자들이며 이들은 "잉태된 여자에게 해산의 고통이 이름과 같이" 멸망당할 것이다. "잉태된 여자의 해산의 고통"에 대한 구상적 표현에, 피할 수 없음의 의미를 결합하면서 동시에 멸망의 고통을 제시하고 있다. 그러므로 믿는 자들은 "평안하다", "안전하다" 하며 안심해서는 안 된다. 매일 준비하지 않는 자는 그날을 준비 없이 대할 것이요, 마침내 그날에 그는 멸망당할 것이다. 그러므로 이 날을 깨어서 준비하면서 기다림은 단순한 형식적 문제가 아니라 처음부터 끝까지 긴장된 요건이다.[20] 이 사실을 바울은 4~8절에서 다양한 표상과 대응 개념을 통하여 설명하면서 아울러 미래에 대한 현재의 결단을 권면한다.[21]

4. 5:4~5: 낮과 빛의 자녀들

4절의 "어두움"에 관한 은유적 표현은 로마서 13:11~14에서와 마찬가지로 본문에서 중요한 기능을 한다.[22] 바울은 로마서에서 믿는 자의 귀속성에 관해 규정하면서 어두움에 속한 일을 벗어 던지라고 권면하고 곧바로 윤리적 권면을 주는 14장으로 넘어간다. 마찬가지로 바울은 여기에서도 어두움에 관한 표상을 제시하고 곧바로 믿는 자들이 취해야할 "깨어 있음"과 "근신함"에 관한 권면을 이어간다. 바울은 데살로니가교회 성도들의 삶속에 다가오는 날의 빛이 비취기 때문에 더 이상 어두움에 살지 말라고 권면한다.

5절에서 "빛의 아들"의 의미는 특별히 세례 받은 교회의 회원을 호칭한다. 이것은 종말론적으로 기초된 교훈의 전통을 따르고 있는 것이다.[23] 갈라디아서 3:26~27에 따르면 세례 받는 자는 세례 시에 그리스도에 의하여 옷 입혀진다. 이렇게 하여 빛의 자녀로서 그들은 하나님의 영역과 다가오는 날에 속하게 된다. "빛의 아들"과 "낮의 아들"로서 데살로니가교회의 성도들은 다가오는 빛과 다가오는 날에 의하여 이미 지금 규정되기 때문이다.[24] 본문에서 "날"의 개념이 긍정적으로는 빛이고 구원이지만, 부정적인 관점에서 보면 심판의 날이듯이 이와 같이 미래의 종말에도 마찬가지이다. 그것은 파멸이 가득한 세상에 앞서 있지만, 이미 믿는 자의 복된 삶의 근거를 동시에 제공한다. 그러나 이것은 미래의 시간에 대한 현재의 결단이 현재의 행위의 보상으로 미래에 주어진다는 의미가 아니라, 현재의 변화 가운데 미래가 선취된다는 의미로 이해될 수 있다.[25] 그러므로 본문에서 미래에 의미의 중심이 있는 미래적 종말론은 현재적 종말론에 의하여 대치될 수 있는데, 이러한 의미에서 그리스도인의 삶은 지속적으로 임박한 종말 안에 있다.[26]

바울 사도가 4절 이하에서 어두움과 빛과 낮, 밤과 어두움 그리고 낮의 교차대칭구조로 표현하면서 의도한 것은 분명히 낮과 밤 그리고 빛과 어두움의 대립만을 말하려는 것이 아니라, 어두움에서 밝음으로의 넘어감이다. 어두움은 빛에 의하여 이미 밀려나고 넘어가져야 할 영역으로 나타난다.

5. 5:6~8: 깨어 있음과 근신함

6절에서 "깨어 있음"과 "근신함"에 대한 교훈은 본문에서 사도의 권면의 절정에 이른다. 이 교훈은 앞서 언급된 구절들로부터 주어진다. 예측할 수 없는 가까운 종말에 직면하여 깨어 있어야 한다는 인식은 근신하는 태도로 이어지는데, 그것은 종말의 상황에 대한 절박성에 대한 분명한 통찰로 이어짐을 뜻하는 것이기도 하다. 바울은 이것을 믿는 성도들이 취해야 할 삶의 태도로 제시하고 있다. 잠은 밤에 자는 것이며, 밤에 취하는 것이다. 그러므로 낮에 속한 사람은 잠을 자지 말고 깨어서 주님의 재림의 사실을 확신하고 늘 의식하며 살라고 교훈하는 것이다.

그러나 이것이 데살로니가교회의 성도들에게 단순한 문제는 아니었을 것이다. 그러므로 그들은 항상 새롭게 무장해야 했다. 그러므로 삼중적 양식의 믿음, 사랑, 소망은 근신을 수행할 수 있는 가능성으로 제시된다. 바울은 고린도전서 13:13에서 믿음, 소망, 사랑의 순서로 기술하는데, 본문에서는 그 순서가 바뀌어 소망이 맨 뒤에 위치한다. 이것은 언제 그리고 어떻게 주의 날이 임할 것인가에 대한 소망을 설명하기 때문이다.

"갑옷"과 "투구"에 관한 표상은 구약성경 이사야 59:17에 나타난다. 바울이 이 두 표상의 조합을 통하여 표현하려고 한 것은 밤의 세력의 공격에 대항해 투쟁하는 것이다. 데살로니가교회의 성도들은 이것을 잘 해왔다. 그러므로 그들은 계속 싸워야 한다.

6. 5:9~11: 구원을 얻음(기독론적 기초)과 권면

사도는 9절에서 데살로니가교회의 성도들에게 기독론에 의거하여 구원에 관하여 설명하고 있다. 구원에 대한 종말론적 확정은 이미 심판에서 구원받았음을 의미하고 있다. 사도는 이미 구원을 이루는 것에 관한 이해를 종말론적 구원의 전 단계로 설명하고 있다. 즉 구원은 아직 미래의 것으로 남아 있지만 하나님께서 성도들에게 진노가 아니라 구원을 얻게 하셨다는 것은 그리스도가 죽음으로 말미암아 진노를 받을 운명을 "우리를 위하여" 대신 덮어쓰셨다는 말이다. 바울은 하나님의 의를 여기에서 암시하고 있다. "깨든지 자든지"란 표현 속에서 잠자는 자와 살아남은 자 사이의 차이는 상대화된다. 그리스도와 함께하는 삶에 관한 사상은 전체 본문의 절정에 속한다. 이것이 그리스도가 우리를 위하여 죽으신 목적이며 이것이 바로 우리가 구원을 소유한 것이다.

11절의 권면은 4:13~5:10까지의 본문과 관계 된다. 주님의 재림을 기다리면서 데살로니가교회의 성도들은 소망 중에 서로 위로하고 덕을 세워야 한다.

결론

1. 요약

본문은 그리스도교 신앙의 핵심문제를 다루고 있다. 그것은 역사의 경계를 넘어서서 존재하는 소망에 관한 문제다. 데살로니가교회의 성도들에게 이것이 문제가 된 것은 그들이 그러한 소망을 갖고 있지 않아서가 아니라, 역사에 대한 전망과 더불어 오류를 갖고 있었기 때문이었다. 즉, 그들은 죽음을 넘어서는 지속된 삶에 관한 구원의 소망을 제대로 이해하지 못했다.

바울은 성도들에게 먼저 그리스도에 관한 신앙고백을 상기시키는데, 이로써 예수의 죽음과 부활을 통하여 믿는 자들의 미래의 소망이 분명해졌다. 바울은 주님의 말씀에 관한 전승에 의탁하여 살아남은 자들이 죽은 자들보다 결코 우월하지 못한 사실을 전한다. 또한 데살로니가교회의 성도들을 돕기 위하여 미래의 종말을 밝혀 주는 묵시문학의 전승의 표상들을 택하여 마지막 때의 사건을 단계별로 설명한다. 이를 통하여 죽은 자들이나 산 자들이 동시에 구원에 참여함을 설명한다.

그리고 5:1~11에서는 데살로니가교회의 성도들의 시선을 묵시문학적 표상들의 세계에서 공동체의 실제적인 삶의 문제로 돌려놓는다. 성도들은 항상 임박한 재림의 확신과 기대 안에 머물러야 하며 본분에 맞는 삶을 살아야 한다. 깨어서 근신하며 주님의 재림에 대한 확신과 항상 임박한 재림의 의식으로 살아야 한다. 왜냐하면 우리가 하나님께 진노 받아야 마땅하지만 주님이 십자가를 지심으로 우리가 진노가 아니라 구원을 얻었기 때문이다. 그러므로 서로 권면하고 피차 덕을 세워야 한다.

2. 바울의 종말론에 대한 신학적 이해

바울의 신학적 사유의 중심에는 예수 그리스도의 십자가와 부활을 통하여 야기된 하나님의 구원행위가 위치하여 있다. 바울은 십자가와 부활을 하나님이 구원을 이루시는 마지막 때의 사건으로 이해한다. 왜냐하면 예수 그리스도의 사건을 통하여 구원이 이미 주어졌으며, "성령의 선물"을 통하여 마지막 때의 구원이 이미 보장되기 시작하였고 종국에 가서는 하나님께서 그 완성을 이룰 것이기 때문이다.[27]

이러한 바울의 종말론은 묵시문학의 우주적 규모의 사건과 어느 정도 결합된 형태로 나타난다. 유대의 묵시문학에서는 인간이 산정하고 계획한 하나님나라의 미래적 건설을 기다리는 반면에, 바울은 화해를 바탕으로 하나님에 의하여 이미 완전해진 피조물의 완성을 확신 속에서 바라본다. 하지만 그가 상대하여 말하는 성도들이 마지막 때의 사건에 대하여 회의할 때(고전 15장), 그리고 그들이 염려할 때(살전 4장), 마지막 사건의 정확한 시간계획에 관하여 말하여야 할 때에 이것들을 확정적으로 언급하지 않는다.[28] 여기에서 바울의 종말론은 묵시문학적 우주적 사건의 틀과 결합되며, 빌립보서 1:21 이하에서 개인의 운명에 관하여 그리고 로마서 8:18 이하에서 모든 피조물의 운명에 대하여 언급한 내용들도 이 틀에 포함되어 이해된다. 그래서 믿는 자들은 파루시아 전에 죽든 혹은 그때까지 살아남든(롬 8:38~39; 살전 4:14~15) 그리스도 안에 있는 사랑에서 더 이상 끊어지지 않는다는 확신을 하였다.[29]

이러한 신학적 전제 아래 바울의 종말론은 두 가지 관점으로 구분되어 연구되었다. 바울의 종말론은 데살로니가전서 4:13 이하의 말씀과 고린도전서 15장을 중심으로 우주적 묵시문학적 미래를 기다림에 대하여 언급되었으며 훗날에는 고린도후서 5:1~10의 말씀과 빌립보서 1:21 이하의 말씀을 중심으로, 죽음에서 그리스도와 개인적으로 합일됨의 의미로 발전되어 언급된 것으로 이해될 수 있다고 보았다. 이 견해를 주장하는 학자들은 이러한 사상의 변화를 종교사적으로 볼 때에 바울이 유대의 묵시문학적 종말

사상에서 헬라적 영에 관한 이론과 그 불멸성에 관한 사상으로 점증적으로 적응되었기 때문인 것으로 설명하였다. 그리고 그 변화의 동기를 '에베소에서의 죽음' 위협의 경험(고후 1:8 이하)을 들었다. 바울이 전에는 파루시아를 경험할 것이라고 생각했지만(살전 4장: 고전 15장), 그 경험 이후로는(고후 5장; 빌 1장) 자신이 파루시아 전에 죽을 수 있음을 예측했다는 것이다.

그러나 이와 같은 주장은 설득력이 떨어진다. 왜냐하면 그는 고린도전서 15:30 이하와 고린도후서 11:24 이하의 말씀에서(고후 11장 본문의 상황은 고후 1:8의 본문의 상황보다 앞선 것으로 볼 수 있다.) 에베소의 심한 환란 전에도 이미 자신의 죽음을 상기한 흔적이 있으며, 고린도후서와 로마서에서도 미래의 기다림에 대하여 어떤 근본적인 변화를 보이지 않고 있다. 그러므로 바울의 종말론에 변화의 과정이 있다는 사실은 그의 사유에 이중적인 급격한 변화가 있다는 전제가 수용되어야 하는데 우리의 본문 주석에서 살펴 본 바와 같이 그렇지 않으므로 전혀 받아들여질 수 없는 주장이라고 할 수 있다.[30]

바울은 우리의 본문 데살로니가전서 4:13 이하에서 성도들의 죽음의 경험을 통하여 시련 받는 공동체를 위로하면서 죽은 자들도 파루시아 때에 살아남은 자들과 비교하여 어떤 불이익이 없다고 권면하면서 미래의 완성에 대한 소망을 "주님과 함께" 하는 공동체로 묘사한다. 고린도전서 15장에서도 바울은 죽은 그리스도인들의 부활과 살아남은 자들의 새로운 몸으로의 변화를 언급하면서, 죽은 자들과 살아남은 자 모두를 고려하고 있다.

고린도후서 5:1~10에서 바울의 미래에 대한 기대는 "옷 입음의 모티브"를 통하여 나타난 고린도전서 15:53~54과 "신음의 모티브"에서 나타난 로마서 8:18~30과 일치하고 있다. 뿐만 아니라 소홀히 할 수 있는 시간에 등장하는 주님의 파루시아에 대한 기대는 바울의 모든 서신에 나타난다(살전 2:19; 3:13; 4:13 이하; 5:1~2; 빌 2:12 이하; 3:20~21; 갈 5:5; 6:7 이하; 고전 15:20 이하; 고후 5:1~10; 롬 13:11 이하; 14:10).[31]

빌립보서 1:23에서는 죽은 다음에 "그리스도와 함께 존재함"과 살아남아 "육신에 거함"의 대응적 관계로 유일하게 진술되고 있다. 당시 바울은 감옥에서의 사형 가능성을 눈앞에 두고 있다. 파루시아 때까지 자신이 살아남을 수 있을지도 예측할 수 없었다. 그럼에도 이 상황에서 바울은 개인적 소망을 언급하면서 죽음도 그를 그리스도 안에 있는 하나님의 사랑에서 끊을 수 없다고 하였다(롬 8:38~39).

이상에서 살펴 본 바에 의하면 바울의 종말의 사건에 대한 묘사에서 개인에 대한 관찰은 묵시문학적 우주적 틀을 제외시키지 않고 있으며 오히려 개인적 소망의 확신이 묵시문학적 우주적 틀 속에서 바로 어우러져 나타나고 있다. 그렇다면 바울 사도의 종말론이 처음에는 묵시적이고 우주적인 임박한 종말론에서 점진적으로 헬라적이고 개인적이며 미래적 종말론으로 변화되었다는 주장은 설득력이 없어진다. 사도의 모든 서신에는 사상의 변화나 균열과 발전의 흔적이 전혀 나타지 않기 때문이다.

우리의 본문은 신생 그리스도교회의 초기에 발생하였던 신앙의 정체성의 혼란을 그대로 묘사하고 있다. 이들이 겪은 정체성의 혼란은 역사를 넘어서 이어지는 구원의 삶에 대한 올바른 소망을 갖지 못한 것에서 유래했다. 즉 종말에 대한 올바른 신앙의 문제였다. 종말에 관한 올바른 신앙이란 성도들의 현재의 삶이 어떠한 외부의 도전에(죽음, 질병, 재앙 등등) 굴복될 수 있는 것이 아니라, 주님의 날이 이를 때까지 지속되는 것이다. 이 날은 죽은 자들이든 살아남은 자들이든 차별 없이, 믿는 성도들에게는 구원을 온전히 이루는 기쁜 날이기 때문에, 예측할 수 없는 시간에 임하는 주님의 재림의 날을 깨어서 준비하게 하는 복음을 확신하고 전하여야 한다.

# 08

포스트콜로니얼 성서해석에 관한 일반적 이해

지금까지 수없이 많은 성서읽기와 해석이 존재해 왔다. 그런 다양한 시각과 관점들이 올바르고 적절한 성서읽기와 해석의 방향을 제시해 왔던 것은 두말할 필요 없는 사실이다. 그럼에도 계속해서 다양한 성서읽기와 해석의 방법이 제안되는 것은 보다 더 나은 읽기와 해석에 대한 독자와 해석자의 열망에서 비롯된다. 그렇다면 성서 텍스트에 대한 올바른 이해와 함께 적절한 해석과 적용을 위해서 필요한 해석학적 관점은 무엇인지 질문할 필요가 있다. 성서 텍스트를 올바르고 적절하게 이해하기 위해서 텍스트의 원래적 의미와 뜻을 찾는 주석(exegesis)과 성서 텍스트의 현재적 의미와 적용을 고려하는 해석(interpretation)이 균형과 조화를 이루어야 한다. 이 글에서는 성서 텍스트를 대안적으로 읽고 해석하기 위한 해석학적 노력 가운데 하나인 "포스트콜로니얼 성서해석(postcolonial biblical interpretation)"[1]에 대한 개론적 소개와 함께 간략한 고찰을 시도하고자 한다.

이 글에서는 첫째로 포스트콜로니얼 성서해석을 위한 기본적 이해를 위해서 포스트콜로니얼 이론의 태동 배경에 대해서 간략하게 살펴볼 것이다. 파농(Frantz Fanon), 응구기(Ngugi wa Thingo), 그리고 사이드(Edward W. Said)의 관점을 살펴보면서 포스트콜로니얼 이론에 대한 이해에 접근하고자 한다. 그러한 일반적 이해를 토대로 포스트콜로니얼 성서해석에 대한 정의를 내려볼 것이다. 둘째로 포스트콜로니얼 성서해석의 유형들을 고찰하면서 곽퓨란(Kwok Pui-lan), 세고비아(Fernando F. Segovia), 그리고 두베(Musa W. Dube)를 중심으로 비서구의 배경을 갖고 있으면서 서구에서 활동하는 신학자와 성서해석학자의 견해를 간략하게 고찰한 후 포스트콜로니얼 성서해석의 가장 활발한 연구자인 수기르타라자(R. S. Sugirtharajah)의 포스트콜로니얼 성서해석을 살펴보고자 한다. 이와 같은 포스트콜로니얼 성서해석을 고찰하면서 지금까지 성서연구와 해석에 수없이 많은 영향과 도움을 제공해 주었던 유럽과 미국을 비롯한 서구의 성서해석의 틀과 방법론을 비판적으로 성찰하는 동시에 비서구의 학계와 독자들을 위한 대안적 성서해석의 가능성을 모색해 보고자 한다.

포스트콜로니얼 성서해석을 위한 기본적 이해

1. 포스트콜로니얼 이론의 이해

포스트콜로니얼 이론은 영어영문학과를 중심으로 출현한 사상적 흐름이다.[2] 포스트콜로니얼의 담론 실천은 영국 중심의 영어영문학이 언제나 경전(canon)으로서 절대 불변의 중심(centre)이 아니라는 것을 선언하는 읽기자세와 연관된다.[3] 이와 같이 영국을 비롯한 서구중심주의 혹은 유럽중심주의에 대한 도전과 함께 대안적 읽기와 해석을 제안하고 있는, 담론적이며 이론적 시도를 포스트콜로니얼 이론이라고 간략하게 정의해 볼 수 있다.

포스트콜로니얼 담론을 위한 이론이 정립되기 전부터 있었던 해석학적 시도에 대해서 주목할 필요가 있다. 포스트콜로니얼 담론의 맹아적 단계에서 주목할 수 있는 세 사람은 파농(Frantz Fanon), 응구기와 티옹고(Ngugi wa Thiongo) 그리고 에드워드 사이드(Edward W. Said)라고 할 수 있다. 포스트콜로니얼 해석을 위해서 파농이나 응구기가 제안하는 중요한 관점에 주목할 필요가 있다. 이 두 사람이 공통적으로 주목하며 제안하는 개념은 정신적 식민화로부터의 "해방(liberation)과 탈식민화(decolonisation)"라고 할 수 있다. 서구의 팽창주의와 제국주의의 지배와 통치로부터 정치적 자유와 영토적 해방을 경험했음에도 식민 지배와 통치를 경험했던 사람들의 정신에 잔존하고 있는 식민화의 영향에 주목해야 한다는 것이다. 이와 같은 파농과 응구기의 지적은 "정신적 식민화로부터의 해방"을 위한 단초를 마련하고 있다. 사이드가 제안하는 담론 실천은 바로 파농과 응구기의 맹아적 포스트콜로니얼 이론과 담론을 보다 구체화하는 주장이라고 할 수 있다. 사이드의 이론 가운데 포스트콜로니얼 성서해석을 위한 제안으로 주목할 수 있는 시각은 "대위법적 읽기(contrapuntal reading)"다. 주지하는 대로 '대위법'은 음악에서 사용되어지는 개념으로 '독립성이 강한 둘 이상의 선율을 동시에 결합시켜 하나의 조화된 곡을 이루는 기법'을 뜻한다. 따라서 대안적 읽기로 제안할 수 있는 '대위법적 읽기'는 둘 이상의 독립적 개인이나 집단이 공존하면서 조화된 목소리를 나타내는 것이라고 정의할 수 있다. 그러므로 포스트콜로니얼 성서해석을 제안하면서 "정신적 식민화로부터의 해방"과 "대위법적 읽기"를 동시에 주목하는 것은 매우 의미가 있다. 포스트콜로니얼 이론과 담론이 이분법적 대립이나 이항대립의 긴장을 넘어서서 쌍방향 의사소통에 초점을 맞추고 있기 때문에 "해방과 탈식민화"의 담론적 성찰과 함께 "대위법적" 공존을 지향하고 있기 때문이다.

2. 포스트콜로니얼 성서해석

포스트콜로니얼 성서해석은 성서와 성서읽기에 대한 비판적 성찰과 연구와 연관된 대안적 해석 가운데 하나라고 할 수 있다. 포스트콜로니얼 성서해석은 미국과 유럽을 비롯한 서구중심의 성서읽기와 해석에 대한 비판적 읽기전략이라고 할 수 있다. 또한 포스트콜로니얼 성서해석은 "대위법적 읽기"를 통한 서구와 비서구 모두의 해석학적 관점을 비판적으로 성찰하면서 상호의존과 상호침투의 과정을 고찰하는 읽기 실천이라고 할 수 있다.[4]

포스트콜로니얼 성서해석은 몇 가지의 특징을 지니고 있다. 첫째로 성서를 읽고 해석하는 독자나 해석자의 해석학적 위치에 주목하고 있다. 부와 재물, 젠더, 소수자, 종말과 재림 등과 같은 다양한 주제와 관련된 성서 텍스트를 어떤 관점으로 해석하는가를 파악하는 해석자의 위치(position)에 주목하는 것은 포스트콜로니얼 성서해석에서 매우 중요한 측면이다. 둘째로 지금까지 유럽과 미국을 비롯한 서구 중심의 성서 읽기와 해석에서 무시되거나 덜 주목받았던 주제나 사람들에게 초점을 맞추는 것이 포스트콜로니얼 성서해석에서 중요하게 여기는 측면 가운데 하나다. 특히 인종, 성별, 신분의 측면에서 사회 구조의 가장자리나 주변부에 머물고 있는 사람들과 그들의 목소리에 주목하는 성서해석이라고 할 수 있다. 셋째로 성서의 사회적, 역사적, 문화적 배경을 고려하면서 성서읽기와 해석에 대한 전복적 읽기에 주목하는 성서해석이라고 할 수 있다. 로마제국에 저항하는 갈릴리인의 반로마 독립운동을 '반란'과 '폭동'이라고 주석하는 서구의 해석학적 전통에 주목할 필요가 있다. 즉, 로마제국에 대해 저항운동을 시도하는 갈릴리인의 입장이 아니라 오히려 저항운동을 '반란'과 '폭동'으로 묘사하고 있는 로마제국의 입장을 지적할 필요가 있는 것이다. 로마제국의 관점에서 볼 때 갈릴리의 저항 운동은 '폭동'이 될 수 있지만, 이스라엘의 입장에서 볼 때 로마제국의 지배로부터 독립과 해방을 시도하는 것은 독립운동인 것이다.

포스트콜로니얼 성서해석은 성서 텍스트의 사회적, 문화적, 역사적 배경에 관해서 비판적으로 성찰하면서 서구중심의 가설에 대한 재해석을 통하여 성서 텍스트의 본래적 의미를 파악하는 성서해석이라고 할 수 있다. 넷째로 유럽과 미국을 비롯한 서구중심의 읽기와 해석에서 벗어나 비서구의 배경을 갖고 있는 사람들의 역사, 문화 그리고 경험이 토대가 된 성서해석을 제안하는 대안적 성서해석이라고 할 수 있다. 이와 같은 포스트콜로니얼 성서해석을 통해서 유럽과 미국을 비롯한 서구의 성서읽기와 해석과 함께 비서구 중심의 성서읽기와 해석이 함께 공존하는 "대위법적 읽기"를 제안할 수 있게 된다.

3. 포스트콜로니얼 성서해석의 유형들

포스트콜로니얼 담론이 이론적으로 형성될 수 있었던 이유는 과거의 식민화 경험을 갖고 있던 학자들이 서구에서 활동하면서 비서구의 식민화의 경험과 그것에 대한 비판적 성찰을 학문적이고 이론적으로 정립하고 유럽과 미국을 비롯한 서구 학계와의 대화를 시도하면서 가능했다고 할 수 있다. 마찬가지로 포스트콜로니얼 성서해석(postcolonial biblical interpretation)은 유럽과 미국을 비롯한 서구의 국가에서 신학자와 성서해석학자로 활동하는 비서구 출신 배경을 지닌 학자들을 중심으로 전개된 해석학적 작업이다. 유럽과 미국을 비롯한 대다수 서구 중심의 비평과 해석방법을 사용하는 성서신학자와 해석학자들이 성서학계에 주류를 이루고 있지만 포스트콜로니얼 성서해석을 적용하는 포스트콜로니얼 성서신학자는 많지 않은 것이 현실이다. 1990년대 후반에 출현한 포스트콜로니얼 성서해석은 유럽과 미국을 비롯한 서구중심의 성서연구와 해석에 상당한 도전을 제공하는 동시에 비판적 성찰의 기회를 제공하고 있다. 또한 비서구의 성서학계에 서구의 성서연구와 해석과는 다른 대안적 성서읽기와 해석의 길을 제안하기도 한다. 이 글에서는 포스트콜로니얼 성서해석을 주창하고 계속해서 포스트콜로니얼 성서읽기와 해석을 시도하는 비서구의 신학자와 성서해석자에 대해서 간략하게 고찰한 후에 대표적 포스트콜로니얼 성서해석자인 수기르타라자(R. S. Sugirtharajah)의 해석학적 방법을 소개하고자 한다.

1) 포스트콜로니얼 성서해석자들

포스트콜로니얼 성서해석을 이해하기 위해서는 포스트콜로니얼 이론을 성서해석에 적용하는 학자들의 견해를 살펴보는 것이 중요하다. 여기서는 비서구의 출신배경을 갖고 서구에서 활동하는 학자들 가운데 곽퓨란, 세고비아, 두베를 중심으로 간략하게 포스트콜로니얼 성서해석의 적용에 관해서 고찰하고자 한다.

홍콩 출신으로 미국에서 활동하는 페미니스트 신학자인 곽퓨란은 포스트콜로니얼 페미니스트 이론을 신학과 성서해석에 적용하면서 성서와 식민주의의 연관성을 지적하고 있다. 그녀가 적용하는 페미니스트 포스트콜로니얼 성서해석에 있어서 중요한 점은 성서 텍스트와 그것의 해석과 연관해서 다양한 차별적 읽기와 해석에 대한 비판적 성찰이다. 이와 같은 비판적 성찰과 읽기를 통한 포스트콜로니얼 해석은 "여성의 침묵에 도전하는 '저항적 문학(protest literature)'의 자세"를 요청한다고 주장한다. 지금까지 침묵되고 무시되었던 여성의 목소리를 복원하기 위한 저항적 읽기와 포스트콜로니얼 해석이 관련이 있다는 것이다. 곽퓨란은 포스트콜로니얼 읽기 실천의 또 다른 유형으로 "문답적 유형(dialogical mode)"을 제안한다. "문답적 유형"은 서구와 비서구, 남성과 여성과 같은 이항 대립이나 이분법적 시각의 한계를 넘어서는 대안적 읽기 방법 가운데 하나이다. 획일적인 해석을 주장하는 대신에 "문답적 유형"의 읽기실천을 제안함으로써 유럽과 미국을 비롯한 서구의 읽기와 해석에서 간과되었던 사람들의 목소리에 주목할 수 있게 된다.

쿠바 출신의 미국 성서학자 세고비아는 비서구 출신, 특히 히스패닉 배경의 성서학자로서 서구에서 활동한 그의 경험을 토대로 "디아스포라 해석학"에 주목하면서 포스트콜로니얼 성서해석을 시도한다. 그가 지적하는 것처럼, "디아스포라"가 이주를 통한 사회적 신분이나 지위 변화와 연관된 정치적 현상인 것을 인식한다면 "디아스포라"를 경험하는 사람들의 정체성의 변화는 성서읽기와 해석에 매우 다른 시각을 제공할 것이다. 다양한 시각과 관점을 토대로 형성되는 "디아스포라"의 정체성은 결국 문화적, 사회적 다양성을 인식하도록 이끌 것이다. 세고비아는 "디아스포라 해석학"을 성서해석에 적용하면서 다양한 정체성과 다양한 문화적, 사회적 상황을 고려한 "탈식민지화와 해방"을 염두에 두는 해석학적 시도를 하고 있다. 결국 세고비아는 다중 정체성을 갖고 디아스포라의 배경과 상황을 갖고 살아가는 사람들의 관점에서의 성서읽기와 해석을 제안하면서 서구중심의 해석학적 편향성을 넘어설 수 있는 가능성을 제안하고 있다.

보츠와나 출신의 페미니스트 성서해석자 두베는 활발한 포스트콜로니얼 성서해석을 적용하는 아프리카 페미니스트 성서학자다. 그녀가 포스트콜로니얼 성서해석을 적용하면서 주목하는 측면은, 서두에서 살펴보았던 응구기의 관점과 마찬가지로 정신의 탈식민지화다. 다시 말해서 아프리카의 해방과 탈식민화를 위해서 중요한 것은 그들이 식민 통치와 지배로 인해 정복자의 언어를 채용함으로써 그들의 정신까지 식민화되었다는 인식에서 출발한다. 결과적으로 두베의 성서해석은 그들의 정복자에 의해서 강요되거나 거절되었던 읽기나 해석에 대한 다시 읽기를 제안하는 것이다.

2) 포스콜로니얼 성서해석과 '수기르타라자'

수기르타라자(R. S. Sugirtharajah)는 유럽과 미국을 비롯한 서구중심의 해석학적 관점을 비판적으로 읽는 포스트콜로니얼 성서해석을 제안한다. 그는 서구중심의 비평과 해석의 한계를 인식하고 넘어설 것을 제안할 뿐만 아니라 서구중심의 성서읽기와 해석으로부터 무시되고 간과되었던 사람들과 그들의 목소리에 주목할 것을 강조한다. 수기르타라자는 비판적 읽기를 통한 대안적 해석을 주장하면서 포스트콜로니얼 읽기에 주목하고 포스트콜로니얼 이론을 적용하면서 서구중심의 성서읽기와 해석의 한계를 넘어서는 대안적 성서해석으로 포스콜로니얼 성서해석을 주장한다. 서구의 지배를 경험하고 서구의 학문적 영향력 아래에서 성장하고 학문 영역을 확장했던 수기르타라자는 유럽과 미국을 비롯한, 서구 중심으로 진행되어 온 주도적인 해석학적 관점에 문제를 제기하며 대화를 시도한 초기의 논문 "From Orientalist to Postcolonial: Notes on Reading Practice(오리엔탈리스트에서 포스트콜로니얼까지: 읽기 실천에 관한 초고)"에서 서구 중심 해석학의 한계를 지적하는 동시에 대안적 해석학적 관점을 제안하려는 시도를 하고 있다. 그가 제시하는 포스트콜로니얼 성서해석은 이전의 문화, 역사, 전통에 영향을 주었던 해석학적 영향력을 다시 조사하고 읽고 재해석하는 해석학적 읽기 실천이라고 할 수 있다. 대안적 관점을 모색하는 이 글에서는 수기르타라자가 포스트콜로니얼 읽기를 제안하면서 비판적으로 성찰하고 있는 "세 가지의 해석학적 유형"을 고찰하고자 한다.

첫째, "오리엔탈리스트 유형(the Orientalist mode)"에 대한 비판적 성찰이다. 오리엔탈리즘(Orientalism)은 사이드(Edward W. Said)에 의해서 주창된 용어로서 비서구의 국가를 포함하는 모든 동양의 사회적, 문화적 유형을 재현하려는 서구의 담론 전략과 연관된다. 사이드는 오리엔달리즘을 "동양을 지배하고, 재구성하고 동양에 대한 권위를 갖기 위한 서구의 스타일"이라고 정의하면서 그 개념이 서구 식민지 가설들을 정당화하는 담론인 동시에 비서구 세계를 조종하고 지배하며 관리하기 위한, 동양에 관한 서구의 재현을 포함하고 있다고 주장한다. 그러므로 오리엔탈리즘은 서구의 제국주의와 팽창주의가 절정에 이를 때의 식민지 전략과 밀접한 관련이 있는 것으로 서구의 국가들이 비서구의 동양을 적절하게 통제하고 지배하기 위해서 만들어진 비서구 국가를 포함한 동양에 대한 고정화 또는 정형화 된 재현(representation)이라고 할 수 있다. 수기르타라자는 오리엔탈리스트 유형을 동양에 대한 정형화 또는 고정화의 관념을 통한 지배와 통제로 정의하면서 서구 중심의 해석학적 유형 가운데 이와 같은 오리엔탈리스트 유형에 대한 비판적 성찰을 요청한다.

둘째, 수기르타라자는 유럽과 미국을 비롯한 서구 중심의 해석학적 유형을 비판적으로 성찰하면서 "앵글리시스트 유형(the Anglicist mode)"에 주목한다. "앵글리시스트 유형"은 영국중심의 해석학적 유형으로 영국이 지배하는 국가나 사람들을 "타자화"시키려는 해석학적 시도라고 할 수 있다. "앵글리시스트 유형"은 "영국 중심적 유형" 또는 "서구의 우월적 시각"이라고 번역할 수 있다. 영국의 식민통치를 받았던 수많은 국가들이 기독교와 성서해석을 수용하는 과정에서 영국 중심의 우월적 성서해석에 영향을 받았다는 것을 지적하는 것이다. 다시 말해서 "앵글리시스트 유형"은 서구의 우월성을 후진적인 식민지 국가나 사람들에 이식시키려는 식민지적 문명화 사명이라고 할 수 있다. 수기르타라자는 "앵글리시즘(Anglicism)은 서구적 과학과 서구의 사고방식을 가지고 토착적 텍스트와 학문을 대체하고 식민지를 식민

지배자의 문화와 통합하려는 조직적인 시도"라고 주장하면서 서구의 우월적 태도에 대한 비판적 다시 읽기를 요청하고 있다.

셋째, 수기르타라자는 동양에 대한 서구의 정형화와 서구중심의 우월적 시각을 비판하는 동시에 비서구의 해석학적 반성을 위해서 "토착주의적 유형(the Nativist mode)"을 비판한다. "토착주의적 유형"은 비서구의 문화와 전통을 종속시키려는 서구의 식민지 경향에 대한 저항 담론이라고 할 수 있다. 토착주의로의 회귀는 서구 중심적 가설과 식민지적 이데올로기에 대한 저항과 관계가 있다. 서구의 식민 통치와 지배와 함께 서구 중심의 시각을 통한 읽기와 해석에 영향을 받아왔던 사람들이 자국의 문화와 전통에로의 극단적인 회귀를 보이는 현상과 같은 것들이 토착주의 유형과 관련이 있다. 수기르타라자가 지적하는 것처럼 비서구의 수많은 국가나 사람들이 사회적 불평등, 불의와 차별을 무시하고 자국의 문화와 전통을 사용하는 것에 만족하는 해석학적 경향을 또한 비판하는 것이다. 따라서 "토착주의 유형"에 대한 비판은 서구의 동양에 대한 재현에 관한 비판이나 서구의 우월적 문화의 이식 시도에 대한 비판과 함께 비서구 국가와 사람들의 불평등과 부조리에 대한 자성적 비판과 성찰이 요청된다는 것을 지적하는 것이다.

수기르타라자가 제안하는 포스트콜로니얼 성서해석은 단순히 서구중심의 성서해석을 무조건적으로 비판하는 것을 넘어서서 서구와 비서구의 불평등, 차별, 부조리에 대한 해석학적 성찰을 요청한다. 포스트콜로니얼 성서 해석은 서구와 비서구, 서구 중심적 해석과 비서구 중심의 해석, 주변과 중심, 남성과 여성과 같은 이분법적 대결구도나 이항 대립적 갈등의 요소를 넘어서는 해석학적 관점에 주목한다. 비서구를 포함한 동양에 대한 지배담론으로 동양을 정형화하고 고정화시키려는 서구의 해석학적 시도를 비판적으로 고려할 뿐만 아니라 서구 중심의 우월적 시각과 관점을 비서구의 국가나 사람들에게 이식시키려는 시도를 비판적으로 성찰하면서 비서구 국가와 사람들의 부조리와 불평등과 차별에 대한 자성적 시도를 포함하려는 대안적 해석학의 유형으로 "포스트콜로니얼 읽기"를 제안할 수 있다. 이와 같은 포스트콜로니얼 성서해석은 서구와 비서구의 이항대립적 구조를 넘어서서 성서텍스트에 대한 해방과 탈식민화를 위한 대안적 성서해석으로서 적절한 틀을 제공할 수 있을 것이다.

결론

대안적 성서해석이 제안되는 까닭은 이제까지의 성서해석보다 더 나은 성서해석을 제안하려는 시도에서 비롯된다. 성서텍스트에 대한 주석과 함께 그 성서텍스트의 의미를 이 시대에 적절하게 해석하는 것은 성서텍스트의 의미와 뜻을 고찰하는 중요한 성서해석의 태도다. 이 글에서 제안하는 포스트콜로니얼 성서해석은 유일하고 보편타당한 성서해석이 아니라 하나의 대안적 성서해석의 예라고 할 수 있다. 이와 같은 포스트콜로니얼 성서해석을 통해서 발견할 수 있는 새로운 시각은 성서해석의 다양성과 함께 서구와 비서구의 성서연구와 해석의 공존의 가능성을 발견하려는 것이다.

포스트콜로니얼 성서해석에서 제안하는 "대위법적 읽기"는 서구의 해석학적 시각과 비서구의 비판적 관점이 함께 공존하는 가운데 조화의 읽기를 시도하는 것이라고 할 수 있다. 따라서 포스트콜로니얼 이론을 성서해석에 적용함으로써 유럽과 미국을 비롯한 서구의 해석학적 시각을 비판적으로 성찰할 뿐만 아니라 우리나라를 비롯한 비서구의 성서해석학의 관점을 자성적으로 고찰하면서 보다 나은 대안적 성서해석의 틀과 방법을 모색하는 것은 매우 의미 있는 시도라고 할 수 있다.

09

데살로니가전후서와 포스트콜로니얼 성서해석의 관점

서론

데살로니가전서와 데살로니가후서의 연구는 전통적으로 예수 그리스도의 재림과 연관해서 고찰되어왔다. 데살로니가 신앙공동체와 연관된 신학적 주제를 고찰하고 그 의미를 찾는 일은 매우 중요하다. 특별히 데살로니가전서와 후서의 연관성 속에서 포스트콜로니얼 성서해석의 관점에서 고찰하는 것은 대안적 읽기와 해석을 제공할 수 있는 기회를 제공해 줄 것이다.

이 글에서는 첫째로, 데살로니가 신앙공동체에 관한 일반적 이해를 위해서 신앙공동체가 위치한 사회적, 경제적, 정치적 그리고 종교적 배경을 간략하게 살펴볼 것이다.

둘째로, 데살로니가 신앙공동에 연관된 신학적 주제를 살펴보면서 데살로니가전서와 후서와의 연관성, 종말에 대한 신학적 주제를 고찰할 것이다.

셋째로, 데살로니가후서와 포스트콜로니얼 성서해석의 연관성을 찾는 시도를 통해서 로마제국의 중요한 모토였던 "평화와 안전"과 정치적 용어였던 '파루시아'와 '아펜테시스'를 고찰하면서 포스트콜로니얼적 시각을 통한 바울의 이해를 제공할 것이다.

데살로니가 신앙공동체에 관한 일반적 이해

1. 데살로니가 신앙공동체의 사회-경제적 배경

데살로니가전서와 후서를 연구하기 위해서는 데살로니가와 그 곳에 위치한 신앙 공동체에 대한 일반적 이해가 선행되어야 한다. 일반적으로 데살로니가는 로마의 속주였던 마케도니아의 수도로 로마의 총독부가 위치한 도시이며 또한 인종적으로 다양한 민족이 함께 공존했던 도시로 알려져 있다.[1] 데살로니가가 로마제국의 지배 아래에 있으며 다양한 인종이 거주하는 도시라는 사실은 결국 로마제국과 밀접한 관련성을 염두에 두어야 한다는 것을 의미한다. 왜냐하면 로마제국의 질서는 "정복, 노예화 그리고 식민지화"[2]를 통해서 토착민을 폭력적으로 지배하는 것이었고 데살로니가 사람들은 로마제국의 질서나 지배 이데올로기에 매우 익숙한 사람이라고 추정해 볼 수 있기 때문이다. 또한 다양한 인종이 함께 공존하는 도시라는 사실은 계급간의 정치-경제적 갈등과 긴장을 내포하고 있다고 상정할 수 있다. 스테이시(R. Wayne Stacy)가 지적하는 것처럼, 데살로니가는 부유한 사람들과 가난한 사람들의 뚜렷한 구분이 있었고 그 결과 계급간의 갈등을 쉽게 예측할 수 있다.[3] 스테이시(Stacy) 데살로니가 신앙공동체의 구성원에 대해서 다음과 같이 주장한다.

> 데살로니가 서신들을 받았던 청중은 도시의 권력 구조 밖에 있고 권력 구조로부터 배제되었던 대부분이 천한 노동자들의 불만을 품은 소외되어진 공동체로 구성되어 나타난다. 게다가 데살로니가 서신들에서 언급되는 도덕적 잘못들은 토착 마케도니아 구성원의 일부에서 종말론적 혼동에 의해서 제기되었던 오해의 결과였다는 것이다(살전 4:1이하; 5:12이하; 살후 3:6이하 참조).[4]

데살로니가 신앙공동체의 구성원의 대부분이 사회적, 정치 경제적으로 사회제도와 권력구조에서 배제된 소외 계급이라고 추정해 볼 때 경제적인 불안정과 사회적인 불안을 넘어설 수 있는 새로운 희망을 갈구했다는 것은 타당성이 있어 보인다.[5] 결국 데살로니가 신앙공동체와 국가의 권력구조와는 일정한 거리가 존재하는 것은 당연한 결과라고 할 수 있다.[6]

2. 데살로니가 신앙공동체의 종교적 배경

데살로니가는 지중해 지역의 대부분의 도시처럼 다양한 신을 숭배하는 "혼합주의 형태"[7]의 종교적 배경을 지니고 있었다.[8] 다신론의 종교적 배경을 갖고 있을 뿐만 아니라 황제 숭배와 관련된 국가 제의의 전통도 있었음을 알 수 있다. 그와 같은 황제 숭배는 로마제국으로 얻게 되는 경제적 혜택에서 비롯되었다. 리차드(E. Randolph Richards)는 데살로니가의 황제숭배의 배경을 다음과 같이 설명한다.

> 마케도니아 사람들은 그들의 왕들을 신으로 예배하는 전통을 가지고 있었다. 데살로니가가 줄리어스(Julius)와 아우구스투스(Augustus)의 호의로부터 향유했던 물질적인 축복들은 가이사(Caesar)를 신으로 예배하는 이 전통을 계속해서 유지하도록 데살로니가 사람들을 장려했다. 로마의 축복으로부터 가장 큰 유익을 얻었던 부유한 지도자들은 또한 국가적 제의의 주된 지도자였다.[9]

황제를 신으로 예배하고 숭배하는 것은 결국 물질적 번영과 연관된 경제적인 이유였지만 기독교 신앙공동체 구성원들은 이 권위와 갈등을 일으키는 요인이 되었다.[10] 데살로니가 신앙공동체는 사회적, 경제적, 정치적 그리고 종교적으로 국가권력으로 배제되었고 국가와의 갈등요인을 지니고 있다고 추정할 수 있다. 그러므로 데살로니가전서와 후서를 연구할 때는 사회적이고 경제적인 배경과 함께 정치적인 배경을 고찰하는 것이 데살로니가 신앙공동체에 대한 보다 올바른 연구를 위해서 선행되어야 할 과제라는 것을 인식할 수 있다.

데살로니가 신앙공동체와 신학적 주제

데살로니가 신앙공동체는 "개종한 많은 이교도들"[11]로 구성되었고 바울이 데살로니가전서와 후서가 기록될 당시에 박해와 고난 가운데 있었다(살전 2:14).[12] 따라서 여기서 데살로니가 신앙공동체의 신학적 주제를 파악하기 위해서는 신앙공동체 구성원이 받고 있는 박해와 고난에 대해서 파악하는 동시에 데살로니가전서와 후서의 연관성을 제시하는 것이 요청된다. 데살로니가전서와 후서에서 두드러지게 나타나는 종말 혹은 재림에 대한 주제를 중심으로 데살로니가 신앙공동체의 신학적 주제를 고찰하고자 한다.

1. 데살로니가전서와 데살로니가후서의 연관성

데살로니가에 보내진 두 개의 편지는 종말과 밀접하게 연관된 주제를 다루고 있다. 하지만 데살로니가전서와 후서가 종말론에 대한 서로 다른 음조와 스타일을 가지고 있기 때문에 저작권이나 주제의 상이성으로 많은 논란이 되어왔다.[13] 그리스도의 재림 또는 종말에 대한 서로 다른 분위기가 나타나는 이유에 대해서 수사학적 관점으로 접근하는 시도가 설득력이 있어 보인다.[14] 다시 말해서 데살로니가 신앙공동체의 죽은 사람들의 문제를 해결하기 위해서 언급했던 그리스도의 재림에 신학적인 오해를 교정하기 위해서 데살로니가전서와는 다소 다른 음조와 스타일의 편지를 다시 보내게 되었다는 주장이다.[15] 데살로니가 신앙공동체가 데살로니가전서와 후서를 모두 소유하게 된 까닭은 그리스도의 재림 또는 종말에 대한 교정과 재정의가 필요했기 때문인 것이다.

2. 데살로니가전후서의 종말에 대한 신학적 주제

1) 종말과 현재의 삶의 공존

데살로니가전후서의 종말에 대한 논의는 "현세의 삶을 바르게 살게 하기 위한 것"과 밀접하게 연관되기 때문에 신앙공동체의 보전에 주목한다.[16] 다시 말해서 임박한 종말이나 재림에 대한 기대는 다가오는 세대뿐만 아니라 현재에도 영향을 주고 있기 때문에 현재의 삶에 대한 적절한 인식을 요청한다.[17] 따라서 종말에 대한 미래적 기대는 "비관적이며 수동적인 포기의 상태"[18]를 의미하는 것이 아니라 오히려 "능동적이며 창조적인 변화"를 가지고 온다.[19] 오우성은 바울의 종말을 그리스도 예수 안에서의 회복과 연관해서 다음과 같이 주장한다.

> 바울에게 종말은 피조세계를 극복하는 하나님의 능력이 역사 안에서 구체화되는 것이다. 피조세계와 역사의 주관자이신 하나님의 권능이 나타나서 죄악으로 인해 단절된 하나님과 인간 간의 관계성이 그리스도 예수 안에서 회복된다. 회복된 관계성 안에서 구속된 백성은 인간이 만든 갖가지 차별과 제한으로부터 자유로워진다.[20]

바울이 데살로니가 신앙공동체에게 제시하려고 했던 올바른 의미의 종말이 그리스도 예수 안에서 제공되는 회복된 관계성이라고 한다면 종말은 분명히 현재의 삶 속에서 구체적으로 실현되는 것이다. 따라서 데살로니가 신앙공동체는 임박한 재림에 대한 올바른 이해와 기대를 갖고 있다면 현재의 삶에 대한 성실함으로 하나님 나라의 실현을 목격하게 되는 것이다.[21] 다시 말해서 데살로니가 신앙공동체는 종말의 실현이 현재를 무의미하게 만든다는 신학적인 오해를 하고 있을 뿐만 아니라 나태와 무질서와 게으름의 문제를 야기하는 사람들이 현존하고 있었다.[22] 바울은 데살로니가 신앙공동체가 예수 그리스도의 재림에 대한 올바른 이해와 인식을 거듭 요구하게 되었다고 추정할 수 있다. 예수 그리스도의 재림에 믿음과 기대는 현재의 삶을 충실하고 성실하게 수행함으로써 하나님의 나라를 그들의 삶의 자리에서 실현하는 것임을 강조하는 것처럼 보인다.

2) 종말과 목회사역을 위한 관점

데살로니가전후서에서 예수 그리스도의 재림에 대한 묵시적인 언어와 표상을 강하게 제시하는 것은 분명하다. 그렇지만 종말에 대한 신학적 이해를 요청하는 것이 아니라 임박한 재림에 대한 기대와 믿음으로 올바르지 못한 신앙적인 태도와 사회적 행위를 하고 있는 데살로니가 신앙공동체 구성원을 위한 목회사역의 관점에서 두 서신을 기록하고 있다고 주장할 수도 있다. 다시 말해서 바울이 두 서신을 기록하는 것은 환란과 핍박의 삶의 자리에 있는 신앙공동체를 위로하기 위한 "목회 중심적"[23] 목적을 가지고 있으며 "형제애에 관해서, 나태에 대한 경고나 잠자는 자들에 관해서, 또한 주의 날이 임하는 시와 때에 관해서 언급"[24]함으로써 특별한 상황에 대해서 목회사역의 관점을 서술하고 있는 것이 추정해 볼 수 있다. 가벤타는 데살로니가 신앙공동체의 덕을 세우기 위한 목회사역의 관점과 밀접하게 연관된다고 주장한다.

> 바울은 데살로니가 사람들의 신앙에의 경주에 관한 디모데의 보고를 받고 그 믿음을 공고케 하기 위해 편지를 쓴다. 이는 바울과 그의 동료들의 데살로니가 첫 방문을 회상하고 그 곳에서 맺은 가까운 개인적 관계를 통해 그리고 교회와 사회가 구별됨과 동시에 폐쇄적이지 않은 사회임을 드러내는 행동양식의 권고로 가능해진다. 이 모든 것은 바울이 하나님의 능력, 즉 믿음을 존재케 하고 예수의 재림 전과 후에도 그 믿음을 견고하게 하는 바로 그 능력의 권세 안에 굳게 서 있었음을 보여 준다.[25]

결국 데살로니가전후서를 통해서 데살로니가 신앙공동체는 예수 그리스도의 재림이라는 신학적 주제와 현재의 삶에 대한 긴장과 균형을 유지할 것을 요청받고 있다고 할 수 있다. 이처럼 두 서신에 분명하게 나타나고 있는 예수 그리스도의 재림과 종말에 대한 신학적 주제는 신앙공동체의 사회적, 정치적, 경제적 그리고 신학적 관점을 모두 고찰해야 하는 복합적인 주제인 것을 알 수 있다.

3. 데살로니가전후서와 포스트콜로니얼 성서해석

1) 데살로니가전후서 연구를 위한 포스트콜로니얼 성서해석의 요청

데살로니가전후서에 대한 일반적인 이해와 고찰을 통해서 데살로니가 신앙공동체가 로마제국의 영향아래에서 사회적으로, 경제적으로 또한 정치적으로 사회제도와 권력구조에서 소외된 계급을 중심으로 구성되었다고 추정할 수 있었다. 특별히 황제를 신으로 숭배하고 예배하는 종교적 행위가 경제적 관점과 밀접하게 연관되어 있는 상황에서 데살로니가 신앙공동체가 당시의 사회의 모든 제반적 요소들을 속에서 어떤 신앙적 태도를 갖도록 바울이 요청하고 있는가를 살펴보는 것은 매우 유용하다. 전통적으로 바울 서신 연구에 바울이 당시의 로마제국의 지배에 대항하거나 반대하는 신학적 서술을 주장하지는 않는다. 데살로니가 신앙공동체와 연관해서도 사회조직에 순응하며 자신이 맡은 일을 성실하게 수행하는 공동체 구성원이 될 것을 주장하는 것처럼 보인다(살전 4:11).[26] 그럼에도 데살로니가에 보낸 서신들에 나타난 몇 가지의 암시는 바울이 로마 황제와 "로마 제국의 질서에 날카롭게 반대하고 있다는 것"[27]을 추정할 수 있게 한다. 이처럼 신약성서를 연구할 때 종교적인 관점뿐만 아니라 정치적인 시각에 주목하는 성서읽기와 해석을 포스트콜로니얼 성서해석이라고 말할 수 있다면 데살로니가전서와 후서의 연구에 포스트콜로니얼 성서해석의 관점은 대안적 읽기를 제안할 수 있을 것이다. 최근 몇 년 전부터 성서연구에 포스트콜로니얼 성서해석의 관점이 도입되고 사용되고 있지만 성서해석에 대한 대안적 읽기와 해석을 찾는 시도는 오래전부터 시도되었다고 할 수 있다.[28] 데살로니가전서와 후서에 대한 포스트콜로니얼 성서해석의 관점의 읽기를 제안하기 위해서 간략하지만 포스트콜로니얼 이론에 대한 정의가 요청된다. 포스트콜로니얼 성서해석의 주창자인 수기르타라자는 포스트콜로니얼 이론을 다음과 같이 설

명한다.

> 포스트콜로니얼 이론이 하는 것은 한번 식민지화 되었던 사람들을 위한 공간을 제공하는 것이다. 그것은 한번 종속되어진 사람들의 후손들의 해석학적 행위다. 사실상 그것은 주변화 된 사람들, 토착민들 그리고 하위주체의 다시 살아남을 의미한다. 그것은 그들에 관해서 생산되어진 그리고 유럽-미국의 해석의 영역 속에 있는 많은 부분의 지식에 종사하는 것을 의미한다. 그것은 영토적이고 정치적 독립이 성취되어진 후에도 심지어 그 영향이 계속적으로 이어지는 과거 식민지적이고 최근의 신식민지화하는 경향들에 대항하는 교정, 상환 그리고 재긍정의 행위다.[29]

포스트콜로니얼 이론이 이전의 영토적, 신체적 그리고 정신적 억압과 지배에 대한 해석학적 작업과 읽기 전략이라고 한다면 신약성서 읽기와 해석에 이전의 전통적인 해석과는 다른 대안적 읽기를 제안할 수 있을 것이다.

2) 데살로니가전서와 후서의 신학적 주제와 포스트콜로니얼 성서해석의 시도

이미 위에서 살펴본 것처럼 데살로니가전후서의 신학적 주제는 예수 그리스도의 재림이라는 종말론적 표상과 언어와 밀접하게 연관되어 있다. 재림이나 종말과 관련해서 바울이 사용했던 용어와 개념을 통해서 데살로니가 신앙공동체를 향한 종교적 관점뿐만 아니라 정치적 시각을 제공하고 있다는 포스트콜로니얼 성서해석을 살펴볼 수 있다.[30] 이 글에서는 데살로니가전서와 후서에서 사용되고 있는 '파루시아'(παρουσία), '아판테시스'(ἀπάντησις), '아스팔레이아'(ἀσφάλεια), '퀴리오스'(κύριος)와 같은 용어와 개념을 중심으로 포스트콜로니얼의 성서해석 관점을 고찰하고자 한다.

(1) '파루시아'와 '아판테시스'라는 전문용어의 사용과 전용

예수 그리스도의 다시 오심을 의미하는 '파루시아'라는 용어는 데살로니

가전서와 후서를 포함해서 6회 사용된다(살전 2:19;3:13; 4:15; 5:23; 살후 2:1, 8).[31] 쾨스터(Helmut Koester)가 주장하는 것처럼 '파루시아'라는 용어가 "예수 혹은 인자의 종말론적 도래를 설명하기 위한 전문용어로 쓰였다는 것이 일반적으로 받아들여져 온 가설"[32]이라고 할 수 있다. 하지만 '파루시아'라는 용어가 묵시적 전승보다 "정치적인 전문용어"[33] 혹은 "외교적 용어"[34]로 사용되었다는 새로운 주장이 제기되고 있다. 스미스(Abraham Smith)는 종교적 관점과 동시에 정치적 시각으로 바울에 관해서 연구할 것을 제안한다.[35] '파루시아'라는 용어가 정치적 전문용어로 사용되어 "왕이나 황제의 도착을 나타내는 용어"[36]로 사용되었다면 바울이 그 용어를 전용하거나 "모방(mimicry)"[37]하는 방법을 통해서 데살로니가에 도입하고 공동체의 상황에 밀접하게 사용하고 있다고 할 수 있다.[38] '파루시아'라는 전문용어를 "모방"하는 방법을 통해서 바울은 데살로니가 신앙공동체와 밀접하게 연관되어 있는 로마제국의 황제와 예수 그리스도와의 날카로운 대조를 보여 주고 있다. 쾨스터는 그 의미를 다음과 같이 설명한다.

> 파루시아라는 용어는 바울이 데살로니가전서에서 도입한 것이며 그 공동체의 상황에 밀접한 관련이 있는 정치적 용어다. … 바울은, 자기 자신의 말로, 주님의 오심을 왕이나 카이사르(Caesar)의 행차와 같이, 그 공동체가 맞이할 준비를 해야 하는 것으로 서술한다. 파루시아는 언제나 전체 공동체가 그것을 맞이할 준비가 분명하게 되어 있는 상황에서 일어난다.[39]

로마제국의 질서와 황제 숭배 혹은 예배를 통해서 경제적 번영과 정치적 안정을 추구했던 데살로니가 신앙공동체의 구성원에게 진정한 왕이라 로마의 황제가 아니라 예수 그리스도라고 선언하는 것은 혁명적인 것이었다. 예수 그리스도의 재림을 영접하거나 환영하는 신앙공동체 구성원을 위해서 바울은 정치적이고 외교적 용어인 '아펜테시스'를 사용하고 있다.[40] 다시 말해서 데살로니가 신앙공동체 구성원은 진정한 왕과 구주되시는 예수 그리스도의 오심을 맞는 공식적인 외교 대표단으로 예수를 맞이할 것이라는 주장인 것이다.[41] 따라서 바울이 '파루시아'와 '아펜테시스'라는 용어를 전용하고 모방함으로써 로마제국의 질서에 대항하고 있다는 대안적 읽기는 설득력이 있어 보인다.

(2) 평안과 안전

데살로니가전서 5:3에서 언급되는 "평안과 안전"을 외치는 사람들에 대한 바울의 경고는 로마제국에 대한 분명한 비판으로 비쳐질 수 있는데 그것은 "평화와 안전"이라는 모토가 로마제국의 정치적 정체성과 연결되기 때문이다.[42] 바울이 로마제국의 질서와 직접적으로 관련된 용어인 "평화와 안전"이라는 모토를 사용하면서 데살로니가 신앙공동체 구성원에게 진정한 평화와 안전의 의미를 제공하고 있는 것으로 보인다. 스미스가 주장하는 것처럼 데살로니가 사람들은 "평화와 안전"의 의미를 다음과 같이 이해하고 있었다.

> 데살로니가전서 5:1~11에 나타난 "평화와 안전"은 로마의 선전 또는 로마의 호혜에 대한 그리스의 선전적 응답에 대한 직접적 암시다. … 마케도니아와 그 수도인 데살로니가의 역사는 "평화와 안전"은 계속적인 관심이었다는 것을 보여 준다. 한편으로 마케도니아와 데살로니가 모두는 "평화와 안전"은 군사적 행동을 수반했다는 것을 알았다. … 다른 한편 제국의 마케도니아와 데살로니가는 제도적인 질서는 유지하는 것이 어렵다는 것을 여러 세기의 침략으로부터 알았다.[43]

로마제국의 질서 아래에서 형성된 "평화와 안전"은 군사적 행동을 수반할 뿐만 아니라 "황제에 대한 변함없는 충성"[44]을 요구했다. 바울은 이와 같은 로마제국의 질서와 이데올로기를 "거부와 저항뿐만 아니라 협상과 채용"[45]의 다양한 관점에서 전용하고 있다고 할 수 있다. 호슬리(Richard A. Horsley)가 지적하는 것처럼 "데살로니가전서에서 시작부터 끝까지 하나님의 나라와 신실한 하나님 그리고 예수 그리스도는 하나님의 심판의 즉각적인 멸망을 받게 될 로마 제국과 그것의 이데올로기인 '평화와 안전'에 반대하고 있다(1:10; 2:12, 19; 3:13; 4:14~18; 5:1~11, 23)"[46]는 사실을 강조하는 동시에 "로마체제의 거짓 평화와 거짓 안전을 산산조각 내는 사건"[47]으로 "하나님께서 예수의 재림의 때에 믿는 사람들의 모임들에게 구원과 영원한 연합을 가지고 오시는 주 예수 그리스도"[48]를 통해서 진정한 "평화와 안전"이 가능하다고 주장한다.

(3) 주와 종말론적 공동체

로마제국의 황제의 도착과 영접을 알리는 '파루시아'와 '아펜테시스' 그리고 로마제국의 질서의 근간이었던 "평화와 안전"이라는 용어의 모방과 전용을 통해서 바울은 로마제국의 거짓 평화와 안정을 폭로하고 있다. 이제 바울은 로마제국의 거짓 평화와 안전을 전복시키기 위해서 오시는 예수 그리스도가 진정한 주라고 고백함으로써 데살로니가 신앙공동체를 향한 종말론적 비전을 제시한다.[49] 예수 그리스도의 날이 이르면 더 이상 "로마제국은 권력을 유지할 수 없으며 하나님만이 지배하게 될 것"[50]이라는 주장은 로마제국의 사회제도와 권력구조 밖에서 소외되었던 데살로니가 신앙공동체에게 대안적인 종말론적 공동체를 구성할 수 있는 희망을 제공하는 것이다.[51] 데살로니가 신앙공동체는 바울이 제시하는 "변형과 차이"[52]의 관점을 통해서 로마제국의 질서와는 다른 대안적 정체성과 공동체를 형성할 수 있는 것이다.

결론

데살로니가전서와 후서에 대한 포스트콜로니얼 성서해석의 관점은 바울과 그의 동시대 사람들이 직접적으로 경험하고 영향을 받고 있었던 로마제국의 질서와 이데올로기에 대한 다시 읽기와 밀접하게 연관된다. 로마제국의 황제와 질서를 인정하는 것으로 유지되었던 로마제국의 평화와 안전은 보다 본질적이고 근본적인 평화를 제공하시는 하나님과 예수 그리스도의 통치를 통해서 가능하다고 선언하는 바울의 가르침에 귀를 기울일 필요가 있다. 포스트콜로니얼 성서해석이 데살로니가전서와 후서의 연구에 제공하는 의의는 전통적 성서해석에서 간과하고 있었던 주제에 대한 관심을 환기를 시키는 동시에 대안적 성서해석의 틀을 제공하는 것이다. 이와 같은 대안적 읽기를 통해서 바울 서신 연구에 보다 활발한 논의를 제공할 수 있을 것이다.

II. 본문연구

1. 살전 1장 : 연약한 성도를 위한 사랑의 권면 | 김상훈
2. 살전 2~3장 : 데살로니가교회에 대한 바울의 '에도스' | 최갑종
3. 살전 4~5장 : 그리스도의 재림과 그리스도인들의 삶 | 이필찬
4. 살후 1~3장 : 그리스도의 재림을 기다리는 신자의 자세 | 이문장

01

연약한 성도를 위한 사랑의 권면

데살로니가전서 1장 주해와 적용

본문 속으로

1. 바울의 인사(1절)

1) 데살로니가전서는 바울의 서신 가운데 가장 먼저 기록된 것(약 주후 50년)으로 손꼽힌다. 바울과 그의 동역자들은 빌립보에서 많은 고난을 받은 후 데살로니가에 도착했다(살전 2:2; 행 16:11~40). 데살로니가는 로마 시대 마케도니아에서 행정 구역의 중심이 되는 중요한 도시였는데 당시 많은 유대인들이 이곳에 살았던 것으로 보인다. 그곳에서 복음을 전하던 바울의 일행은 상당한 열매를 얻었으나('경건한 헬라인의 큰 무리와 적지 않은 귀부인', 행 17:4), 적대적인 유대인의 반발 때문에 베뢰아로 가야 했다(행 17:1~10). 그 후 바울은 아덴을 거쳐 고린도에 이르러 그곳에서 1년 6개월간 목회한다(행 18:1~11). 이때 데살로니가전서를 기록했던 것으로 일반적으로 받아들여지고 있다. 이렇게 볼 때, 이때의 데살로니가교회는 역사가 무척 짧은 어린 교회다.

2) 바울과 실루아노(실라)와 디모데가 함께 편지를 보내는 형식을 취하고 있다(1절, 이 서신은 특히 일인칭 복수 대명사인 '우리'의 표현이 많다). 실라와 디모데는 바울의 선교여행의 동료자 돕는 자로서 바울이 데살로니가에서 복음을 전

할 때 함께 사역했다(참조 행 17:10, 14). 따라서 이 두 사람은 데살로니가교회에 상당히 잘 알려진 인물들이다. 특히 디모데는 바울이 데살로니가교회의 소식을 알고 싶을 때 보낸 인물이기도 하다(살전3:1~7).

3) '은혜와 평강'은 바울의 하는 인사말의 트레이드 마크가 되었다(갈1:3과 다른 바울 서신들의 인사말을 참고하라). 다만 데살로니가후서(롬, 고전후, 갈, 엡, 빌, 골, 딤전후, 딛, 몬)에서는 '하나님 아버지와 주 예수 그리스도'(때로는 조금 다르게 표현되긴 하지만)라는 은혜와 평강의 기원이 되는 분을 언급한 반면, 데살로니가전서에서는 위의 수식어를 생략한 채로 은혜와 평강만을 빌었다.

이런 표현은 데살로니가후서에서 사용되기 시작해서 바울 서신의 인사말의 특징이 된 것이라 할 수 있다. 그 대신 데살로니가전서의 인사말에서는 '하나님 아버지와 주 예수 그리스도'는 데살로니가교회를 수식한다. 이렇게 해서 하나님의 아버지 되심과 예수의 주 그리스도 되심을 강조하면서 데살로니가 교인이 그 분들께 소속되어 있는 신분인 것을 부각하고자 했다. 한편으로 바울은 그의 인사말에 헬라적-신약적 표현의 '은혜'(χάρις카리스)와 히브리적-구약적 표현의 '평강'(평화, εἰρήνη에이레네, שָׁלוֹם살롬)을 조합함으로써 하나님의 축복의 내용을 이 두 가지 말에 함축했던 것이다. 진정한 은혜(하나님의 사랑과 궁휼하심)와 평강(하나님과의 평화와 사람과의 평화)은 하나님만이 주실 수 있는 놀라운 복이 아닐 수 없다.

이런 인사말은 당시 헬라 시대에 흔히 사용되었던 인사말(χαίρειν카이레인, '기뻐하다'는 뜻인 동사 χαίρω카이로에서 유래한 단어로 문안하는 말이 됨; 행 15:23, 23:26, 약 1:1 참조)과 비슷하면서도 차별화 되는 것이었다. 바울 신학의 핵(核)이 담겨 있다고 하겠다.

4) 설교를 위한 정리

바울은 이 인사말을 통해, 첫째 누가 편지를 보내는가(자신의 사도성을 강조하지는 않았다. 아직은 강조할 필요성이 없었다고 본다. 이보다는 사역의 파트너십을 강조했다)

를 알리고, 둘째 데살로니가교회가 '하나님 아버지와 주 예수 그리스도' 안에 있다는 사실을 강조하며, 셋째 축복의 인사말로 은혜와 평강을 빌므로, 새로운 성경적(신구약 통합의) 축복(인사말)을 빌었던 것이다. 비록 짧은 인사말이지만, 데살로니가 교인들은 마음에 큰 위로와 신앙의 용기를 얻었을 가능성이 있다. 그러므로 사역자의 파트너십, 사역 상대의 하나님과의 관계, 상대를 위한 축복(은혜와 평강) 등이 이 구절에서의 설교적 초점이 된다.

2. 교회로 인한 감사(2~3절)

1) 인사말에 뒤이어, 바울은 이제 데살로니가교회를 위해 기도하고 감사해 왔음을 강조한다(2절). 바울의 일행은 함께 '그들 모두'(새로 그리스도인이 된 이들 한 사람도 빼놓지 않고)를 위해 '항상'(늘) 기도하며 그들로 인해 하나님께 감사했다. '항상'이라는 단어를 사용하여 그들을 위한 기도와 감사가 어떤 성격의 것이었는지 강조하고자 했다. 이같은 바울의 말이 데살로니가 교인들의 마음에 어떤 감동으로 다가갔을 지를 짐작하기는 어렵지 않다. 이것은 바울 일행의 허언(虛言)이 아니라, 실제의 행동이었기 때문이다.

2) 여기서 '쉬지 않고'(끊임없이)는 3절의 '기억함'을 수식하는 것으로 보기보다는, 2절의 '기도할 때에 너희를 말함'과 연결되는 것으로 보는 것이 더 자연스럽다. 이럴 때 '항상'은 감사에, '쉬지 않고'는 기도에 각각 연결된다(즉, '항상 감사하고', '기도할 때에 쉬지 않고 너희를 말한다').

3) 바울 일행이 기억했던 것은 세 가지였다(3절). '믿음의 역사', '사랑의 수고', 그리고 '우리 주 예수 그리스도에 대한 소망의 인내'가 그것이다. 이때 이미 바울은 믿음, 사랑, 소망이라는 세 가지 영원한 것(고전 13:13, 또한 살전 5:8, 반면에 역사-수고-인내는 계 2:2에 나온다)에 대한 개념이 있었던 것이다. 믿음으로 일하고(역사) 사랑으로 섬기며(수고) 또한 우리 주님, 예수 그리스도를 바라보는 소망으로 기다리는 일(인내)에 있어 데살로니가 교인들이 보여 준

일들을 기억하고 그로 인해 감사하며 기도해 온 것이다. 데살로니가 성도들이 보여 준 이 세 가지의 특징은 사실 모든 그리스도인이 보여야 할 신앙적 특징이다.

4) '우리 하나님 아버지 앞에서'라는 어구는 바울이 데살로니가 교인들의 세 가지 장점을 '하나님 앞에서' 기억한다는 말인지, 데살로니가 교인들이 '하나님 앞에서' 예수님에 대한 소망(또는 믿음·사랑·소망)을 소유하고 있다는 것을 말하는 것인지 분명하지 않다. 어느 쪽으로 의도되었던 간에, 이 어구는 (마지막 때에) 행한 대로 보응하시는 하나님 아버지께서 이들 교인들의 행한 바를 기억하실 것(바울의 일행이 기억하는 것 보다 더 정확히, 더 끝까지)이라는 점을 드러내기 위한 말씀으로 보인다.

5) 그런데, 한 가지 유념해야 할 일은 데살로니가교회의 교인들을 상당히 수준 높고 완전히 성숙한 그리스도인들로 보아선 안 될 것이라는 점이다. 그러했다면 이 서신을 보내지 않았을 것이다. 더군다나 이 교회가 세워진 지 얼마 되지 않은 교회였을 것이라는 점을 고려해야 한다. 바울이 2~3절에서 말하고 있는 것은 그들 교인들의 완전함이 아니라, 이들의 작은 장점과 좋은 특징을 계속 격려하고 힘을 더하여 주며 더 나아가 그들 자신들을 이 말씀에 비춰 더욱 되돌아보고 힘쓰도록 하기 위한 말로 이해하는 것이 좋을 것이다. 어린 그리스도인들의 성장을 위해 우선적으로 필요한 것은 이 같은 기도와 격려이다.

6) 설교를 위한 정리

이 부분에서 설교자는 바울 그 일행이 데살로니가 교인들에 대해 어떤 태도와 행위를 보이는지 주목해야 한다. 여기서 사역자와 영적 선배들이 가져야 할 마땅한 자세(감사, 기도, 기억, 인정한다)를 볼 수 있기 때문이다. 또한 데살로니가 교인들이 보인 세 가지 신앙적 태도(믿음의 역사, 사랑의 수고, 소망의 인내)를 강조하는 것도 필요하다. 설교 대상에 따라 이 중 한쪽이 더 비중을 얻거나 동시에 두쪽이 함께 강조되거나 해야 할 것이다. 특히 신앙적으로 연약한 자들을 어떻게 대하고 위하는지 바울이 보여 주는 본에 초점을 두자.

3. 믿음에 대한 확신(4~5절)

1) '하나님의 사랑하심을 받은 형제들아'(4절) 라는 호칭도 앞의 격려형 문구와 통하는 부분이다. 바울은 그들을 '형제들', 특히 하나님의 사랑을 받고 있는 형제들이라 불렀다(2:1, 14, 17, 3:7, 4:1, 10, 5:1, 4, 12, 14, 25 바울은 '형제들아'라는 용어를 반복한다). 그 뿐 아니라, 그들이 택함을 받은 존재인 것을 분명히 했다. 특히 그들이 보여 준 세 가지 특징(믿음, 사랑, 소망)은 선택함을 받은 하나님의 백성인 것을 드러내는 것이었다. 이 말로 인해 이 서신을 받은 수신자들은 마음에 위로와 격려를 받을 뿐 아니라, 주님에 대한 확신과 믿음을 더 굳게 할 수 있었을 것이다.

요약하면, 바울은 이 구절에서 세 가지 사실, 즉 그들이 형제들(바울과 그의 일행에게 또 모든 그리스도인들에게)이라는 점, 하나님의 사랑을 받는 존재라는 점, 그리고 택하심을 받은 특별한 존재인 점을 거론했다. 얼마나 놀라운 말씀인가.

2) 그 같은 일은 복음이 그들에게 임했기 때문에 가능해졌다(4절). 복음이 임할 때 사람은 특별한 존재가 되는 법이다. 이 복음을 바울과 동료들은 전했다. 그리고 하늘의 기적은 이들에게 일어났다.

3) 바울이 여기서 이 복음이 '말'로만 전해진 것이 아니라, '능력과 성령과 큰 확신'으로 전해졌고 또 그렇게 받아들여졌음을 강조한다(5절). 앞의 '말'은 뒤의 '능력과 성령과 큰 확신'과 대조를 이룬다(참조 고전 2:4, 4:20). '능력과 성령과 큰 확신'이라는 용어 자체가 복음의 증거가 적극적이고 역동적인 사역이며, 성령의 힘으로 하는 사역임(성령이 중간에 있고 능력과 큰 확신이 각각 전후로 온

다. 이 세 가지는 서로 분리해서 이해할 수 없다)을 보여 준다. 바울과 그 일행은 성령의 능력과 확신으로 복음을 전한 것이다.

4) 여기서 바울(과 그 일행)이 데살로니가에 있을 때 보여 준 삶과 사역의 모델이 강조된다(5절, 2:9~10 참조). 이들은 데살로니가교회 교인들을 위해 살았다. '그들을 위해' 존재했고, '그들을 위해' 말씀을 전했고, '그들을 위해' 그렇게(예컨대, 천막장이로, 2:9 참조) 살았던 것이다. 이렇듯 말씀과 삶의 본으로 바울과 그의 동료들은 데살로니가교회 앞에 당당히 있다.(물론, 이렇게 살 수 있었던 것은 성령으로 말미암은 능력과 큰 확신이 있었기 때문일 것이다.)

5) 설교를 위한 정리
이 부분도 사역자를 위한 부분과 사역 대상자, 회중을 위한 부분으로 강조점이 나뉜다. 사역 대상자에 초점을 맞출 때는 복음으로 인한 세 가지 변화(형제됨, 하나님의 사랑의 대상, 택함 받은 존재)를 강조하고, 사역자에 초점을 둘 때는 복음전파의 중요성, 사역방식(능력과 성령과 큰 확신), 성도를 '위해' 사는 삶과 그러한 사역의 노력을 부각시킬 필요가 있다. 물론 이 양쪽의 강조점을 모두 살릴 수도 있을 것이다.

4. 환란 가운데 인내하는 믿음(6절)

1) 바울과 그의 동료들(복음 전하는 자들)의 본이 먼저이고 그 다음에 말씀을 받은 자들이 그 본을 따를 수 있는 것이다. 좀 더 정확히 말하면, 먼저 주님의 본이 있고, 그리고 사도와 말씀을 전하는 자의 그 본을 따라 사는 삶이 있고, 그 다음에 성도들이 주님과 앞선 이들의 본을 따라 사는 삶과 행함이 있는 것이다(5~6절을 연계해 볼 때). 그런 점에서 우리 사역자들과 먼저 믿는 이들이 주님을 따라 살고 행하는 것이 얼마나 중요한지 알 수 있다.

2) 바울은 데살로니가 교인들이 주님과 바울의 일행이 보여 준 본을 따라

살려고 하는 점을 인정한다. 더군다나 그들이 '많은 환란'(동족에게 받는 고난, 2:14 참조) 가운데서도 그 같이 '도를 받아', '본받은 자'가 되었다는 점을 높게 사고 있다. 데살로니가교회는 복음이 전해진 때부터 고난이 뒤따랐다. 그곳에서 처음으로 복음을 받아 들였던 야손과 그 형제들은 공중 앞에 끌려가는 봉변을 당하기도 했다(행 17:5~9). 그 후로도 복음 때문에 이들에게 고난이 많았을 점을 바울이 사용한 '많은 환란'이라는 단어 속에서 읽을 수 있다.

3) 이들은 많은 환란 속에서 '성령의 기쁨으로' 바울과 그 일행들의 전해준 말씀('도', λόγος로고스)을 받았다. 이것은 '성령의 기쁨'이 이들로 하여금 말씀을 받는 데 문제가 되지 않게, 즉 난관의 상황을 극복하게 했다는 것이다.

그런데 성령의 기쁨은 하나님의 말씀을 받을 때 특별히 주어진다는 점을 기억해야 한다. 다시 말해, 말씀을 받아들이는 것과 성령의 기쁨은 서로 분리할 수 없는 깊은 상관성이 있다. 그 어떤 환란의 어려움도 이를 거스를 수 없었던 것이다.

4) 결국 성령의 기쁨으로 말씀을 받은 것이 바울(바울과 그 일행)과 주를 본받는 자가 될 수 있는 비결이었다. 그래서 '말씀을 받다'의 동사가 (부정과거) 분사로 처리되었는데 이는 말씀을 받는 일이 바울과 주님을 본받는 일보다 먼저 이뤄진 것을 말해주려 했기 때문일 것이다. 다시 말해, 데살로니가 교인들은 말씀을 받은 데서 그치지 않고 바울과 주님을 본받는 자들이 되었다. 말씀을 받은 후, 그 말씀을 행하려는 노력이 바울과 주님을 본받는 일로 나타났던 것이다.

5) 설교를 위한 정리

이 구절에선 적어도 네 가지 어구가 각각 그리고 서로 연계되어 강조된다. '도를 받다', '많은 환란', '성령의 기쁨', '본받는 자가 되다'. 거론하는 순서는 설교자마다 다를 수 있으나 그 내용들이 서로 연계되도록 해야 한다는 점에 주의하자. 또한 사역자에게 주는 도전(본이 되라는, 먼저 주님의 본을 따르라는)도 역시 강한 구절이다.

5. 믿음의 본이 된 자(7~8절)

1) 그렇게 해서 데살로니가 교인들은 마케도니아(데살로니가를 포함하여 빌립보, 베뢰아 등의 지역)와 아가야(아덴, 고린도 등의 지역)의 모든 신앙인의 모델이 되었다(7절). 흥미로운 것은 주님과 바울을 본받는 일이 결국 다른 이들의 본이 되는 일인 것이다(6절과 연계). 어떤 존재를 자신의 이상으로 삼아 그를 닮고 따르려 하는 것은 결국 자신이 어떤 존재가 되는지를 결정하게 된다. 데살로니가 교인들은 주님을 닮고자 했고 또한 그 분의 말씀을 전해준 바울과 그 일행의 본을 닮고자 했을 때 어느덧 그들은 다른 지역의 믿는 자들에게 귀감이 되는 존재가 될 수 있었던 것이다.

2) 바울은 8절에서 두 가지를 지적한다. 첫째는 주님의 말씀이 마케도니아와 아가야에 (데살로니가로부터) 반향(反響)되어 들려졌고(ἐξήχηται 엑세케타이), 둘째는 데살로니가 성도들의 하나님에 대한 믿음의 소문이 모든 곳에 퍼져 알려진(ἐξελήλυθεν 엑셀레뤼쎈) 것이다. 전자는 주님의 말씀, 즉 진리 자체의 주도적 특성에, 후자는 성도 쪽의 믿음에 초점을 각각 맞춘 것인데, 이 둘은 분리될 수 있는 것이 아니라고 본다.

3) 그러므로 바울은 데살로니가 교인들로 인해 특별히 안타깝게 여기고 뭔가 그들을 책망하고 안타까워 할 것이 없다고 본다(8절). 단지 만족하며 기뻐한다. 이런 표현은 이들 성도들을 상당히 격려하기 위한 것이다. 이 서신에서는 이처럼 뭔가 가르치고 교훈하기 전에 칭찬과 인정으로 상대를 격려하고 힘을 북돋아 주는 일을 먼저 하고 있는 것이다.

4) 설교를 위한 정리

이 부분은 앞의 6절 말씀과 연결해서 설교하는 것이 필요하다. '모든 믿는 자의 본'이 되는 이슈에 초점을 두자. 말씀 자체의 주도적인 역사와 이에 대한 신앙의 반응을 각각 강조하면서 이 둘의 불가분리성(동전의 양면과 같은)이 함께 전제되면 좋겠다. 신앙의 본은 그렇게 알려지기 마련이다. 우리 교회들이 그런 신앙의 본으로 널리 알려졌으면 한다.

6. 참되신 하나님과 그의 아들 예수 그리스도(9~10절)

1) 이 부분에서 특히 대명사 '저희'(마케도니아와 아가야 지역의 신앙인들), '너희'(데살로니가 성도들), '우리'(바울과 그의 동료 사역자들)의 상호관계 속에 메시지가 담겨 있다. '저희'(그들)가 전하는 정보는 다음과 같다.

첫째, 그들은 바울 일행이 데살로니가에 들어갈 때, 이곳의 사람들(너희)이 그들(우리)을 영접하는 방식에 놀랐다(9절). 왜냐하면 데살로니가 교인들은 이방 종교의 배경 가운데 있었음에도 불구하고 바울의 일행을 마음으로 받아들이고 그들이 전해 준 말씀을 믿고 따랐기 때문일 것이다.

둘째, 그들은 '너희'가 어떻게 우상들을 떠나 사시고 참되신 하나님을 섬기게 되었는지 놀란다(9절). 실로 충격이었을 것이다. 그 고장에서 섬기던 우상들을 버리고 '사시고 참되신 하나님'을 섬기게 된 것이 놀라운 일인 것이다. 여기서 바울은 하나님을 '사시고(살아계시고) 참되신(진리이신)' 분(단수)으로 소개하여 우상들(복수, 생명이 없고 거짓된 것임이 전제됨)과 강하게 대조시켰다. 우상들은 그것들로부터 돌이켜 떠나야 했던 것들이고 하나님은 바로 그분에게로 돌이켜져야 마땅한 분이셨다.

셋째, 그들은 '너희'가 하늘로부터 오실 하나님의 아들, 예수 그리스도를 기다리는 것을 보고 또 놀랐다(10절). 재림의 신앙은 놀라운 것이었다.

2) 바울은 이 세 번째 주제와 관련해서 예수님에 대해 세 가지를 강조했다. 첫째, 그 주님은 죽은 자 가운데서 일어나신 분(하나님께서 '죽은 자들 가운데

서 다시 살리신' 분)이시다. 둘째, 우리를 다가올 진노에서 건지시는 구원자('예수', 롬 11:26)이시다. 셋째, 예수 그리스도는 하늘로부터 강림하실 하나님의 아들이시다. 그러므로 모든 그리스도인들은 이 분을 기다려야 한다. 각각 부활, 구원, 재림이다. 이것이 바울의 신앙고백이며 복음이다. 이 신앙은 그대로 데살로니가 교인들에게 물려졌을 것이다(바울은 이 부분에서 다시 이 복음을 강조하고 있다; 참조 행 17:3).

3) 설교를 위한 정리

본문은 몇 가지 중요한 교리적인 포인트를 드러내고 있다. 설교에 그대로 반영할 수 있는 것들이다. 첫째, 하나님 외에 다른 것들은 다 우상이다. 하나님만이 '사시고 참되신' 하나님이시다. 둘째, 그 (생명이 없고 거짓된) 우상들로부터 살아 계시고 참되신 하나님께로 돌아와야 한다. 셋째, 예수 그리스도 우리 주님은 부활하신 분, 죽음을 이기신 분이시다. 넷째, 때가 차게 되면 그 주님은 반드시 다시 오실 것이다. 우린 그를 기다려야 한다. 다섯째, 미래에 반드시 하나님의 진노(심판)가 있을 것이다. 여섯째, 그 때 진노를 피할 수 있도록 건져내실 분은 예수님뿐이다. 그는 구원자이시기 때문이다.

결론

1장 전체는 그 어떤 지시적인 명령도 없고, 주로 바울과 그 일행이 데살로니가 성도들을 위해 기도하며 감사하는 내용과 특별히 그들이 가진 믿음과 가치를 인정하고 격려하는 내용이 담겨 있다. 그러므로 신앙의 연륜이 많지 않은 성도들을 사랑으로 격려하며 그들의 믿음을 긍정적으로 북돋아 주는 본문의 분위기가 설교에서 드러나는 것이 필요하다고 본다.

02

데살로니가교회에 대한
바울의 '에도스'

데살로니가전서 2~3장의 주해와 적용

들어가는 말

데살로니가전서 2~3장은 1장의 서두 인사 및 감사 문단과 4~5장의 권면적인 교훈 사이에 위치하고 있다. 그러므로 편지의 구조적인 면에서 볼 때 2~3장은 편지의 몸체에 해당된다.[1] 데살로니가전서 2~3장의 주요 내용은 무엇이며, 우리는 이 부분을 어떻게 이해할 것인가? 데살로니가전서 2~3장의 내용의 역사적 배경을 이해함에, 누가가 전하는 바울 일행의 데살로니가 선교사역의 보도(행 17:1~9)는 적지 않은 도움이 된다. 누가는 바울 일행의 데살로니가 선교사역과 관련하여 다음의 사실을 우리에게 전한다. (1) 바울, 실라, 디모데는 빌립보에서 야기된 핍박 때문에 데살로니가에 왔다. (2) 바울은 유대인 회당에서 선교사역을 시작하였으며, 회당에는 유대인은 물론 유대교 예배에 참석하는 많은 헬라 이방인들이 있었다. (3) 바울은 회당에서 세 안식일에 걸쳐 구약성경을 통해 그리스도(메시야)의 고난, 죽음, 부활을 증명하고, 예수가 바로 이 구약성경이 말한 그리스도임을 선포하고 그를 믿을 것을 권하였다. (4) 많은 헬라 이방인들이 바울의 설교를 받아들였으며, 그 중에는 적지 않은 귀부인도 속해 있었다. (5) 유대인들이 바울의 선교결과를 시기하여 시장의 괴악한 사람들을 데리고 성을 소동케 하며 바울의 선교활동을 훼방하였다. (6) 유대인들이 무리들을 데리고 바울 일행들을 붙잡기 위해 바울의 선교활동 본부인 야손의 집에 달려갔다. (7) 유대인들은 바울 일행을 붙잡지 못하고 그 대신 야손과 그 형제들을 붙잡아 읍장 앞에 끌고 갔다. (8) 그들은 읍장 앞에서 바울 일행들은 천하에 다니면서 가이사 대신 예수를 임금으로 전파하는 로마제국의 반역자들이며, 야손과 그 형제들이 지금 여기에 빠져들었다고 선동하였다.[2] (9) 야손과 그 형제들은 공탁금을 내고 풀려났다. (10) 밤중에 형제들(데살로니가의 신자들)이 바울과 실라를 베뢰아로 보냈다.

누가 전하는 사도행전 17장의 보도의 역사적 신임성에 관하여 학자들 사이에 의견이 일치된 것은 아니지만, 바울의 데살로니가 선교사역에 관한 누가의 보도는 다음과 같은 몇 가지 질문들을 불러일으킨다.

첫째, 왜 바울 일행이 데살로니가 지역 선교사역 중에 황급하게 데살로니가를 떠날 수밖에 없었는가?

둘째, 바울에게 그리스도에 관한 복음을 들은 이방인인 데살로니가 사람들은 바울이 전한 그 복음에 대하여 어떻게 반응하였으며, 그리고 선교 도중에 자신들을 떠난 바울 일행에 대해 어떤 생각을 가졌겠는가?

셋째, 바울에게 복음을 받아 크리스천이 된 데살로니가교회 교인들은 불신자 가족들과 지역 사람들로부터 어떤 반응을 받았겠는가?

넷째, 데살로니가 지역을 떠난 바울은 자신이 복음을 전한 데살로니가 사람들에게 대하여 어떤 생각을 가졌으며, 초신자들인 데살로니가 교인들을 위해 어떤 후속적인 행동을 취했겠는가?

다섯째, 데살로니가 교인들은 그들에게 보인 바울의 선교활동과 후속적인 행동에 어떻게 반응하였겠는가?

데살로니가전서 2~3장은 위에서 제기된 질문들과 밀접한 관계를 맺고 있다고 볼 수 있다. 어떤 의미에서 데살로니가전서 전체가 이러한 질문들에 대한 바울 자신의 '에도스' 혹은 '변증서'로 볼 수 있지만,[3] 특별히 2~3장은 데살로니가 교인들로부터, 혹은 바울 자신으로부터 제기될 수 있는 위의 질문들에 대한 구체적인 해명서라고 말할 수 있다. 바울은 자신이 직접 가서 이러한 질문들에 대한 답변을 할 수 없는 상황 때문에 자신의 임재를 대신할 수 있는 목회적인 편지를 통하여 답변하고 있다.

본문 주석

데살로니가전서의 몸체에 해당하는 2~3장은 크게 다음과 같이 여섯 부분으로 나뉜다. (1) 바울의 변호(2:1~12), (2) 바울의 감사(2:13~16), (3) 데살로니가 교인들에 대한 바울의 마음(2:17~20), (4) 디모데의 파송(3:1~5), (5) 디모데의 보고(3:6~10), (6) 데살로니가 교인들을 위한 바울의 기도(3:11~13).

1. 바울의 변호(2:1~12)

왜 바울 일행이 데살로니가 지역 선교사역 중에 황급하게 데살로니가를 떠날 수밖에 없었는가? 이 질문에 대한 우회적인 "바울의 변호"라고 말할 수 있는 2:1~12은 두개의 소 문단으로 나뉜다.[4] 첫째 문단은 2:1~8인데, 이 문단에서 바울은 데살로니가 교인들에게 자신들이 데살로니가에 갔을 때 무엇을 전하였으며, 그리고 어떤 자세로 전하였는가를 회상해 보라고 말한다. 두 번째 문단은 2:9~13인데, 여기서 바울은 자신들의 모범적 행동에 대한 회상에 근거하여, 데살로니가 교인들에 대한 실천적인 권면을 제시한다.

편지의 몸체 부분에 들어가면서 바울은 먼저 데살로니가 교인들에게 바울의 선교 일행이 데살로니가에 갔을 때 무엇을 하였으며, 그리고 어떻게 행동하였는가를 상기하여 보라고 말한다. 바울이 편지의 몸체 부분에 들어가며, 지난날 그들이 데살로니가에서 하였던 선교활동을 먼저 거론하고 있는 것을 볼 때, 아마도 바울은 인편이나 혹은 데살로니가교회에 파송한 디모데로부터, 데살로니가 사람들(유대인들을 포함하여)사이에 바울 일행에 대한 좋지 못한 소문이 여전히 떠돌고 있다는 것과, 데살로니가 교인들도 이러한 부정적인 소문을 알고 있음을 들었을 것으로 추정할 수 있다. 그래서 바울은 먼저 이 부분에 대한 적극적인 해명을 해야 할 필요를 느낀 것 같다. 왜냐하면 편지를 보내는 사람에 대한 인격적인 신뢰, 곧 그의 '에도스'가 상실되거나 오해가 생긴다면, 그 사람이 보낸 편지의 내용에 대한 신뢰도 그에 따라 떨어질 수밖에 없기 때문이다.

바울은 먼저 데살로니가 교인들 자체가 데살로니가에서 있었던 바울 일행의 선교활동이 헛되지 않았다는 증거가 된다는 점을 밝힌다. 나무는 그 열매를 보아서 알 수 있는 것처럼, 한 때 우상을 섬기고 있었던 이방인인 데살로니가 사람들이 바울의 선교활동을 통하여 참된 신앙을 갖게 된 사실 자체(1:9)가 데살로니가에 있었던 바울의 선교활동이 결코 헛되고 거짓된 것이 아님을 말해준다. 그렇다면 바울은 데살로니가 사람들에게 무엇을 전하였기에 그리고 어떻게 전하였기에 그들이 우상을 버리고 살아 계시고 참된 하나님에 대한 신앙과 예수 그리스도의 재림에 관한 확고한 신앙을 가지게 되었는가? 이 문제와 관련하여 2:2 이하에서 바울은 "많은 싸움 중에 하나님의 복음을 너희에게 말하였다"고 말한다. 바울이 왜 "많은 싸움 중에" 복음을 전하였다고 말하고 있는가? "싸움"이 있었다는 것은 빌립보에서의 선교 활동의 경우처럼 데살로니가에서도 바울의 복음 전파를 못하도록 하는 많은 도전과 대적자들이 있었음을 말한다. 그러나 바울은 자신의 편지에서 이것이 구체적으로 누구와 더불어 있었던 싸움인가에 관해서는 말하지 않는다. 다만 우리는 누가가 사도행전 17:1~9에서 전하고 있는 바울의 데살로니가 선교활동을 통하여, 데살로니가에 거주하고 있던 유대인들이 바울의 선교활동을 중단시키기 위하여 시장에 있던 사람들을 선동하여 바울 일행을 로마제국에 반역하는 자들로 모함한 것을 가리키고 있는 것으로 추측할 수 있을 뿐이다. 그러나 중요한 것은 이와 같은 시련과 도전이 있었음에도 불구하고, 바울 일행은 하나님의 복음을 전하는 일을 중단하거나 주저하지 않았다는 점이다. 왜냐하면 바울에게 하나님의 복음을 전하는 일, 곧 데살로니가 사람들에게 대한 "권면"(3:3)⁵은 바울의 대적자들의 경우처럼, 그들 자신의 간사나 부정이나 궤계⁶에서 나온 것이 아니라, 하나님으로부터 부탁을 받은 것이기 때문이다. 그러기 때문에 바울은 복음을 전할 때 거짓된 교사들처럼 아첨의 말이나 탐심의 탈을 쓸 필요가 없었다. 바울은, 우리가 갈라디아서 1:11~12에서 엿볼 수 있는 것처럼 복음 전파에 대한 강한 신적 소명의식을 늘 가지고 있었을 뿐만 아니라, 하나님께서 자신의 복음 전파사역을 늘 지켜보시고 함께 하신다는 신전의식(神前意識, coram Deo)을 가지고 있었다. 바울이 사람을 기쁘게 하지 않고 하나님만을 기쁘시게 하려고 한 점도(2:4), 사람의 영광을 추구하지 않은 것도(2:6), 바로 이와 같은 신전의식에 근거하였다.

그렇다면 바울이 데살로니가 사람들에게 전한 하나님의 복음은 구체적으로 무엇을 가리키고 있는가? 바울은 데살로니가전서에서 그가 데살로니가 사람들에게 전한 내용과 관련하여 "우리의 복음"(1:5), "그 말씀"(1:6), "하나님의 복음"(2:2, 8, 9), "복음"(2:4), "그리스도의 복음"(3:2), "우리의 권면"(2:3, 11), "하나님의 말씀"(2:13) 등 다양하게 말하고 있다. 그러나 제일 많이 사용하는 말은 단연코 '복음'이란 용어다. 바울이 데살로니가 교인들에게 자주 사용하는 이 '복음'은 무엇을 가리키는가? 바울은 데살로니가전서에서 이 '복음'에 대하여 구체적인 설명을 하지 않는다. 바울이 별다른 설명 없이 '복음'이란 말을 자주 사용하고 있는 것은 이 말이 데살로니가 교인들에게 이미 익숙한 말이 되었음을 보여 준다. 그러나 우리는 데살로니가전서에서도 이 복음이 하나님의 아들 예수 그리스도에게 초점을 맞추고 있다고 말할 수 있다. 그 근거는 누가가 사도행전 17:2~3에서 바울의 데살로니가 선교사역을 요약하여, "바울이 자기의 규례대로 저희에게로 들어가서 세 안식일에 성경을 가지고 강론하며 뜻을 풀어 그리스도가 해를 받고 죽은 자 가운데서 다시 살아야 할 것을 증명하고 이르되 '내가(바울) 너희에게(데살로니가 사람들) 전하는 이 예수가 곧 그리스도라 하니'"라고 말하고 있을 뿐만 아니라, 바울이 친히 데살로니가전서에서 여러 번 예수의 하나님의 아들과 그리스도 되심, 그의 고난과 죽음, 부활, 재림 등을 말하고 있기 때문이다(1:9~10; 2:14~15; 3:13; 4:14~15; 5:9~10, 23). 바울이 데살로니가전서에서 복음을 가리켜 "그리스도의 복음"(3:2)으로 말하고 있는 것도 이를 뒷받침해 준다. 그렇다면 바울이 왜 데살로니가전서에서 복음을 그리스도의 고난, 죽음, 부활, 재림등과 연관시키고 있는가? 그 주된 이유는 그것이 바로 바울 일행과 데살로니가 교인들이 당하고 있는 고난에 대한 신학적 해명이 될 수 있기 때문이다. 복음은 십자가에 죽으신 그리스도의 인격과 그의 사역이기 때문에, 그 복음을 전파하는 자들이나 그 복음을 따르는 자들에게는 고난이 필수적으로 따른다는 것이다.

바로 이와 같은 십자가의 복음이 가지고 있는 성격 때문에 바울은 데살로니가 사람들에게 복음을 전할 때 그가 친히 십자가에 합당한 삶을 모범적으로 보여주었다. 즉 그는 그리스도의 사도로서, 마땅히 존중히 여김을 받을 수 있었음에도 불구하고(2:6),[7] 사람들로부터 영광을 구하거나 도움을 청하지 않았으며, 오히려 유모가 자기 자녀들을 기름과 같이 겸손한 자세로, 그리고 밤과 낮으로 일하면서 복음을 전파하였으며(2:7~8), 데살로니가 사람들을 사랑하여 그들을 위해 자신의 목숨까지 기꺼이 내어 주려고 하였다(2:8).[8] 2:9~10에 따르면, 바울은 그와 그의 선교 일행이 데살로니가 교인들에게 보여 준 십자가의 삶의 자세를 데살로니가 교인들 스스로 알고 증언할 수 있을 것을 확신하고 있을 뿐 아니라, 하나님께서도 이를 증언해 주실 것이라는 강한 확신을 가지고 있다. 그렇다고 해서 바울은 그 자신이 하나님의 복음을 전하는 사도로서의 신분을 잃어버리고 무조건 저자세로 데살로니가 사람들을 대하지는 않았음을 명백하게 밝힌다. "우리가 너희 각 사람에게 아비가 자기 자녀에게 하듯 권면하고 위로하고 경계하노니"라는 2:11의 내용은, 바울이 아무리 십자가의 삶을 살았다고 하더라도, 그것 때문에 그가 복음 전파자로서, 데살로니가교회 성도들의 목회자와 영적인 아버지로서의 신분과 권위를 잃지는 않았다는 점을 보여 준다(1:5). 만일 그가 이것마저 잃어버렸다고 한다면, 그는 데살로니가 교인들을 향해 "하나님께 합당하게 행하라"(2:12)라고 권면할 수 없었을 것이다. 여기서 우리는 목회자가 십자가의 삶을 산다는 것이 반드시 저자세나 굴욕적인 삶을 산다는 것을 뜻하지는 않는다는 것을 발견한다. 예수 그리스도의 삶이 바로 이에 대한 명백한 답변이기도 하다.

2. 두 번째 감사(2:13~16)

2:1~12에서 바울은 주로 일인칭 복수를 주어로 하여 그와 그의 선교일행들이 데살로니가에서 무엇을 하였는가에 관하여 말하였다. 그런 다음 이제 2:13~16에서는 주로 2인칭 복수를 주어로 사용하여, 데살로니가 사람들이 바울 일행의 선교사역에 대하여 어떻게 적극적으로 응답하였는가를 말하고 그들의 적극적인 응답에 대하여 다시 한 번 감사를 표한다. 흔히 바울은 편지의 서두에 이어 감사문단을 둔다.[9] 그러나 특별히 데살로니가전서의 경우에는 1:2~5의 감사문단에 이어 2:13~16의 두 번째 감사 문단을 갖고 있다. 적지 않은 학자들이 이 두 번째 감사문단이 편지의 원래 부분이 아니고 나중에 삽입된 것으로 생각하고 있다. 그러나 문맥적으로 볼 때 이 부분이 특별히 삽입되었다고 볼 이유는 없다.[10] 오히려 이 부분은 바울이 데살로니가교회에 대한 특별한 관심과 애정을 갖고 있다는 증거가 될 수 있다. 아마도 바울은 데살로니가에서 있었던 자신들의 사역을 말하면서, 그들의 사역에 대한 데살로니가 교인들의 적극적인 반응을 다시 한 번 생각하고는, 하나님께 감사하는 마음이 넘쳤던 것 같다.

두 번째 감사 문단에 들어 있는 감사의 내용은 크게 두 가지다. 첫째, 데살로니가 교인들이 바울이 전한 하나님의 말씀을 사람의 말로 받지 않고 하나님의 말씀으로 받은 일(3:13). 둘째, 데살로니가 교인들이 유대에 있는 하나님의 교회들을 본받아 고난에 동참한 일(3:14). 두 번째 감사문단의 감사 내용을 1:2 이하에 있는 첫 번째 감사의 내용, 곧 데살로니가 교인들의 '믿음의 역사와 사랑의 수고와 예수 그리스도에 대한 소망의 인내'(1:3)와, '많은 환란 가운데서 성령의 기쁨으로 도를 받아 우리와 주를 본받은 자가 되어, 마케도니아와 아가야 모든 믿는 자의 본이 된 일'(1:6~7), '우상을 버리고 참되신 하나님을 섬기고, 그의 아들 예수의 재림을 고대하는 일'(1:9~10)과 비교해 보면, 사실상 두 번째 감사 내용은 새로운 것은 아니다. 오히려 두 번째 감사 내용이 대체적으로 첫 번째 감사 내용과 중복되고 있다.

예를 들면, 두 번째 감사 내용인 하나님의 말씀으로 받은 일은 첫 번째 감사 내용인 성령의 기쁨으로 도(道)를 받은 일과, 유대에 있는 하나님의 교회를 본 받아 고난에 동참한 일은 우리와 주를 본받은 자가 된 일과 각각 병행한다. 다만 두 번째 감사 내용 중에서 새로운 것이 있다고 한다면, 유대에 있는 하나님의 교회들이 자신들의 동족인 비신자 유대인들에게 고난을 받은 것처럼, 데살로니가 교인들도 자신들의 비신자 동족들에게 고난을 받았다고 말하고 있는 점이다. 즉 고난을 가하는 대상을 보다 구체적으로 말하고 있는 점이다. 바울이 볼 때, 마치 초창기 유대인 신자들이 예수 그리스도에 대한 신앙 때문에 할례와 율법과 성전에 대한 평가가 달라졌고, 바로 이 때문에 그들이 자신들의 동족들에게 극심한 핍박을 받은 것처럼, 데살로니가 교인들은 바울이 전한 복음을 받아들인 후 자신들의 비신자 가족과 동족들이 섬기는 우상과 문란한 생활을 버리게 되었고, 바로 그 일 때문에 그들은 비신자 가족과 동족들로부터 극심한 단절과 핍박을 받게 된 것이다.[11]

그러나 바울은 유대인 신자들을 핍박한 비신자 유대인들은 주 예수와 선지자들을 죽이고, 바울 일행을 쫓아내고, 하나님을 기쁘시게 하지 아니하고, 이방인들의 구원사역을 방해함으로써, 자신들의 죄를 계속 채워 결국 하나님의 무서운 심판을 자초하고 있다고 말함으로(2:15~16)[12] 데살로니가 교인들이 아무리 비신자 가족 및 동족들로부터 핍박을 당한다 하더라도 결단코 흔들리지 않아야 할 것을 밝힌다.

3. 데살로니가교회에 대한 방문 계획(2:17~3:10)

바울은 2:1~16에서 데살로니가에 있었을 때의 그의 사역과 그에 대한 데살로니가 교인들의 긍정적인 응답을 말한 다음, 2:17~3:10에서는 그가 데살로니가를 떠난 이후 지금 데살로니가 교인들에게 편지를 쓸 때까지 무엇을 하였는가에 관하여 말한다. 첫째, 2:17~20에서 바울은, 자신들이 비록 몸으로는 데살로니가 교인들을 떠났다 하더라도, 마음으로는 그들을 결코 떠나지 않았으며, 오히려 다시 만나 얼굴을 볼 수 있도록 한두 번 그들에게 가려고 힘써 노력하였지만, 사단이 자신들의 여행길을 막았다고 말한다(2:17~18). 계속해서 바울은 데살로니가 교인들에게 바로 그들이 '우리의 소망과 기쁨과 자랑의 면류관과 영광'이기 때문에 결단코 잊을 수 없다는 사실을 강조한다(2:19~20). 둘째, 3:1~5에서 바울은 비록 그 자신은 데살로니가에 갈 수 없었다고 하더라도, 자신을 대신하여 디모데를 그들에게 보냈음을 상기시킨다. 그렇게 하므로 바울은 한 순간도 그가 데살로니가 교인들을 잊어 버렸거나 방관하지 않았음을 강조한다. 셋째, 3:6~10에서 바울은 데살로니가교회를 다녀온 디모데의 기쁜 보고를 받고, 더 한층 데살로니가 성도들을 만나고 싶다는 마음을 피력한다. 넷째, 3:11~13에서 바울은 그가 데살로니가 교인들을 얼마나 만나고 싶다는 사실을 피력하기 위해 마지막으로 어서 속히 그들을 만나게 해 달라고 하나님께 드린 그의 기도를 수록한다.

1) 데살로니가교회에 대한 바울의 마음(2:17~20)

바울이 데살로니가교회에 편지를 쓰게 된 주된 이유 중 하나는 왜 그가 데살로니가 교인들을 떠날 수밖에 없었으며, 그가 떠난 이후 데살로니가 교인들에게 어떤 마음을 가지고 있는가를 충분하게 설명하기 위함이었다. 바울은 그가 데살로니가 교인들을 떠난 다음 그들을 잊어버렸거나 그들에 대한 관심이 없었던 것이 아니고, 오히려 그들을 보기를 심해 원했으며, 실제로 그들을 만나 보기 위해 한두 번 이상 데살로니가교회에 다녀오려고 하였으나 사단이 그 길을 막았다고 말한다. 바울은 여기서 사단이 막은 일이 구체적으로 무엇인지를 자세히 설명하지는 않는데, 아마도 편지를 받은 데살로니가 교인들이 그것을 알 수 있을 것으로 생각하고 있는 것 같다. 모름지기 바울은 방문지인 데살로니가로부터, 혹은 출발지인 고린도로부터 정치적, 경제적, 사회적, 종교-문화적 어려움과 적대감을 겪었을 것이며, 바울은 이러한 어려움의 배후에 사단이 역사하고 있는 것으로 본 것 같다. 비록 사단이 데살로니가 방문 길을 막았다 하더라도 그것 때문에 바울이 데살로니가 교인들을 잊어버렸거나 무관심한 것은 결코 아니었다. 오히려 그 반대였다. 바울은 이 점을 강력하게 해명하기 위해 데살로니가 교인들이 바울과 그의 선교 일행에 어떤 비중과 역할을 하고 있는가를 밝힌다. 곧 데살로니가 교인들이 바로 바울과 그들이 간절히 기다리는 주님이 재림하실 때(1:10), 바울 일행이 주님 앞에 내세울 수 있는 소망과 기쁨과 자랑의 면류관과 영광이라는 것이다. 자신이 개척한 교회를 재림하는 주님 앞에 내세울 수 있는 소망과 기쁨과 자랑의 면류관과 영광으로 삼는 바울의 자세는 모든 목회자가 본받아야 할 훌륭한 귀감이 아닐 수 없다.

2) 디모데의 파송 이유(3:1~5)

바울은 3:1~5에서 그가 아덴에서 자기 대신 디모데를 파송한 일과 관련하여 그 동기와 목적에 관하여 설명한다. 첫째, 디모데를 보내게 된 것은, 데살로니가교회 성도들의 믿음을 강화시켜 여러 환란 가운데서도 흔들리지 않고 굳게 설 수 있도록 하기 위함이다. 둘째, 바울이 떠난 후 데살로니가교회 성도들의 믿음 상태를 알기 위함이다. 이와 같이 바울은 디모데를 통하여 자신이 왜 데살로니가 교인들 곁을 황급하게 떠 날 수밖에 없었는가에 대해 해명할 필요성을 가졌을 것이 분명하다.[13] 사도 바울이 데살로니가교회 신자들과 함께 있을 때, 바울은 이미 데살로니가교회 신자들에게 닥치게 될 환란을 내다보고, 그 환란에 대하여 말한바 있다. 바울은 데살로니가 지역을 떠난 이후 데살로니가교회 교인들에게 닥칠 환란 때문에, 그리고 그

환란에 대하여 초신자인 데살로니가 교인들이 어떻게 대처할 것인가에 대한 염려 때문에 사실 마음이 편하지 않았다. 그래서 아덴에서 바울은 자신의 선교 동역자며 후계자인 디모데를 자기를 대신하여 데살로니가에 보냈다. 사실상 디모데 파송 자체가 데살로니가 교인들에게 대한 바울의 변함없는 사랑의 표시다. 바울이 디모데를 서둘러 보낸 이유는 아직까지 초신자들에 불과한 데살로니가 교인들이 예기치 않는 핍박 때문에 혹시나 그들이 믿음을 잃어버리지 않을까 하는 염려 때문이었다. 그렇게 될 경우 바울과 그의 선교 일행들이 핍박을 받으면서 데살로니가에서 수고한 선교사역이 모두 헛수고가 될 수 있었다. 그래서 바울은 디모데를 서둘러 데살로니가에 보내어 핍박 중에 있는 데살로니가 교인들을 위로하고 격려하여 어떠한 환란 가운데서도 흔들리지 않고 신앙을 굳게 지킬 수 있도록 하였다.

3) 디모데의 선교 보고(3:6~10)

데살로니가를 서둘러 다녀온 디모데의 선교보고는 참으로 만족스러웠으며, 데살로니가교회에 대한 바울의 불안과 염려를 기쁨과 감사로 바꾸었다. 디모데는 바울에게 와서 데살로니가 교인들의 믿음과 사랑의 기쁜 소식을 전하였을 뿐만 아니라, 또한 바울이 데살로니가 교인들을 항상 생각하여 그들을 간절히 보고자 하는 것과 같이 데살로니가 교인들도 바울을 항상 생각하고 간절히 보고 싶어 한다는 소식을 전하였다(3:6). 이와 같은 반갑고 기쁜 소식을 접하였을 때, 바울은 그가 현재 고린도에서 당하고 있는 여러 가지 물질적인 궁핍과 여러 인간적인 환란 가운데서 위로를 받게 되었다고 말한다(3:7). 바울은 그 동안 데살로니가 교인들이 환란 때문에 믿음을 포기하거나 그로 인해 그의 선교사역이 무위로 돌아가지 않을까 염려를 하였는데, 데살로니가 교인들이 바울이 전한 복음을 받아들여 믿음의 확고한 뿌리를 내리고 있다는 소식은 참으로 바울에게 위로와 기쁨이 되지 않을 수 없었다. 그래서 바울은 "그러므로 너희가 주안에 굳게 선즉 우리가 이제는 살리라"(3:8)라고 고백한다. 데살로니가 교인들의 믿음에 관한 기쁜 소식이 마치 생명수처럼 바울에게 생명의 기쁨을 가져다주었다는 것이다. 바울이 직면하는 현재의 모든 궁핍과 환란을 기쁨으로 대체하였기 때문이다(3:9). 그래서 바울은 데살로니가 교인들로 인해 하나님께 감사와 찬양을 돌리지 않을 수 없었다. 데살로니가 교인들이 바로 목회자인 바울의 소망과 기쁨과 면류관과 영광이기 때문에, 그들을 잃어버린다는 것은 바울에게 죽음과 같았고 그들을 얻는다는 것은 죽음에서 생명을 얻는 것과 같았다. 디모데를 통하여 데살로니가 교인들의 변치 않는 믿음과 사랑을 접한 바울은 이제 더 한층 데살로니가 교인들의 얼굴을 보고 싶은 마음으로 넘치게 되었다. 그래서 바울은 주야로 하나님께 데살로니가 교인들을 어서 속히 만나 그들의 믿음을 더 한층 성숙하게 할 수 있는 기회를 달라고 간구한다.

4) 바울의 기도(3:11~13)

3:11~13에 나타나 있는 바울의 기도는 2:1~3:10까지 나타나 있는 바울의 변호 부분에서 4:1 이하에 나타나 있는 데살로니가 교인들에 대한 바울의 본격적인 권면부분으로 전환하는 전환점 역할을 하고 있다. 이런 점에서 3:11~13은 한편으로는 전반부의 결론 역할을, 또 다른 한편으로는 후반부의 도입 역할을 하면서 양쪽 부분을 연결하는 다리 역할을 하고 있다.[14] 3:11~13의 기도문이 2:1~3:10의 결론인 동시에 4장 이하에 나타나는 권면 부분의 출발점 역할을 하고 있다고 볼 수 있는 근거는 이 기도문에서 바울이 거듭 전반부의 주제였던 데살로니가교회에 대한 방문을 위해 기도하고 있을 뿐만 아니라, 후반부의 주제인 데살로니가 교인들의 거룩한 삶(성화)을 위해 기도하고 있기 때문이다. 바울의 기도문은 다음과 같은 내용으로 되어 있다.

첫째, 기도의 서언은 바울의 대다수의 편지 서두 인사에 나타나고 있는 "하나님 우리 아버지"와 "우리 주 예수"다(3:11).[15]

둘째, 기도의 청원 내용은 세 가지이다. 데살로니가 교인들을 속히 직접 만날 수 있는 길을 열어 주실 것(3:11b), 데살로니가 교인들 서로 간에 그리고 모든 사람들에 대한 사랑이 풍성하고 넘치도록 해 주실 것(3:12), 데살로니가 교인들이 주님께서 재림하실 때에 하나님 아버지 앞에서 책망 받지 않을 거룩한 마음으로 굳게 설 수 있도록 해 주실 것(3:13).

셋째, 기도의 결언은 아멘이다(3:13b).

바울의 기도 가운데서 몇 가지 주목할 만한 내용을 발견한다. 첫째, 주님으로 불리어지는 예수님께서 아버지 하나님과 나란히 기도의 청원을 받으시는 대상으로 나타나고 있는 점이다. 사실상 주님이 두 번째 청원의 직접적인 대상으로 소개되고 있을 만큼 주님의 위치가 고양되어 있다. 둘째, 데살로니가 교인들이 서로에게만 아니라, 모든 사람을 사랑할 수 있도록 기도하고 있다는 점이다. 여기서 모든 사람은 데살로니가 교인들을 핍박하고 있는 비신자인 가족 및 동족을 포함하고 있다고 볼 수 있다.[16] 왜냐하면 사랑만이 적대적인 담을 무너뜨릴 수 있을 뿐 아니라, 핍박자에 대한 사랑이 바로 성령을 통한 십자가의 삶의 표현이기 때문이다. 셋째, 데살로니가 교인들의 흠 없는 거룩함은 미래에 닥칠 어떠한 환란 가운데서도 주님이 재림하실 때까지 계속되어야 할 것으로 말하고 있는 점이다. 성화가 주님이 재림하실 때까지 계속 완성되어져야 할 것이라는 사실이 4:1 이하의 거룩한 삶에 대한 권면의 근거가 된다.

나가는 말

데살로니가전서 2~3장의 중심주제는 데살로니가교회에 대한 바울의 '에도스'이다. 2~3장에서 바울은 데살로니가교회에 대한 자신의 과거, 현재, 미래사역을 회상하고 전망하면서 데살로니가 교인들에게 대한 감사와 권면과 기도를 한다. 여기서 우리는 복음 전파자이며 목회자의 참된 모델을 발견할 뿐만 아니라, 또한 참된 교회와 성도들의 모델을 찾아볼 수 있다.

03

그리스도의 재림과 그리스도인들의 삶

데살로니가전서 4~5장 주해와 적용

데살로니가전서는 전체적으로 예수님의 재림이라는 미래적 종말에 대한 기대로 가득 차 있다. 기독교적 종말은 성취된 종말(현재성)과 아직 성취되지 않은 종말(미래성)로 구분된다. 여기에서 미래적 종말이라고 할 때 그것은 후자의 경우를 의미한다. 그 중에서도 데살로니가전서 4~5장은 이러한 재림의 문제가 집중적으로 다루어지고 있는 부분이다. 그러나 바울은 재림의 문제를 단순히 호기심으로 접근하고 있지 않다는 점을 주목할 필요가 있다. 그는 철저하게 그리스도인들의 현재적 삶과 직결시키고 있다. 이것이 4~5장의 주제를 그리스도의 재림과 그리스도인의 삶이라고 할 수 있는 이유다.

1. 4~5장의 구조

4장은 '그러므로'라는 말로 시작되고 있다(우리말 번역에는 나타나지 않음). 이는 4장이 바로 3장의 끝 부분과 밀접하게 연결되어 있음을 보여 주고 있다. 3장에서 바울은 데살로니가 성도들이 그리스도께서 재림하실 때 거룩하고 흠이 없기를 바라는 바울의 소원으로 글을 맺고 있다. 이러한 소원이 이루어질 수 있는 방안에 대한 제시로 4장이 시작된다. 이것이 바로 4:1~8의 내용이다. 그리고 4:9~5:22까지는 세 개의 단락으로 나누어져 있는데, 첫 번째는 형제 사랑에 관한 것이고, 두 번째는 자는 자들에 관한 것이며, 세 번째는 예수님의 재림의 때와 시기에 관한 것이다.

그리고 5:23에서 다시 4장 직전의 말씀인 3:13에 기록된 말씀을 반복한다. 5:23~3:13의 내용을 반복하고 있는 것은 우연이라고 할 수 없다. 이러한 반복을 통해 바울은 자신이 말하고자 하는 내용을 분명히 밝히고 있는 것이다. 이 두 구절은 이 둘 사이의 내용을 보자기처럼 감싸고 있다. 이것은 이 둘 사이의 내용이 바로 이 두 구절에 의해서 지배받고 있다는 것을 의미할 수 있다. 그렇다면 이 두 구절이 보여 주는 것처럼 4~5장은 그리스도의 재림을 대비하여 어떻게 거룩하고 흠 없이 준비될 수 있느냐의 문제를 다루고 있다는 것을 짐작할 수 있을 것이다.

2. 하나님의 뜻은 우리의 거룩이다(4:1~8)

이 단락에서 바울은 그리스도인들의 거룩한 삶에 대하여 매우 구체적이고 단호하게 언급하고 있다. 구체적이라 함은 거룩한 삶을 부부간의 성(性)생활과 관련하여 제시하고 있다는 것이고 단호하다고 함은 이러한 명령을 주신 분이 바울이 아니라 하나님 자신이므로 그 명령에 대한 불순종의 대가는 피할 수 없는 것이라는 사실이다.

1) 서론(1~2절)

1~2절은 1~8절에서 하나의 서론적인 기능을 하고 있다. 여기에서 바울은 데살로니가 교인들을 권면함에 있어 그들을 격려하는 것을 잊지 않았다. "곧 너희 행하는 바라 더욱 많이 힘쓰라." 그러나 이 문구가 격려적인 차원도 있지만 그러나 조금의 방심도 허용하지 않는 높은 차원의 순종적인 삶을 살 것을 요구하는 부담스런 권면이기도 하다.

2) 본론(3~6절)

이 구절들에서 바울은 자신이 데살로니가 교인들을 향하여 권면하고자 하는 내용을 드러낸다. 그것은 바로 그들의 거룩한 삶이다. 바울은 이러한 거룩한 삶이 하나님의 뜻이라고 전제한다. 그리고 나서 거룩한 삶이란 무엇인가를 3절 후반부터 6절까지 구체적으로 설명하고 있다. 원문에 의하면 거룩한 삶을 설명하는 데 세 개의 부정사구가 사용되고 있다. 1)음란으로부터 그들 자신을 멀리하는 것(3b), 2)각각 자신의 아내를 거룩함과 존귀함으로 취할 줄을 아는 것(4절), 3)형제를 해롭게 하고 속이지 않는 것(6절, 이 번역은 우리말 성경에 "분수를 넘어서 형제를 해롭게 하지 말라"에 대한 원문에 충실한 해석이다). 이 세 가지는 '그리고'라는 접속사가 사용되지 않은 채 연결되고 있는 것으로 보아서 서로 분리된 것이 아니라 밀접하게 연결되어 있어 거룩한 삶을 설명하는 데 있어서 서로를 좀 더 보충적으로 설명해주는 것으로 보아야 할 것이다. 그렇다면 거룩한 삶이란 바로 음란으로부터 자신들을 멀리하는 것이며, 음란으로부터 자신들을 멀리하는 것은 바로 자신의 아내를 거룩함과 존귀함으로 취하는 방법을 아는 것이며 따라서 그의 형제를 해롭게 하고 속이지 않는 것이다.

두 번째 부정사구에 주어지는 보충 설명에 주목할 필요가 있다. 이 경우에 거룩함과 존귀함은 색욕(이를 좀 더 정확하게 번역하면, 충동적인 정욕이라고 할 수 있다)과 대조를 이룬다(5절). 다시 말해서 아내를 충동적인 정욕으로 대할 때 우리의 거룩함은 상처를 받는다. 반대로 거룩함과 존귀함으로 대할 때 우리의 거룩함은 증폭된다. 아내를 충동적인 정욕으로 대하는 것은 하나님을 모르는 이방인들이 하는 행동이다. 그렇다면 아내를 거룩함과 존귀함으로 대하는 것은 무엇이며 충동적인 정욕으로 대하는 것은 무엇을 의미하는가? 전자는 아내를 인격체로 대하라는 것이요, 후자는 아내를 단지 성욕을 채우기 위한 대상 즉, 동물적인 본능을 가지고 대하는 것을 의미한다.

여기에서 두 번째와 세 번째 부정사구의 관계에 약간의 의문이 제기될 수 있다. 아내를 충동적인 정욕으로 대하지 않고 존귀와 거룩함으로 대하는 것을 아는 것(4~5절)과 형제를 해롭게 하고 속이지 않는 것(6절)과 어떠한 관계가 있는 것일까? 이 말은 결국 아내를 충동적인 정욕으로 대하면 형제를 해롭게 하고 속이는 행위를 낳는다는 것을 의미한다. 좀 더 구체적으로 말하면 아내에 대한 충동적인 성행위는 결국 다른 형제의 아내까지 탐하게 되고 따라서 형제를 해롭게 하고 속이는 일까지 가능하다는 것이다. 여기에 충동적인 정욕을 피해야 하는 이유가 있는 것이다. 그것은 언제나 가정을 깨트릴 수 있는 악한 요소를 가지고 있다. 하나님은 이러한 자들을 심판(신원)하신다(6b).

3) 결론(7~8절)

바울은 하나님이 우리를 부르신 목적을 환기시킴으로써 이 짧은 권면을 마무리한다. 하나님께서 우리를 부르심은 부정함에로 부르신 것이 아니라 거룩함으로 우리를 부르신 것이다. 그러므로 이러한 거룩에로 부르심을 거절하고 부정함에 동참하는 자는, 사람을 거절하는 것이 아니라 거룩케 하기 위해 허락하신 성령을 주신 하나님을 거절하는 것이다. 그러므로 이러한 자에 대한 심판은 자명하다.

적용: 거룩이란 단어가 우리에게 잊혀진 단어는 아닌지 돌아보자. 우리들의 거룩이 하나님의 뜻이라면 이 단순하고 자명한 하나님의 뜻을 따르기를 왜 주저하겠는가? 거룩에 대한 열정을 회복하자. 이 본문은 특히 기혼자들에게 부부간의 성생활에 대한 성경적 자세를 분명하게 제시하고 있다. 그것은 충동적 정욕이 아닌 존귀와 거룩함으로 하라는 것이다. 이것이 하나님의 뜻으로서의 거룩함에 이르는 것이요 하나님의 심판을 면하는 길이다. 오늘날 그리스도인들은 이러한 자세를 견지하는 것이 매우 힘들어지는 경향이 있다. 왜냐하면 사면에서 충동적인 정욕을 분출시키도록 도전해 오고 있기 때문이다. 그러나 이럴 때일수록 부부간의 관계에서 존귀와 거룩함으로 지켜나가기 위한 노력과 훈련이 더욱 절실하다.

3. 형제 사랑에 관하여(4:9~12)

이 본문은 형제 사랑에 대해 무엇이라고 말하는가? 10절에서 '권하노니'라는 주동사에 '더 많이 하고', '종용하여', '자기 일을 하고', 그리고 '너희 손으로 일하기를 힘쓰라' 는 부정사구가 목적어로서 연결되고 있다. 이것을 도표로 표시하면 다음과 같다.

> 권하노니
> > 더 많이 하기를 그리고
> > 종용하기를 그리고
> > 자기 일을 하기를 그리고
> > 너희 손으로 일하기를 힘쓰기를

위에서 네 가지 요소는 형제 사랑을 실천하기 위한 항목들이다. 바울은 데살로니가 교인들이 이미 형제 사랑에 동참하고 있다는 것을 지적하기를 잊지 않는다. 그러나 그는 그들로 하여금 더 많이 할 것을 권하고 있다. 그리고 종용하기를 권하는데 이것은 조용한 삶을 살기를 힘쓰라는 의미이다. 분주하고 요란한 생활은 다른 사람을 방해하고 거스르게 되므로 형제를 사랑하는 행위라 할 수 없다. 이는 세 번째와 네 번째 요소와 밀접한 관계를 가진다. 열심히 일함으로써 자기의 생활은 자기가 책임을 지는 것이 바로 형제를 사랑하는 행위라고 이 본문은 밝히고 있다.

적용: 우리는 형제 사랑을 다른 사람에게 베푸는 측면으로만 생각해 왔다. 그러나 게으른 생활이나 지혜롭지 못한 판단으로(무모한 사업 확장이나 주식 투자와 같은) 다른 사람들에게 피해를 주지 않는 것도 역시 형제 사랑의 중요한 요소라는 것을 이 본문은 말한다. 한 가지 중요한 것은 데살로니가 교인들의 형제 사랑의 삶은 바로 하나님의 가르치심을 받아 가능했다는 것이다(9절). 형제 사랑은 우리의 노력도 필요하지만 무엇보다도 먼저 하나님의 가

르치심을 받을 때 가능하다는 것을 잊지 말아야 할 것이다.

4. 잠자는 자들에 관하여(4:13~18)

잠자는 자들이란 물론 성도들의 죽음을 설명하고 있는 것이다. 이 본문은 잠자는 자들에 관한 문제로 시작을 하지만 궁극적으로는 예수님의 재림 때에 죽은 자와 살아 있는 자 모두를 포함한 하나님의 백성들에게 어떠한 일이 일어날 것인가를 논하고 있다. 이러한 문제의 중요성은 데살로니가 성도들이 죽은 자들에 대한 염려 때문이다. 그러나 그러한 염려는 소망을 갖지 않은 자들이 하는 것들에 불과하다(13절).

바울은 잠자는 자들의 문제에 대해 그들은 예수님의 재림 때에 부활해서 산자들과 함께 예수님을 영접하게 될 것이라고 답변하고 있다. 예수님께서 재림하실 때 죽은 자들의 모습을 설명함에 바울은 예수님의 죽으심과 부활을 그 근거로 삼는다. 다시 말해서 예수께서 죽으셨다가 부활하셨다면 그리고 그것을 믿는다면 이와 같이 하나님께서 그(앞의 예수님을 지칭하는 정관사) 그리스도를 통하여(우리말은 '안에서'로 번역하고 있다; 그러나 '통하여'라고 하는 것이 더 정확한 번역이다 [NRSV 참조]) 하나님께서는 예수님과 함께 그 잠자는 자들을 데리고 올 것이다. 여기에서 바울은 주안에서 죽은 자들을 예수님의 재림 때까지 잠자는 것으로 묘사하고 있다. 이는 그들의 육체가 이 땅에 묻혀 있는 것에 빗대어 표현한 것이다.

15~17절에서는 이러한 상황을 좀 더 자세히 설명한다. 주님 되시는 예수님께서 하늘로부터 땅으로 내려오실 때(분명히 원문에 내려오신다는 단어를 사용하고 있다; 내려오신다고 할 때 그것은 하늘로부터 땅으로 내려오심을 말한다), 호령과 천사장의 소리와 하나님의 나팔소리가 들릴 것이라고 한다(16절). 이 세 가지 표현은 하나님의 현현을 나타내는 묵시적 표현들이다(참조 유 14; 에녹 1서 1:9; 출 19:16; 사 27:13; 렘 2:1; 슥 9:14). 그리스도의 오심은 곧 하나님의 오심이다.

이 때 죽은 자들이 먼저 일어나고 그 죽음에서 부활한 자들과 살아남아 있던 자들은 함께 구름에 의해서 주님을 만나기 위해 공중으로 끌려 올라가게 된다(17절). 여기에서 이미 죽은 자들과 살아남은 자들은 두개의 무리가 아니라 구별 없이 동일하게 하나님의 백성으로서 하나의 무리가 되어버린다. 그들은 함께 구름에 의해 공중으로 끌어올림을 받는다. 여기에서 목적지는 구름이 아니라 땅과 하늘 사이인 공중이다. 구름은 하나님의 백성을 공중으로 옮겨주는 하나의 상징적 운송수단인 것이다(참조 단 7:13; 막 13:26; 14:62; 계 1:7). 그들이 공중으로 끌어올림을 받는 것은 바로 그리스도를 만나기 위해서다. 그리고 결국에는 그리스도께서 그의 모든 성도와 함께 이 땅에 재림하시기 위한 것이다(3:13). 그리하여 우리가 항상 주와 함께 있으리라(17절). 어디에서 항상 함께 있을 것이란 말인가? 하늘에서 아니면 땅에서? 본문을 보면 예수님께서 하늘로부터 강림하신다고 묘사하고 있다. 이는 하늘에서 땅으로 임하시는 것에 대한 표현으로, 새 하늘과 새 땅의 주인으로서 존재하는 새 예루살렘인 교회와 이 땅에서 영원히 성전으로서 함께 하시는 어린양 예수님과 하나님을 묘사하는 요한 계시록 21~22장의 말씀과 병행을 이루고 있다. 17절은 앞의 내용을 계속적으로 설명해 주고 있는 것으로 보기는 어렵다. 다시 말해서 공중에서 함께 있을 것이라는 의미로는 받아들이기 힘들며 결국 그리스도께서 강림하신 후 이 땅에서 항상 함께 있을 것이라는 의미로 받아들여야 할 것이다. 그렇다면 우리는 이 본문들을 소위 휴거설에 대한 근거로서 사용할 수 없음을 알 수 있다.

이 본문에서 성도들이 공중으로 끌어올림을 받는 것은 그리스도를 영접하기 위한 일시적 현상일 뿐이지 공중으로 끌어올림을 받은 후 어느 일정 기간 동안 공중에 존재한다는 것을 본문은 말하고 있지 않다. 3:13에서 밝히고 있듯이 죽은 자와 살아남은 자를 포함한 모든 성도들은 하늘에서 예수님을 영접하여 예수님과 함께 이 땅에 강림하게 될 것이다(참조 골 3:1~4).

적용: 본문은 스스로 적용을 제시한다. 그것은 서로 위로하라는 것이다(18절). 그리스도의 재림은 어느 한 개인이 아닌 그리스도를 만나기 사모하는 그리스도인들 모두의 기쁨이기 때문이다. 그리고 지금 죽은 자들도 그

때 부활의 기쁨을 맛 볼 수 있기 때문이다. 그리고 그리스도가 우리와 항상 함께하시게 될 것이기 때문이다. 그리고 그리스도의 영원한 동거하심은 모든 문제의 해결을 가져 올 것이기 때문이다.

5. 재림의 때와 시기에 관하여(5:1~23)

이 단락은 두 부분으로 나누어질 수 있다. 1~11절과 12~28절. 전자는 재림을 준비하는 성도의 삶에 대한 총론이라 한다면 후자는 각론이라 할 수 있다.

1) 1~10절

그리스도의 재림의 날이 도적같이 임할 것이라는 사실을 강조한다. 사실 재림의 때와 시기를 논하는 것은 무의미하다. 왜냐하면 그 날은 도적같이 임하게 될 것이기 때문이다(1절). 누구에게 그 날은 도적과 같이 임하는가? 그것은 어둠에 속한 자들에게 그러하며 평안하다, 안전하다고 말하면서 안일한 삶을 사는 자들에게 그러하다(3절).

이러한 사실은 하나님의 자녀들로 하여금 깨어서 준비하고 있을 것을 요구한다. 그러나 하나님의 자녀들은 어둠에 속하여 있지 아니하고 빛에 속해 있으므로 그 날이 도적같이 임하지 않는다(4절). 그러나 이러한 사실로 인하여 하나님의 자녀들이 게으르고 나태한 삶을 살아서는 안 될 것이다. 이것 또한 하나님의 자녀들이 그 때와 시기를 논하는 것을 무의미하게 만든다. 5~8절에서 이러한 권면을 좀 더 자세하게 나열한다. 우리 모두는 본질적으로 밤이나 어둠에 속한 자들이 아니고 낮 혹은 빛에 속한 자들이므로 잠자지 아니하고 깨어서 근신해 있어야 하는 존재들이다.

우리가 깨어 있다는 것은 무엇을 의미하는가? 8절에서 그것은 믿음과 사랑의 흉배와 구원의 소망의 투구를 입는 것이다. 9절은 '왜냐하면'으로 시작한다. 이는 9~10절이 앞의 문장에 대한 이유를 제공하고 있다는 것을 알 수 있다. 우리가 낮에 속하여 있어 깨어 있어야 하는 것은 바로 하나님께서 우리를 노하심을 위해 세우신 것이 아니라 구원을 얻게 하시기 위함이기 때문이다. 다시 말해서 우리의 경성함은 하나님의 목적을 이루어 드리는 행위인 것이다. 그러므로 서로를 격려하고 서로를 세워 주는 것이 필요하다.

2) 12~23절

여기에서 재림을 기다리는 성도의 삶이 어떠해야 하는 것을 좀 더 폭 넓게 말하고 있다. 이는 이 단락의 마지막 부분인 23절의 말씀을 통해서 더욱 확증된다. 그러므로 이 단락에 나오는 여러 가지 권면들을 단순한 윤리적 측면으로만 생각해서는 안되며 그리스도인들의 종말론적 삶의 내용을 제시하고 있다고 보아야 할 것이다. 그것은 권위에 대한 인식(12절)과 존귀히 여김(13절), 서로 화목함(13절), 균형있는 인간관계(14절) 그리고 선을 쫓는 인간관계(15절)를 포함한다. 16절부터는 좀 더 개인적 차원에서의 삶을 제시한다. 그것은 항상 기뻐함(16절)과 쉬지 말고 기도함(17절)과 범사에 감사함(18절)과 성령을 소멸치 아니함(19절)과 예언을 멸시치 아니함(20절)등을 포함하고 있다. 여기에서 앞의 세 가지는 그것들을 하나님의 뜻이라고 규정함으로써 매우 강조되고 있음을 알 수 있다.

적용: 위 본문에서 그리스도의 재림이 아주 중요함에도 불구하고 재림의 때와 시기에 너무 얽매어 있지 말아야 한다는 것을 보여 준다. 도리어 그리스도의 재림을 대비하여 우리가 어떻게 하면 거룩한 모습을 갖추어 나가야 할 것인가에 더욱 관심을 기울여야 할 것을 말한다. 그렇다면 언제 주님께서 재림할 것인가가 아니라 어떻게 주님을 맞이할 것인가가 매우 중요하다는 것을 본문은 말한다. 주님을 맞이하는 준비를 차곡차곡 해 나아가는 자들에게는 주님의 오심이 갑작스러운 것이 될 수 없고 따라서 두려울 것이 없다. 그렇다면 주님을 준비한다는 것은 무엇인가? 그것은 모든 인간관계에 성실한 것이고 개인적 신앙생활에 충실한 것이다. 절대로 주님의 재림을 대비하는 것이 일상 생활을 접어두고 산 속으로 들어가는 것이 아님을 기억

해야 할 것이다. 어떤 자는 맷돌을 갈다가 주님을 맞을 수도 있고 밭을 갈다가 주님을 맞을 수도 있다(마 24:40~41). 내가 주님을 맞을 삶의 현장은 무엇인가?

6. 맺음말(5:24~28)

바울은 신실하신 하나님을 드러내면서 그의 일행을 위한 기도를 부탁하며 그의 편지가 모든 형제들에게 읽혀지기를 바라면서 인사말을 끝으로 그의 편지를 맺는다.

04
그리스도의 재림을 기다리는 신자의 자세

데살로니가후서 1~3장 주해와 적용

들어가는 말

데살로니가후서는 바울이 유대인들에 의해 데살로니가로부터 쫓겨난 다음 보낸 두 번째 편지다. 동일한 대상을 향해 두 번째 편지를 보낼 때에는 다음과 같은 이유들이 있을 것이다. (1) 처음 편지에서 미처 전하지 못한 내용이 있었거나, (2) 처음 편지에서 언급된 내용이더라도 재삼 강조할 필요가 있다고 판단될 때 혹은 (3) 새로운 상황이나 새로운 문제가 대두되어 영적인 지침을 전할 필요가 생겼을 때 등이다. 이미 현장을 떠난 상황이고 새로운 사역을 진행하고 있던 입장에서 데살로니가교회의 일들에 세밀한 관심을 가지고 편지를 보내는 목회자 바울 사도의 모습을 읽을 수 있다.

바울은 탁월한 신학자요 선교사였지만 그에 앞서 그는 목회자였다. 바울이 데살로니가에 처음 도착했던 시점과 데살로니가전서를 쓰던 시점 사이는 대략 8개월 정도의 기간이 있다. 그 사이에 바울은 이방인의 도시 데살로니가에 교회를 세웠고, 이방인들을 가르치고 회심시켜 성도로 만들었으며, 모함과 박해를 받아 데살로니가를 떠나야 했다. 그 짧은 기간에 목회한 교회였지만, 데살로니가교회 성도들의 영적 수준은 상당한 경지에 있었음을 알 수 있다. 바울 사도가 보낸 편지의 수준이 수신자들인 데살로니가교회 성도들의 수준을 말해주기 때문이다. 어린 아이에게는 어린 아이의 수준에 맞는 내용으로 편지를 보낼 것이다.

바울이 전한 복음은 이방인들의 인생을 뒤바꾸어 놓았다. 바울은 데살로니가에 있던 기간 동안 이방인들을 앉혀 놓고 구약에 대해, 계시에 대해, 하늘에 대해 그리고 예수 그리스도의 죽음, 부활, 재림 및 심판에 대해 체계적으로 가르침을 주었을 것이다. 요즘 식으로 말하면, 신론, 기독론, 성령론, 교회론, 구원론, 종말론, 기독교 윤리 등 종합적인 가르침을 베풀었을 것이다. 데살로니가후서를 읽으면(다른 서신들에서와 마찬가지로) 기독론이 두드러지게 언급되고 있으며, 상황적으로는 종말론과 현실 윤리적 삶에 대한 가르침이 중심 주제로 등장한다. 여기서 우리는 하나님 이해, 기독론 혹은 종말론으로 나누기 보다는 본문의 흐름을 따라 바울의 가르침을 살펴보기로 한다.

데살로니가후서의 구조

A. 서두(1:1~12)
  인사(1:1~2)
  감사(1:3~4)
  격려(1:5~10)
  간구(1:11~12)
B. 본문(2:1~3:15)
  그리스도의 재림에 대한 잘못 경고(2:1~12)
  견고한 믿음(2:13~17)
  기도 부탁(3:1~5)
  게으름에 대한 경고(3:6~15)
C. 마지막 인사(3:16~18)

본문 주해 및 적용

1. 서두(1:1~12)

1) 인사(1:1~2)

데살로니가전서에서와 마찬가지로 사도 바울은 실루아노와 디모데와 더불어 데살로니가에 있는 교회와 성도들에게 두 번째 편지를 보내고 있다. 실루아노와 디모데는 바울의 귀한 동역자들이었다. 바울은 자신의 신분이 예수 그리스도의 종임을 분명히 인식하고 있었다. 예수 그리스도의 종들 사이에 서열이 있을 수 없다. 다만 받은 사역의 내용에 차이가 있을 뿐이다. 바울과 실루아노와 디모데가 형제적인 사랑으로 연합되어 있음은 그들의 이름이 동격 접속사 '그리고(and)'로 연결되어 있음을 통해 엿볼 수 있다. 실루아노와 디모데는 바울과 더불어 기쁨과 고난을 함께 나눈 사역자들이었다. 실루아노는 바울과 함께 옥에 갇히기도 했고 기적을 체험하기도 했다(행 16:19~30). 디모데는 바울의 제자요 믿음의 아들(딤전 1:2)이었다. 바울은 빌립보 교회에 보내는 편지에서 디모데에 대해 말하기를, "이는 뜻을 같이 하여 너희 사정을 진실히 생각할 자가 이 밖에 내게 없음이라. 저희가 다 자기 일을 구하고 그리스도 예수의 일을 구하지 아니하되, 디모데의 연단을 너희가 아나니 자식이 아비에게 함같이 나와 함께 복음을 위하여 수고하였느니라"(빌 2:20~22)고 하였다. 이 글을 보면, 디모데는 교회를 생각하는 마음이 특별하였고, 그리스도 예수의 일을 구하는 진실한 일군이었으며, 연단도 알았고 복음을 위한 수고가 있던 사람이었다. 거의 모든 사역자들이 사역자 행세를 하면서도 예수의 일을 구하지 않고 자기의 유익을 찾아 혈안이 되어 있는 어두운 시대에 드물게 예수의 일을 구하는 사역자였다. 바울, 실루아노 그리고 디모데 세 사람 모두 예수 그리스도의 복음을 위해 온전히 헌신한 사람들이었는데, 그들이 연합하여 복음의 사역을 감당하는 모습은 참으로 귀하게 보인다.

데살로니가교회는 하나님과 예수 그리스도 안에 있음을 말한다(1절). 사역자인 바울 사도의 기본적인 영적 관점이 이것이다. 일체의 존재들이 모두 하나님과 예수 그리스도 안에 있지만, 특별히 하나님의 백성 혹은 하나님의 자녀들이야말로 하나님 안에 그리고 예수 그리스도 안에 있다. 이렇게 하나님 안에 또는 예수 그리스도 안에 있다는 말은 신학적인 관점이기에 앞서 바울이 현실을 인식하는 각도를 알게 한다. 바울은 다메섹 도상에서 예수님을 만난 이후에 자신의 삶과 일체의 움직임들이 하나님 손안에서 움직이는 것이고 예수 그리스도의 면전을 벗어나지 못하는 것임을 깨달았다. 그와 더불어 성도들의 삶이 하나님 앞에 벌거벗은 것처럼 드러나 있음을 정확히 깨달았다. 바울에게 있어 데살로니가교회가 하나님과 예수님 안에 있다는 말은 그저 상투적이고 의례적인 인사말이 아니다.

데살로니가교회가 하나님과 예수님 안에 있다는 말의 의미를 좀 더 실감 있게 느끼기 위해 우리는 바울이 이 편지를 쓸 때 하나님과 예수님이 어떤 존재였는지 생각해 볼 필요가 있다. 바울이 이 편지를 쓰고 있던 그 순간에 하나님과 예수님은 어떤 존재이셨는가? 하나님과 예수님은 영으로 존재하셨다. 요한복음에 "하나님은 영이시니 예배하는 자가 신령과 진정으로 예배할지니라"고 했다(요 4:24). 바울이 예수를 만났을 때, 예수는 이미 이 땅에 육신으로 존재하던 분이 아니었다. 예수님 역시 부활, 승천하셔서 원래의 모습으로 복귀하신 다음에 바울에게 나타나셨던 것이다. 그런데 데살로니가교회는 이 땅의 현실이었다. 이 땅에 존재하고 있는 데살로니가교회와 성도들이 영으로 계신 하나님과 영으로 계신 예수님 안에 있음을 말하는 것이다. 하늘의 영적 현실이 이 땅의 현실에 들어와 있음을 바울은 보면서 살았다. 하나님의 일을 하는 사역자들은 이렇게 영의 세계와 현실 세계를 동시에 볼 수 있어야 한다. 그래서 이 땅에 살고 있는 성도들에게 우리의 삶이 하나님과 예수 그리스도 안에 있음을 알려줄 수 있어야 한다.

그리스도 예수를 믿는 성도들인 우리는 이 땅에 살고 있지만 사실은 하나님과 예수 그리스도 안에서 살고 있음을 깨달아야 한다. 하나님과 예수 그리스도 안에 있다는 말은 하나님과 예수께서 우리의 일거수일투족을 모두 감찰하시고 계신다는 말이고, 우리의 환란과 역경을 다 지켜보시고 계신다는 말이다. 이러한 사실을 알고 믿고 깨닫고 사는 것이 은혜요, 복이다.

하나님과 예수 그리스도로부터 내려오는 은혜와 평강도 인사치례로 하는 말이 아니다(2절). 편지 격식이 그렇게 되어 있어서 상투적으로 하는 말이 아니다. 하늘로부터 내려오는 은혜와 평강, 영의 세계로부터 내려오는 은혜와 평강, 절대 세계로부터 내려오는 은혜와 평강은 이 땅을 사는 성도들을 강하게 만들고 삶에 힘을 준다. 우리가 이 땅에서 얻고 경험할 수 있는 세상적인 은혜와 평강도 있을 수 있다. 그러나 성도들에게는 하늘의 은혜와 평강을 맛보는 일이 비길 데 없이 귀한 것이며 또한 절실히 필요한 것이기도 한다.

우리는 편지의 서두에서부터 하나님과 예수님이 동격으로 언급되고 있음을 본다. 1절과 2절에 두 번 반복되어 하나님과 예수님이 나란히 언급되었다. 예수 그리스도를 따르던 무리들을 잡아 죽이려고 혈안이 되어 있던 바울의 입장에서 이것은 상상도 할 수 없는 일이었을 것이다. 그랬던 바울이 다메섹 도상에서 그리스도를 만난 다음 이렇게 바뀐 것이다. 예수 그리스도가 성도들의 믿음과 구원, 인류 역사의 핵심이라는 사실을 깨달았다. 이제까지 감추어졌던 하늘의 비밀이 다름 아닌 예수 그리스도였음을 알게 된 것이다. 바울은 1절에서 하나님을 우리 아버지로 부르고 있는데, 이것도 예수께서 가르치신 것이다. 예수님을 주로 부르고 있다. 빌립보서 2:6~11에 보면, 이것은 하나님의 이름이다. 데살로니가후서에서 바울은 22번이나 예수를 주로 언급했다. 바울 서신이 모두 그렇듯이 예수 그리스도에 대한 올바른 믿음이 데살로니가후서의 중심 주제이다. 바울에게도, 데살로니가 성도에게도 그리고 우리에게도 예수 그리스도가 누구이신지 깨닫는 것이 영생의 필수 조건이다. 기독교는 간단히 말하면 예수를 믿는 것이다. 따라서 예수가 누구이신지 알면 기독교 복음의 핵심을 깨달은 것이고, 도를 깨우친 것이다.

2) 감사(1:3~4)

바울은 데살로니가교회 성도들을 형제들로 부르고 있다(3절). 이것은 오늘날 아무에게나 형제 혹은 자매로 부르는 것과 다르다. 바울은 모든 성도들이 하나님을 아버지로 부르는 한 식구라는 차원에서 형제 자매들이라고 부르는 것이다. 호칭으로만 아니라, 실제로 친형제 요 친자매로 생각하고 부른 것이다. 하나님을 아버지로 부르는 우리는 모두가 형제라는 의식을 가지고 살아야 한다.

바울은 데살로니가교회 성도들을 인하여 하나님께 감사한다. 데살로니가 성도들에게 감사하는 것이 아니다. 어렵고 힘든 상황에서도 믿음을 버리지 않고 사랑을 실천했던 데살로니가 성도들에게 감사하지 않고, 하나님께 감사했다. 바울은 데살로니가교회가 믿음과 사랑의 모습을 가지게 된 것은 자신이 잘 가르쳐서도 아니고, 데살로니가교회 성도들이 똑똑하고 잘났기 때문도 아님을 알고 있었다. 그것은 전적으로 하나님께서 하신 일이었음을 알고 있다. 데살로니가교회는 바울의 선교 사역의 결과였다. 그렇기 때문에 그는 데살로니가교회의 아름다운 열매에 대해 자부심을 가질 수 있는 입장에 있었다. 그러나 그는 그 모든 일이 하나님의 하신 일임을 고백하는 것이다. 생명의 위협을 당하면서까지 교회를 위해 헌신하였지만, 자신이 이룬 일이 아니라 하나님께서 하신 일임을 고백하는 것이다. 우리 주변에는 자신이 교회를 세워 성장시켜 놓고, 그것이 마치 자기의 기업인 양 생각하는 목회자들이 있음을 목격한다. 하나님께서 하신 일임에도 불구하고 자신의 땀과 노력의 산물인 것으로 교회의 소유권을 주장하고 행사하려는 목회자들의 초라한 모습을 본다. 사도 바울의 모습과는 너무나 대조적인 모습이 아닐 수 없다.

바울은 믿음이 자라고 사랑이 풍성함을 감사한다. 교회의 출석 인원이 증가하고 교회가 외적으로 부흥한 것을 감사하고 있지 않다. 수적인 성장이 아니라, 성도들 한 사람 한 사람의 내면적인 성장 및 질적인 성장에 대해 감사하고 있다. 또한 외형적으로 드러나는 성도들 간의 사랑이 풍성함을 인해 감사하고 있다. 상식적인 관찰이지만 바울은 교회에 가장 본질적으로 중요한 요소들이 무엇인지 지적한다. 그것은 다름 아닌 믿음과 사랑이다. 믿음은 하나님과의 수직적인 관계고, 사랑은 성도들간의 수평적인 관계다. 믿음이 자라고 사랑이 풍성해짐은 데살로니가교회가 올바른 방향으로 가고 있다는 증거다. 믿음과 사랑이 있음은 데살로니가교회 성도들이 진정한 예수의 제자들로 성장하고 있음을 말해 준다. 성도들이 서로 사랑하는 모습이 진정한 기독교 공동체의 모습이다. 교회에 출석하는 인원이 많고 적음이 문제가 아니다. 교회를 출석하는 사람의 수가 많더라도, 서로가 상처를 주고 상처를 받는 험악한 모습을 하고 있다면 그것은 이미 교회가 아니다. 교회의 이름을 달고 있다 할지라도 그런 교회는 썩은 냄새를 풍기는 세상적인 조직체로 전락하게 된다. 목회자의 입장에서 성도 한 사람 한 사람의 믿음이 자라고 있는지에 관심이 가기보다는 교회의 성도들의 숫자가 증가하는 것에 관심이 먼저 간다고 한다면, 그것은 목회자가 하나님의 일군이 아닌 삯군 목사로 변질되고 있다는 증거가 된다. 우리의 목회 환경이 그렇게 만든다거나 전체적인 분위기가 그렇게 돌아가고 있다고 핑계할 일이 아니다. 성도들의 믿음 성장과 사랑의 풍성함에 목회자의 관심이 쏟아질 때, 한국 교회는 소망을 회복할 수 있다.

데살로니가교회에는 환란과 핍박이 있었다(4절). 데살로니가는 이방인의 도시였고, 데살로니가교회 성도들은 이방 종교에서 개종한 사람들이었다. 그들이 예수 그리스도를 영접한 것도 몇 개월 되지 않은 상황이었다. 환란과 핍박이 어떤 종류였는지 알 수는 없다. 바울을 데살로니가로부터 쫓아낸 유대인들로부터 온 핍박일 수도 있다. 낯선 종교로 개종한 것에 대한 사회적인 따돌림과 핍박이었을 수도 있다. 어쨌든 초신자들이었던 데살로니가교회 성도들로서는 환란과 핍박이 올 때 기독교 신앙을 포기할까 하는 생각이 들었을 수 있다. 그러나 그들은 신앙을 지켰다. 오히려 인내하고 믿었다. 인내했다는 것은 참고 견뎠다는 말이다. 데살로니가교회 성도들이 복음에 대한 깨달음이 없었다면 그러한 인내를 가질 수 없었을 것이다. 복음에 대한 깨달음이 있었고 확신이 있었기에 인내하고 믿음을 지킬 수 있었을 것이다. 믿음과 인내는 동전의 양면과 같이 함께 존재한다. 믿음은 있는데 인내 즉 오래 참음이 없다면 그것은 믿음이 없다는 증거가 된다. 막말로 믿는 구석이 있어야 어려움을 견디고 버틸 수 있다. 여기에서 우리는 바울이 데살로니가에 머물던 기간 동안 복음의 진수를 정확하게 가르쳤고 능력 있게 가르쳤음을 간접적으로나마 확인하게 된다. 올바른 가르침이 얼마나 큰 위력을 발휘할 수 있는지를 엿보게 한다. 데살로니가의 이방인들이 가치관, 인생관, 세계관이 달라진 것이다. 이방인들이 성도들로 변화되었다. 성도들의 영적 감화와 변화는 목회자들의 가르침, 사역자들의 영적 수준에 달려 있다.

바울의 목회는 성공한 목회이다. 양적인 부흥이 있어 그런 것이 아니다. 환란과 핍박이 와도 인내하고 믿음을 지키는 성도들을 키운 것이야말로 진정으로 성공한 목회가 아닐 수 없다. 교회에 조금만 어려움이 생겨도 성도들끼리 치고 박고 싸움질이나 한다면, 약간의 연단과 시련이 와도 성도들이 교회를 등지는 일이 생긴다면, 서로 손해 보지 않고 자기 몫을 챙기려고 발톱을 세우게 된다면, 그런 목회는 실패한 목회이다. 목회의 성공과 실패를 판가름하는 기준을 바꿔야 한다. 천 명 이상 출석하는 교회로 성장시켜야 성공한 목회라고 생각하는 풍조가 우리에게 있다면, 한국 교회의 영적 수준은 바닥에 있다고 보아야 한다. 이 시대는 무엇인가 보여주는 목회를 해야 한다는 말을 종종 듣는다. 그러나 그것이 믿음과 사랑, 연단과 인내를 보여주는 것이 아니라, 교회의 덩치를 크게 하는 것이라고 한다면 한국 교회의 앞날은 어두울 수밖에 없다.

바울은 데살로니가교회의 인내와 믿음을 다른 교회들에게 자랑한다고 했다. 바울은 자랑에 대해 종종 말한다. 그러나 바울에게 있어 자랑은 그리스도 예수뿐이었다. 하나님의 면전에서는 하나님께서 인간을 통해 또는 인간을 위해 행하신 일 이외에 자랑할 것이 없다고 누구이 말했다. 자기를 자랑할 때에는 자기의 약함을 자랑했다. 그것은 하나님의 능력이 드러나게 하기 위해서였다. 여기에서도 바울은 자기 사역의 결과를 자랑한 것이 아니다. 하나님께서 행하신 일을 자랑한다.

하나님의 여러 교회들에게 자랑했다. 이것은 교회 간에 경쟁심을 부추기기 위한 것이 아니다. 교회는 경쟁의 대상이 아니다. 데살로니가교회가 기독교 신앙의 본질을 지키고 환란과 핍박을 견디고 있다고 하는 자랑은 다른 공동체들에게 힘과 용기를 주고 격려가 된다. 남을 세워 주고 남에게 용기를 주고 안위를 주는 그런 자랑이다. 진정한 기독교 공동체는 자랑하는 것에도 수준과 차원이 다르다. 교회 건물의 크기를 비교하고, 재적인원 및 출석인원을 비교하고, 헌금의 수준을 비교하고, 매년 예산을 비교하면서 그것을 자랑스럽게 생각하거나 주눅이 드는 한국 교회 목회자들과 얼마나 다른 모습인가. 우리 주변에도 데살로니가교회처럼 고난을 자랑하고 믿음을 자랑하고 사랑을 자랑할 수 있는 교회들이 많이 있었으면 얼마나 좋겠는가. 아니면 그런 것을 자랑해도 분위기가 깨진다거나 어색해지지 않는 목회 환경이었으면 얼마나 좋겠는가.

바울은 하나님의 여러 교회라고 말하고 있다. 교회의 주인은 하나님이시다. 당시 소아시아의 교회들은 대부분이 바울과 그의 동역자들의 땀과 눈물의 사역을 통해 세워진 교회들이었다. 그러나 바울은 그 교회들이 내 교회가 아니라 하나님의 교회임을 깨닫고 있었다. 바울을 사역자로 부르시고 보내신 분이 하나님이요, 교회가 설 수 있게 하신 것도 하나님이요, 그 교회들이 믿음 안에 자라게 하신 것도 하나님이심을 의식하고 있었다. 그것이 나의 노력의 결실이요 나의 소유가 된다는 생각은 추호도 가지지 않았다. 시작과 중간과 나중이 전적으로 하나님의 행하신 일임을 깨닫고 있었다. 영적 지도자들의 기본 자세요, 핵심이 여기에 있다. 인생을 전부 투자해 하나님의 일을 도모했지만, 그 모든 결과들은 하나님의 행하신 일임을 아는 것이다. 여기에서 벗어난 생각을 가진다는 것은 바울과 그의 동역자들의 모습과는 너무도 동떨어진 것이다. 한국 교회에 부자 세습의 폐단을 비판하는 소리들이 올라온다. 바울과 그의 동역자들이 들으면 기가 찰 일이 아닐 수 없을 것이다. 그 어떤 현실적인 요구나 상황적인 불가피함을 들어 정당화를 시키려 해도, 한국 교회 일부 사역자들의 의식이 기독교의 기본 정신에서 거리가 멀어지고 있다는 진단을 내리지 않을 수 없을 것이다. 한국 교회가, 비록 일부분이겠지만, 기독교의 이름으로 반기독교적인 행태를 보이고 있음을 말씀을 거울삼아 반성해야 한다. 교회가 사업체인가? 기독교가 썩어가던 중세 암흑시대에 개혁자들이 일어나서 말씀으로 돌아가야 할 것을 외쳤던 사실은 시사하는 바가 크다. 한국의 지도급 교회 목회자들의 의식과 영적 수준이 그 정도라면 한국 교회는 중세기적 암흑기로 들어가고 있다는 진단을 내릴 수 있다. 내 교회라는 소유 의식이 들어오면 망한다. 하나님의 교회라는 신전의식이 자리 잡아야 한국 교회가 민족 앞에 영적 지도력을 회복할 수 있음을 명심해야 한다.

3) 격려(1:5~10)
(1) 고난은 선택 받은 증거다(1:5)
환란과 핍박이 성도들에게 온다는 사실이 하나님의 공의로운 심판이 시작되었음을 알리는 증거가 된다. 이것이 무슨 말인가? 하나님의 심판이 시작되었다는 말은 하나님께서 우리의 삶에 개입하셨음을 말한다. 지금 여기 우리의 삶에 하나님의 개입이 있다. 그 증거가 환란과 핍박이요 고난이라는 말이다. 하나님의 심판은 쉽게 말해 의로운 자와 불의한 자, 구원 얻을 자와 멸망 받을 자를 나누는 것이다. 고난과 역경과 환란과 핍박은 성도와 성도가 아닌 자들을 구분하는 일종의 시금석이 된다. 고난을 통과하여 믿음과 사랑을 지킨 사람들은 하나님의 나라에 들어간다. 그렇지 못한 자들은 하나님 나라 밖에서 슬퍼 울며 이를 갈게 될 것이다. 성도들의 관점에서는 고난과 환란과 연단은 우리의 믿음을 단련시키고 훈련시키는 방편이 된다. 하나님 나라의 자녀인지 아닌지를 구분하는 척도가 된다. 따라서 고난이 오면 선택받은 사람이라는 증거가 된다. 고난을 통과하는 사람이 하나님 나라에 합당한 사람이라고 인정받게 된다는 말이다. 이것은 언뜻 이해하기 쉽지 않은 가르침이다. 특히 데살로니가교회 성도들처럼 초신자들인 경우에 더욱 그렇다.

성도들의 삶의 궁극적인 지향점은 하나님 나라에 합당한 자로 여김을 받는 것이다. 사람들에게 인정을 받는 것이 아니라, 하나님께서 인정하시는 사람들이 되는 것이다. 사람을 의식하기보다 하나님을 의식하는 영적 감각을 회복해야 한다. 그것이 성도들이 가져야 할 기본 자세다.

(2) 새 시대와 주님의 재림(1:6~8)

성도들이 이 땅을 살면서 낙심을 하게 되는 이유 가운데 하나는 하나님을 믿고 사는 사람들은 고난을 당하는데 하나님을 모르고 불의한 자들이 잘되고 번성하는 것이다. 사실 여기에 기독교 신앙의 비밀이 있는데, 그 깊은 영적 내막은 필자도 다 가늠하지 못한다. 다만 이 땅의 현실이 우리의 최종적인 현실이 아니요, 하늘에 또 다른 현실이 있음을 조금씩 구체적으로 깨닫게 되면서 고난의 의미가 다른 차원에서 이해되는 정도일 뿐이다. 예수께서도 많은 고난과 해를 받은 다음에 영광으로 들어갈 것을 제자들에게 말씀하셨는데, 처음에는 제자들도 그것이 무슨 말인지 이해하지 못했다. 다윗도 시편에서 '내가 악인의 형통함을 보고 오만한 자를 질시하였다'고 말하고 있다(시 73:3). 그러나 다윗은 '주를 멀리하는 자는 결국 망할 것이고 음녀 같이 주를 떠난 자를 주께서 다 멸하실 것'임을 알고 있었다(시 73:27 참조). 시편 1편에서는 이것을 좀 더 분명한 극적 이미지로 설명하고 있다. '악인은 바람에 나는 겨와 같고'(4절), 의인의 회중에 들지 못할 것이고(5절) 또한 여호와께서 인정하시지 않는다'고(6절) 했다. 그와 반대로, '의인은 그 행사가 다 형통할 것이고(3절) 여호와의 인정을 받게 될 것'임을(6절) 확증하고 있다. 이것은 이 땅의 현실에서도 실제화 되어질 것이지만, 최종적으로는 심판의 날에 결정되어진다. 그러므로 "악인이 심판을 견디지 못하며 죄인이 의인의 회중에 들지 못하리로다"(시 1:5). 성도들이 염두에 두는 시점은 마지막 심판이다. 이것은 마지막 심판 이후에 또 다른 현실이 기다리고 있음을 알고 있어야 비로소 실감할 수 있는 말이다. 이 땅의 현실이 인생의 시작이요 마지막이라고 생각하며 사는 사람들에게 하나님의 심판을 아무리 강조해도 그것이 무슨 소리인지 알아듣지 못할 것이다. 오히려 무슨 똥딴지같은 소리 하냐고 반박할지 모른다. 하늘의 현실, 영의 현실 또는 심판 이후의 영원한 현실을 선명하게 볼 수 있는 영적인 감각이 열려 있는 사람들에게는 하나님 나라의 자녀로 산다는 것이 얼마나 중요한지 깨달아 진다. 그 세계가 진짜 영원한 우리의 현실이고 이 땅의 현실은 일시적이고 순간적인 현실임을 깨달아야 고난과 환란 가운데서도 소망과 기쁨을 가질 수 있게 된다.

환란은 다른 사람들로부터 온다(6절). 주위 사람들이 우리를 못살게 만드는 것이다. 유혹과 핍박은 사람들을 통해 오게 된다. 우리가 이 땅을 사는 동안 사람들과 더불어 살아야 하는데, 우리의 믿음을 방해하고 성도로 살아가는 것을 싫어하는 사람들이 있게 마련이다. 그러한 일을 당하면 낙심도 되겠고 화도 나겠고 반격을 할 수도 있겠지만, 그들에 대한 보복은 하나님께서 하실 것임을 말하고 있다. "환란으로 갚으시리라"(6절). 우리를 핍박하고 우리를 조롱하는 사람들에 대한 대가는 하나님께서 담당하신다. 이러한 생각, 이러한 자세는 여간 믿음이 깊은 사람이 아니면 갖기 어려운 자세이다. 지금 당장 속이 상하는 일이 생기면 대부분 직접 한바탕 해대야 직성이 풀린다. 괜히 성자인 척 하다가는 속병만 든다. 우리 주위에도 보면 사람들이 억울한 일을 당했을 때 대부분 즉각적인 반응을 보인다. 신문에 광고도 내고 변명도 내고 해서 어쨌든 자신의 억울함을 풀어보려고 애를 쓴다. 그렇게 하지 않고 가만히 있으면 한국 사회에서 매장이 된다고 생각한다. 혹은 불의가 판을 치고 사람들을 속이는 것을 도저히 눈뜨고 볼 수 없다는 정의감을 가지고 그렇게 할 수도 있다. 어느 현실이나 악화가 양화를 몰아내는 그런 불합리와 부조리가 득세하게 마련이다. 그리고 대부분의 사람들은 희한하게도 그러한 불합리와 부조리에 잘도 속으면서 살아간다. 그러한 사실을 선명하게 알고 있으면서도 이렇게 보복을 하나님께 맡기고, 최종 결산을 하나님께 맡길 수 있는 사람은 그야말로 영적으로 깊은 경지에 들어간 사람이다. 그런 사람은 하나님의 임재, 하나님의 실재를 실감나게 느끼며 사는 사람이다. 사도 바울은 일생 동안 환란과 핍박, 억울함과 모함을 참으로 많이 당하며 살았다. 그러나 그러한 인생을 살면서도 그는 자신이 데살로니가교회 성도들에게 준 권면의 말 그대로 실천하며 살았다. "항상 기뻐하라 쉬지말고 기도하라 범사에 감사하라"(살전 5:16~18). 그러한 바울이었기 때문에 그는 마지막 날에 하나님께서 우리로 하여금 환란 받게 한 자들을 하나님께서 그대로 환란으로 갚으실 것임을 알고 있었다.

성도들에게 환란을 가져다 주고 고난을 안겨준 사람들은 하나님이 환란으로 갚으신다. 그러나 환란을 당한 성도들은 안식으로 갚으실 것이다 (7절). 성도들이 이 땅에서 거치는 과정이 거저나 공짜가 아니라는 말이다. 대가가 있고 상이 마련되어 있다. 바울은 데살로니가교회 성도들만 환란과 핍박을 당하는 것이 아님을 환기시키고 있다. 너희도 우리와 함께 하나님께서 안식으로 갚으실 것이라고 말하고 있다. 고난은 데살로니가교회 성도들만 당하는 것이 아니라, 바울과 실라와 디모데도 동일하게 당하는 것이다. 이것이 데살로니가교회 성도들에게 위로가 되고 힘이 된다. 하나님께서는 반드시 환란을 이긴 성도들에게 갚아 주실 것이다. 공의로우신 하나님이기 때문이다. 하나님의 정확하심, 하나님의 빈틈없으심을 아는 사람들은 하나님께서 추호의 착오도 없이 정확하게 갚아 주실 것임을 의심 없이 믿는다.

예수 그리스도께서 마지막 날에 심판주로 임하실 것이다. 구약에서 그날에 구원과 마지막 심판을 위해 천사들과 함께 강림하시는 분은 여호와 하나님이시다(슥 9:9, 16; 말 3:1~6 참조). 그런데 여기에서는 예수 그리스도께서 영광 가운데 강림하실 것을 말하고 있다. 하나님에 대한 이미지가 그리스도 예수에게 적용되고 있음을 본다. 예수께서 어떤 모습으로 나타나실 것인지 본 적이 없어 인간의 언어로 묘사가 쉽지 않다. 여기에서 바울은 예수께서 하늘로부터 오실 것이며, 천사들과 함께 오실 것이며, 불꽃 가운데 나타나실 것이라고 묘사하고 있다. 그 장면은 상상만 해도 장엄하기 그지없다. 이 땅의 성도들은 그 날의 도래를 학수고대하며 사는 것이다. 예수 그리스도의 재림은 한마디로 능력으로 임하시는 모습이다. 새 하늘과 새 땅이 도래하는 순간이다. 우리 모두 그 날에 그 장면을 보게 될 것이다. 그동안에는 선지자와 소수의 사람들에게 계시(아포칼륍시스)로 알려졌던 실체가 드디어 온 인류 앞에 공개적으로 나타나는 것이다. 그 자리에 초대되어 그 장엄한 순간을 기쁨으로 맞이할 사람들이 있겠고, 그날이 저주의 날이 되는 사람들이 있을 것이다. 끝이 좋아야 모든 게 좋다는 말이 있다. 예수 그리스도가 재림하는 날, 천국 잔치에 참예하는 영광을 얻게 되었을 때, 우리가 이 땅에서 흘린 눈물과 땀, 수고와 고난은 그야말로 아무 것도 아님을 알게 될 것이다. 이러한 소망과 기대가 멸망 받을 사람들에게는 황당한 말이요 정신 나간 사람들의 헛소리로 밖에 들리지 않을 것이다. 그러나 구원을 얻는 성도들에게는 이 소망이 이 세상을 이길 힘이 된다. 구약의 이사야 선지는 마지막 날에 여호와께서 강림하시고 심판을 베풀 것임을 예언했다.

"보라 여호와께서 불에 옹위되어 강림하시리니 그 수레들은 회리바람 같으리로다 그가 혁혁한 위세로 노를 베푸시며 맹렬한 화염으로 견책하실 것이라. 여호와께서 불과 칼로 모든 혈육에게 심판을 베푸신 즉 여호와께 살육 당할 자가 많으리니"(사 66:15~16).

만일 이렇게 언어로 묘사된 장면이 실제 상황이 되어 우리 눈앞에 펼쳐진다고 한다면 그 얼마나 두렵고 떨리는 순간이 될 것인가? 동시에 인류 역사의 대단원이 마감되는 참으로 웅장한 순간이 될 것이다. 구원받은 성도들에게는 하나님의 영광에 참예하는 가슴 벅찬 환희의 순간이 될 것이다. 감동과 감격이 모든 성도들의 마음을 진동시킬 것이다. 우리가 오케스트라의 연주를 들을 때에도 마지막 클라이맥스로 가면 연주가 웅장해지면서 끝을 맺는다. 인류 역사의 연주도 그와 같을 것이다. 상대 세계와 절대 세계로 구분되었던 인간의 현실이 하나로 통합되는 기막힌 일이 발생할 것이다.

이사야나 바울은 예수 그리스도의 재림의 모습을 미리 본 사람들이었다. 하늘의 비밀을, 하늘의 계획을 미리 본 사람들이다. 바울이 묘사하는 재림의 장면은 가상의 시나리오가 아니다. 이사야서의 내용을 비슷하게 베껴 옮겨 적은 것도 아니다. 그는 실제로 하늘의 계획을 계시로 먼저 본 사람이었다. 이사야 선지자나 바울 사도와 같은 분들은 하늘을 보고, 우주를 보고, 역사를 보고, 인간을 보며, 이 땅을 살았던 영적 거물들이었다. 우리는 이런 분들이 우리에게 설명하고 전해 주는 한마디 한마디를 놓치지 말고 주의 깊게 읽고 듣고 묵상해야 한다. 바울 사도의 입장에서는 자신이 미리 앞서서 목격한 장면을 성도들에게 전해주고 말해 준 것이다. 그런데도 그것을 믿지 못하고 의심하는 사람들이 있다면, 얼마나 안타깝고 답답한 심정을 가지겠는가?

(3) 마지막 날에 있을 주의 심판(1:8-10)

우리의 눈에 보이는 세계를 넘어, 또한 그 세계 안에 하나님의 세계가 존재한다는 사실을 인정하지 않고 산 사람들은 망하게 된다. 영의 세계를 보며 살지 않고, 하나님과 아무런 교제 없이 산 사람들의 결국은 형벌이다. 그런 사람들을 성경은 육체의 욕심을 도모하는 사람들(갈 5:16 참조), 하나님을 모르는 사람들(8절)이라고 말한다.

하나님을 모른다는 것은 무슨 말인가? 오늘날 하나님에 대해 모르는 사람은 거의 없을 것이다. 누구나 기독교의 하나님에 대해 들어본 적이 있을 것이다. 기독교라는 종교가 알려진 것만큼이나 기독교의 신이신 하나님의 존재나 이름도 잘 알려져 있다. 하나님을 아는 것은 그렇게 아는 것을 말하지 않는다. 우리가 누구를 안다고 할 때, 한번 만난 적도 없으면서 이름으로 그 사람을 알 수 있다. 그것은 그 사람을 아는 것이 아니다. 그 사람을 알지만 개인적으로 혹은 친밀 있게 아는 것이 아니다. 하나님을 아는 것은 들어서 아는 것이 아니라, 개인적인 친분을 가지면서 아는 것을 말한다. 다음과 같은 관계도 가능하다. 나는 그 사람을 잘 알지만 그 사람은 날 전혀 몰라. 상대방에 대해 제 3자로부터 많은 말을 들을 수도 있지만, 정작 본인은 한번도 만난 적이 없을 수도 있다. 교회에 오래 출석하면서 설교나 성경 공부를 통해 하나님에 대해 많은 말을 들어서 아는 그런 앎도 아니다. 그것은 서로 아는 관계, 서로 아는 사이가 전혀 아니다. 나도 하나님을 알고, 하나님도 나를 아는 사이, 그런 관계가 있을 때 우리는 하나님을 안다고 할 수 있다. 따라서 하나님을 안다는 것은 개인적으로 하나님과 친밀한 관계에 있다는 말이다. 교회 안에는 하나님을 알지만 하나님을 모르는 사람들이 의외로 많다.

하나님을 개인적으로 알고 하나님과 친한 사이라면 주 예수의 복음에 복종하지 않을 수 없다. 복음에 복종하지 않는 것은 하나님을 모르기 때문이다. 복음을 자주 듣고 무슨 뜻인지 머리로 아는 것이 중요한 일이 아니다. 하나님은 우리가 들은 복음, 배운 복음을 실천에 옮기기를 명하신다. 성경책을 들고 교회에 왔다 갔다 하기만 하면 하나님이 좋아하실 것으로 착각하면 곤란하다. '하나님이 좋아하든 말든 나는 내 식대로 신앙 생활하겠다'고 고집을 부릴 수 있다. 아니면 내 주변의 대부분의 사람들의 풍조를 따라 신앙 생활을 할 수도 있다. 그러나 우리는 내 자신의 기준이 아니고 내 주위의 기준이 아니라 하나님의 기준을 살펴야 한다. 내 기준에 합당해도, 내 주위의 기준에 합당해도, 하나님의 기준에 합당하지 않으면 박살이 나게 된다. 이것은 가볍게 생각하고 넘어갈 일이 아니다. 하나님의 세계로 들어가면 들어갈수록 두렵고 떨리는 마음을 가지게 된다. 다윗은 '내 입술의 모든 말과 마음의 묵상이 주께 열납 되기를 원합니다'라는 청원을 올렸다. 그만큼 다윗은 하나님이 싫어하는 말과 생각까지도 하지 않으려고 몸부림치는 모습을 보였다. 그렇게 미세한 부분에까지 하나님의 눈치를 살피고, 하나님의 마음에 들기를 바라는 심정으로 살았던 것이다. 하나님의 마음에서 벗어나는 것이 얼마나 두려운 일인지 다윗은 너무도 잘 알고 있었기 때문이다.

하나님을 한 다리 건너 아는 사람들, 하나님을 직접 만나 본 적이 없는 사람들, 그렇기 때문에 하나님의 명령이나 부탁도 낯선 사람의 말을 듣는 것처럼 주의 깊게 듣지 않고 실천하지 않는 사람들이 있다. 이들은 절대자와의 관계에서 떨어져 나가 영원한 멸망에 떨어질 것이다(9절). 영원한 멸망을 형벌로 주는 것을 보면 하나님이 그것을 얼마나 싫어하시는 것인지 알게 된다. 주의 얼굴과 그의 힘의 영광을 떠나 형벌을 받게 될 것을 말하는데, 이것은 이사야 2:6~22을 배경으로 가진다. 이사야 22장은 야곱의 집에 대한 하나님의 심판을 기록하고 있는데, 이사야 2:10에, "너희는 바위틈에 들어가며 진토에 숨어 여호와의 위엄과 그 광대하심의 영광으로부터(from the terror of the Lord and the glory of His power) 피하라"고 말하고 있다. 70인 역에는 이것이 "하나님의 얼굴의 위엄으로부터(from the face of the terror of the Lord)"로 되어 있다. 여기에서 우리의 주목을 끄는 것은, 이사야서에는 하나님의 얼굴로부터 피하는데, 마지막 심판 날에는 주의 얼굴 즉 그리스도 예수의 얼굴에서 떠날 것임을 말하는 것이다.

성도들은 그날을 기다리는 사람들이다(10절). 그날이 오면 즉 예수께서 강림하시는 그날이 오면 하늘로부터 거룩한 성 새 예루살렘이 내려올 것이고 예수 그리스도의 통치가 시작된다(계 21:2 이하). 또한 그날이 오면 "보라 하나님의 장막이 사람들과 함께 있으매 하나님이 저희와 함께 거하시리니 저희는 하나님의 백성이 되고 하나님은 친히 저희와 함께 계셔서 모든 눈물을 그 눈에서 씻기시매 다시 사망이 없고 애통하는 것이나 곡하는 것이나 아픈 것이 다시 있지 아니하리니 처음 것들이 다 지나갔음이러라"(계 21:3~4). '모든 믿는 자들에게서 기이히 여김을 얻으리라'는 말은 모든 믿는 자들이 놀라서 입을 다물지 못하게 되는 상황이 펼쳐질 것이라는 뜻이다. 하나님이 천지를 창조하실 때 가지셨던 원래의 목적과 의도가 실현되는 날이 된다. 그날의 영광에 하나님의 자녀로 동참할 수 있는 특권을 가질 것인가, 아니면 영원한 형벌로 들어갈 것인가.

예수께서 다시 오실 그 마지막 심판날에 일어날 일들을 미리 설명하고 있다. 예수께서 모든 성도들 가운데 영광을 받으실 것이다. 하나님의 아들이요 인자로서 이 땅에 오셔 이루신 구원 사역이 얼마나 중요한 것이었는지 그 온전한 의미를, 절대자의 의도를 드디어 천하가 알게 된다. 얼굴과 얼굴을 마주 대하여 보는 것처럼(고전 13:12) 선명하게 깨닫게 될 것이다. 예수께 감사하고 찬송하고 영광을 돌리게 될 것이다. 그날 이후에는 예수를 믿으라고 전도하는 일도 없어질 것이고, 선교사로 이방 세계로 파송 받아 나가는 일도 없어질 것이다. 그러니 지금 이 순간에, 이 땅을 살고 있는 동안에 예수 그리스도를 믿고 하나님의 자녀로 산다는 것이 얼마나 귀한 일인가.

4) 간구(1:11~12)

목회자로서의 바울은 데살로니가교회를 위한 중보의 기도를 드린다. 가끔 생각나면 기도하는 그런 식이 아니라, 항상 마음에 담고 진지하게 하나님께 기도를 드리는 것이다. 목회자는 성도들의 삶과 생각과 영혼의 안전을 위해 끊임없이 기도를 드리게 된다. 하나님 편에 서서 주어진 성경 말씀을 통해 하나님의 뜻을 대변하고 성도들을 가르치고 책망하고 지도하지만, 성도들의 편에 서서 하나님께 간구하는 사역도 감당한다. 이렇게 목회자요 사역자들은 하나님과 성도들 사이에 존재하면서 중재자(mediator)의 역할을 한다.

데살로니가교회를 위한 중보 기도의 첫 번째 내용은 하나님께서 데살로니가교회 성도들을 그 부르심에 합당한 자로 여겨 달라는 것이다(11절). 이것을 좀 달리 풀어보면, 하나님께서 데살로니가에 성도들을 불러 주셨는데, 그들을 성도라는 이름에 걸맞는 혹은 합당한 사람들로 만들어 달라 혹은 여겨달라는 청원을 드리는 것이다. 하나님께서 성도들을 불러 주셨는데, 그들에게 부족한 점이 있더라도 버리지 마시고 '부르기를 잘 했다' 이렇게 생각해 주십사 하고 청원 드리는 것이다. 바울이 데살로니가교회 성도들을 위해 하나님 앞에서 변론을 하는 것이다. 변호인이 사형수를 위해 변론할 때, 죄가 없다는 것이 아니라 죄가 있더라도 정상을 참작해서 사형만은 시키지 말아달라고 변론하는 것과 같은 역할을 하고 있다. 목회자는 성도들을 위한 변호인이다. 이것이 보혜사의 역할이었고, 예수님의 역할이었다. 보혜사는 변호인(advocate)이라는 뜻도 가지고 있다. 사역자들의 역할도 성도들의 편에 서서 '부족하더라도 잘 받아 주시고 자녀로 여겨 주십시오' 하는 청원을 대신 드리는 것이다. 이 땅의 아담적 현실을 살아야 하는 성도들의 삶은 눈물과 한숨, 고통과 번민이 끊일 날이 없다. 그러한 목회의 현장에서 성도들을 위한 중보의 기도를 드리지 않을 목회자는 없을 것이다. 한 사람 한 사람의 성도들을 위해 날마다 중보의 기도를 드려주는 것이 진정한 목회자의 심정이다. 목회자가 행사들과 모임들 때문에 바빠서 성도들을 위한 중보 기도를 드릴 시간이 없다면, 그것은 엄청난 직무유기가 될 것이다. 무엇 때문에 목회자가 되었는지 재삼 확인해 볼 문제이다.

이 기도를 보면, 데살로니가교회 성도들을 부르신 이도 하나님이요, 그들을 성도라는 이름에 합당한 사람들로 만드는 이도 하나님이시다. 하나님께서 성도들을 불러 주셔서 하나님을 알게 하고 하나님의 자녀로 삼으셨는데, 우리는 성도에 적합한 이름값을 해야 한다. 성도에 합당한 삶을 살아야 하고, 성도에 합당한 실천이 있어야 한다. 이것이 우리의 인간적인 노력과 생각으로 되는 것이 아니라 전적으로 하나님의 도우심이 있어야, 성령의 도우심이 있어야 가능한 일임을 바울은 이미 파악하고 있다. 우리는 흔히 성령의 아홉 가지 열매가 성도들의 삶에 드러나야 할 것을 강조한다. 우리가 주목할 측면은 그것이 우리 스스로 맺는 열매가 아니라 성령의 열매라는 점이다. 즉 우리의 열매가 아니라 성령께서 우리를 통해 맺으시는 성령의 열매라는 것이다. 성령께서 움직이시지 않으면 우리 스스로 그런 열매들을 맺을 수 없음을 기억해야 한다. 성령의 열매니까 우리는 앉아서 구경만 하면 되는가? 절대로 그렇지 않다. 성령의 열매는 성령님과 우리의 합작품이다. 단지 우리의 중심에 성령님의 주권적 역사에 대한 깨달음이 있어야 한다는 것이다. 우리의 노력과 수양도 있어야 한다. 그러나 결국 하나님의 도우심과 성령님의 도움심이 없이는 열매를 맺을 수 없다는 사실이 깨달아져야 한다.

여기에는 또한 바울과 그의 동역자들의 영적 수준이 드러난다. 그들은 자신들이 수고하고 땀 흘려 사람들을 회심케 한 것이 아니라 그 모두가 하나님의 하신 일이라고 고백하는 것이다. 복음은 내가 전했지만, 그것이 결국은 하나님의 부르심(HIS calling)이다. 하나님께서 사람들을 부르시는데 나는 그 일에 단지 도구요 통로로 사용된 것뿐이라고 하는 주제 파악을 하고 있다. 보냄 받은 자로서의 신분의식을 전혀 망각하지 않고 있음을 엿보게 한다. 바울 사도는 역시 영적으로 빈틈이 없고 흐트러짐이 없는 위대한 사역자였다. 우리 주위에도 이렇게 빈틈없고 흐트러짐 없는 영적 지도자로서, 복음의 청지기로서의 의식을 가지며 예수 그리스도의 종으로 살아가는 사역자들이 있다면, 한국 교회의 생명력은 꺼지지 않을 것이다.

중보기도의 두 번째 내용은 데살로니가교회 성도들이 가지고 있는 모든 선한 목적들과 그들이 믿음으로 행하는 모든 일들을 하나님의 능력으로 이루어 주시기를 청원하는 것이다. 데살로니가교회 성도들은 공동체 차원에서 행사들을 가지고 사역들도 추진하였을 것이다. 선한 목적을 가지고 추진하는 일들은 하나님의 능력을 통해 이루어 주십사 기도한다. 성도들이 하는 일들이 선한 목적일 수도 있고 선한 목적이 아닐 수도 있음을 간접적으로 언급한다. 선한 목적을 가지고 추진하는 일들이라고 저절로 순조롭게 이루어지는 것이 아니다. 하나님께서 그의 능력을 가지고 도와 주셔야 그 일들이 이루어진다는 사실을 바울은 알고 있다. 바울 사도는 근본적으로 현실을 직시하는 관점이 다르다. 그의 관점은 철저하게 영적이다. 현상을 현상적으로만, 현실을 현실적으로만 바라보는 것이 아니라, 언제나 영적인 차원에서 바라보고 있다. 하나님의 도우심이 없이 인간의 노력만으로 되는 일은 없다. 성도들이 선한 의도를 가지고 인간적인 지혜를 모아 일을 이루려고 해도, 하나님의 도우심이 없이는 가능하지 않다. 왜냐하면 영적인 차원에서 그 일이 이루어지지 못하도록 방해하는 세력이 있기 때문이다. 우리가 교회 안에서 일을 할 때 그것이 선한 목적과 선한 동기를 가지고 있기만 하면 무조건 일이 잘 이루어질 것이라고 생각하면 곤란하다. 아무리 선한 목적을 앞세우고 일을 진행한다 할지라도, 하나님의 도우심을 진지하게 요청해야 한다. 이것이 영적인 일을 이루는 영적인 사람들의 기본자세다.

이러한 관점은 데살로니가교회 성도들이 믿음에 의해 촉발되어 진행되는 사역들에도 적용된다. 교회에서 행하는 일들 가운데는 믿음에 의해 시작하는 일도 있지만, 그렇지 않은 경우도 있다. 인간적인 계산이나 남들과의 경쟁이 동기를 제공해서 시작되는 일들이 있을 수 있다. 바울은 다른 일들은 언급하지 않고 단지 믿음에 의해 촉발된 일들을 말하고 있다. 믿음에 의해 촉발된 일들이기 때문에, 아마 시작부터 경건하고 영적이 될 것이다. 그러한 일들 조차도 하나님의 능력이 있어야 이루어진다. 하나님의 능력이 필요하다. 그러니 교회 안에서 선한 목적으로 추진되는 일들이나 믿음에 의해 촉발된 일들이나 모두 하나님의 능력이 없이는 이루어질 수 없음을 알아야 한다. 우리 힘으로 하는 것이 아니라, 하나님의 힘으로 일이 이루어진다. 인간의 치밀한 계획이나 준비도 필요하지만, 그것이 우선이 아니다. 일을 계획하는 것은 사람이지만 그것을 이루시는 분은 하나님이시라는 사실을 한 순간도 잊으면 곤란하다. 그러니 우리의 삶의 순간순간마다 하나님 앞에 엎드리지 않을 도리가 있는가. 교회의 모든 일들은 하나님의 도우심을 구하는 기도로 시작해서 기도로 마쳐야 한다. 그래야 우리가 뭔가 일을 했다는 자부심을 자지지 않게 된다. 그렇게 해야 우리를 통해 하나님께서 일하고 계신다는 사실을 깨닫게 된다. 또한 우리가 행하는 모든 일이 우리의 일이 아니라 하나님의 일이었다는 깨달음을 가지게 된다.

일하는 것으로 따지면 바울 사도와 그의 동역자들에 비길 수 있는 사람들이 아무도 없었을 것이다. 데살로니가교회 성도들이 선한 목적으로 가지고 일을 하고 믿음에 의해 촉발된 일들을 한다 할지라도, 바울과 그의 동역자들의 수고와 노력에는 비교도 되지 않을 것이다. 그런데 여기에서 바울이 주는 메시지는 데살로니가교회 성도들을 겸손하게 만드는 것이다. 데살로니가교회 성도들의 입장에서 보면 바울과 그의 동역자들이 복음을 위해 그렇게 수고하고 애쓰는 것을 뻔히 알고 있는데, 바울은 그것이 자신의 일이요 자신이 수고한 결과라는 내색을 추호도 비치지 않는다. 인간적인 방법론을 가르친 것도 아니다. 우리가 수고한 것을 조금은 알아주었으면 좋겠다는 인간적인 모습도 전혀 비치지 않는다. 시작과 끝이 전적으로 하나님의 하신 일이요, 하나님의 능력을 통하지 않으면 일이 이루어지지 않는다는 점만 강조하고 있다. 이러한 편지를 받고 읽는 데살로니가 성도들은 바울에게서 무엇을 배우겠는가? 편지의 내용 자체를 통해서 그들은 귀한 진리를 깨닫게 되었을 것이다. 그러나 동시에 그들은 편지의 주인공인 바울의 언행과 삶, 하나님의 주권 앞에서 영적으로 전혀 빈틈없고 흐트러짐 없는 자세를 유지하는 모습에 아마 더 큰 감명을 받았을 것이다. 일체가 하나님의 하신 일로 고백하는 바울의 영적 자세가 데살로니가교회 성도들에게 감동이 되고 깨달음이 되었을 것이다. 바울 사도조차도 일체가 하나님의 능력을 통해 이루어진다고 말하고 있는데, 우리가 하나님을 위해 뭔가를 할 수 있다고 생각하는 것이 얼마나 수준 낮은 일인가. '하나님의 자녀, 하나님의 일을 한다고 하는 자 또는 하나님의 사역자가 가져야 할 자세가 바로 이런 것이구나' 아마 이런 생각을 했을 것이다. 바울의 서신들을 읽을 때 우리가 덤으로 살펴야 하는 측면이 바로 이것이다. 이러한 모습을 읽을 때 필자는 많은 생각을 하게 된다. 바울 사도와 같은 분들이 우리 주변에 있다면 얼마나 좋을까 하는 아쉽고 안타까운 마음도 든다. 그리고 마음 깊이 충격을 받고 감동을 받는다. 자신의 입으로 연약한 것을 자랑하는 영적 거인인 바울 사도의 위대함 앞에 고개가 숙여진다. '나를 강하게 하시고 내게 능력을 주시는 그 분을 통하지 않으면 나는 아무것도 할 수 없다'는 바울 사도의 고백이 귀에 쟁쟁하게 들린다(빌 4:13 참조). 이 정도의 경지에 들어가면 갈라디아서 2:20의 말씀이 새로운 차원에서 깨달아질 것이다. "내가 그리스도와 함께 십자가에 못 박혔나니 그런즉 이제는 내가 산 것이 아니요 오직 내 안에 그리스도께서 사신 것이라 이제 내가 육체 가운데 사는 것은 나를 사랑하사 나를 위하여 자기 몸 을 버리신 하나님의 아들을 믿는 믿음 안에서 사는 것이라."

바울은 그의 동역자와 함께 데살로니가교회 성도들을 위해 중보 기도를 드리는 이유를 밝히고 있다. 데살로니가교회 성도들이 성도라는 이름에 적합한 삶을 살고 선하고 믿음에 의해 촉발된 일들을 하는 것은 예수 그리스도의 이름이 영광 받도록 하기 위함이다(12절). 바울의 일생은 예수 그리스도의 종으로 살았다. 종으로서 바울은 예수께서 시키시고 지시하신 일을 했다. 자신의 이름을 내려고 꿈도 꾸지 않았다. 시종일관 상전이요 주인이신 예수 그리스도의 이름을 높이는 일에 전력투구를 했다. 예수를 믿어 내가 잘되고, 내 가정이 잘되고, 내 사업이 잘되고, 내 교회가 잘되는 것이 초점이 아니다. 예수를 믿는 나를 통해, 내 가족을 통해, 내 교회를 통해 예수의 이름이 찬양받고 영광 받는 일이 핵심이다.

2. 본문(2:1~3:16)

1) 그리스도의 재림에 대한 잘못 경고(2:1~12)
(1) 종말에 대한 잘못된 사상들(2:1~3a)
데살로니가교회에 예수 그리스도의 재림에 대한 잘못된 가르침이 등장했다. 기독교 공동체 안에 잘못된 이해와 헛된 사상이 등장할 때 그러한 잘못된 사상을 지적하고 경고하는 일이 있어야 한다. 모든 사상들이 다 가능하고 용납될 수 있는 것은 아니다.

바울과 그의 동역자들은 '우리가 너희에게 구한다'(We beg you)라고 말하면서 본론으로 들어간다. 이것은 바울의 신앙 교육방식 혹은 목회방식을 엿볼 수 있는 중요한 단서를 제공해 준다. 이것은 마치 재판관이 판정을 내리는 식으로, 혹은 공동체의 지도자가 최종 결정을 내리는 식으로 경고나 지침을 주는 태도가 아니다. '당신들은 잘 모르니까 우리가 가르쳐 주는 그대로 따라하기만 하면 된다' 는 식으로 말하고 있지 않다. 바울의 입장에서 초신자들인 데살로니가교회 성도들이 잘못된 가르침과 사상에 휘둘리는 것을 보면 권위로 눌러 그릇된 사상을 배격하라고 단호하게 지시를 할 수도 있다. 그러나 그는 데살로니가교회 성도들을 형제들과 자매들로 부르고, 그리스도 안에서 동등한 입장에 있음을 인정해 주고 대접해 주고 있다. 이러한 모습은 큰 선생이 보일 수 있는 모습이다. 진정한 선생의 모습이다. 바울은 데살로니가교회가 생각해 보고 전심으로 동의하고 자유로운 결정에 따라 바울의 가르침을 받게 되기를 원하는 것이다. 이것은 성숙한 기독교인을 대하는 태도다. 바울의 말이면 무조건 맹종하고, 문제가 생겼을 때 신학적으로나 신앙적으로 스스로 판단하지 못해서 쩔쩔매는 그런 우직하고 순진한 성도들로 교육하지 않았음을 알게 된다. 바울은 데살로니가교회 성도들이 스스로 판단하고 결정을 내리고 결단을 내릴 수 있는 실력 있는 성도들이기를 기대하는 것이다. 문제가 생길 때마다 바울을 찾아 해답을 주기를 기대하는 어린 신자들로 대우하지 않았다. 빌레몬에게 보낸 편지에서도 같은 태도가 보인다. 바울은 빌레몬에게, "다만 네 승낙이 없이는 내가 아무 것도 하기를 원치 아니하노니 이는 너의 선한 일이 억지같이 되지 아니하고 자의로 되게 하려 함이로라"라고 하였다(몬 1:14).

예수께서 다시 오심과 우리가 그분 앞에 다시 모이는 것에 관해 잘못된 사상이 번졌다(1절). 예수의 다시 오심은 종말론적인 강림을 말한다. 그날에 모든 성도가 예수 그리스도 앞에 함께 모이게 된다. 그런데 예수 그리스도께서 이미 이 땅에 재림했다는 주장이 퍼진 것이다. 2절의 내용은 데살로니가 후서 전체의 주제를 담고 있다. 정확하게 어떤 사상들이 어떤 영향을 미쳤는지 자세히 확인할 수는 없다. 본문에 근거해 보면, 하나님으로부터 계시를 받았다는 사람도 나타나고, 바울 사도가 그렇게 말했다는 사람도 나타났던 것 같다. 아마 사람들은 그러한 소식을 듣고 흥분했었을 수도 있고, 두려움에 사로 잡혔을 수도 있다. 예수 그리스도가 재림했다는 소식에 드디어 이 땅의 고난이 끝나고 약속된 구원과 영광을 얻게 되었다고 흥분한 사람들이 있었을 것이다. 다른 한편으로는 하나님의 심판이 어떻게 떨어질까 걱정이 되고 두려워 떠는 사람들도 있었을 것이다. 바울은 그들에게 흔들리지 말고 속지 말라는 경고를 보내고 있다(2절). 거짓 선생들은 예수 그리스도의 헛된 재림만을 전파하지 않았을 것이다. '예수께서 재림하셨다. 그러니까… 너희는 이렇게 하고 저렇게 하라'는 구체적인 주문들이 있었을 것이다. 임박한 심판과 진노에 잔뜩 겁을 먹게 하고 재물을 다 팔아 헌금하라는 등 사람을 속이고 사기를 쳐 이용해 먹는 일도 있었을 것이다.

성도들은 진리를 올바르게 깨닫지 못하고 잘못된 사상과 잘못된 가르침에 빠지도록 미혹하는 사단의 공격을 받는다. 어떤 사람이 나타나서 하나님으로부터 계시를 받았다고 주장하면서 말하면 대부분의 성도들이 넘어가게 된다. 바울 사도로부터 직접 편지를 받았는데, 바울도 그렇게 말했다고 한다면 속아 넘어가지 않을 사람이 없을 것이다. 근거로 제시하는 편지가 위조된 것인지 진짜인지 누가 알겠는가. 여기에서 우리는 기독교의 이름을 내걸고 가르치는 모든 것이 진리요 진짜가 아니라는 사실을 알게 된다. 가짜 진리, 가짜 가르침이 있을 수 있다. 그러한 가짜 가르침들이 성도들을 흔들리게 만들고 두렵게 만들 수 있다. 거짓이 참 가르침인 양 사람들을 미혹하고 속일 수 있다. 따라서 정신을 차리고 살아야 한다.

(2) 불법의 사람의 등장(2:3b~5)

예수 그리스도의 재림의 날이 오기 전 두 가지 일이 먼저 일어나야 한다. 배도(apostasy)가 일어나고, 그런 다음 불법의 사람, 멸망의 아들이 나타나게 된다. 배도는 불신이 아니다. 불신은 아예 처음부터 복음을 받지 않는 것이다. 그러나 배도는 다르다. 배도는 기독교의 도를 버리는 것인데, 기독교의 도를 받았던 사람이 다시 버리는 것이다. 기독교의 도의 핵심은 예수 그리스도인데, 배도를 한다는 말은 예수 그리스도를 더 이상 믿지 않겠다는 것이다. 예수 그리스도에 대한 불신이 있고, 또한 이미 믿었던 사람들조차도 믿음을 저버리는 일이 일어나게 된다. 이것은 잘못된 가르침에 미혹되어 불의와 악에 빠져 들어간 결과이다. 불법의 비밀이 이미 활동 개시를 했다고 하는데(7절), 이러한 불법의 비밀스러운 활동에 넘어가는 사람들이 있게 될 것임을 경고하고 있다. 예수 그리스도의 재림 전에 불법의 사람, 멸망의 아들이 나타난다. 그의 특징은 소위 신이라고 불리는 모든 존재들이나 경배의 대상이 되는 모든 것에 대적할 뿐만 아니라, 자기가 그들 보다 위에 있음을 주장하는 것이다(4절). 하나님의 성전에 앉아 자신이 하나님이라고 주장하기도 한다. 적그리스도의 대적은 정치적인 대적이 아니다. 그것은 일차적으로 신앙적인 대적이고 신학적인 대적이다. 예수 그리스도의 가르침, 그의 제자들과 바울을 통해 전해진 복음에 대항하고 저항한다. 우리에게 전해진 복음의 내용이 왜곡되고 어느 것이 참된 가르침인지 분간하기 힘들 정도로 말씀의 혼돈이 일어난다. 이러한 현상이 예수 그리스도의 재림에 앞서 발생한다.

이러한 불법의 사람이 나타나면 많은 성도들이 복음을 떠나 잘못에 빠지게 된다. 참 가르침에서 벗어나는 일이 발생한다. 여기에서 우리가 주의해야 할 사실은 성도들이 미혹을 받는 것은 그것이 참 복음의 탈을 쓰고 나타나기 때문이라는 점이다. 복음과 완전히 다른 것이면 성도들이 따르지 않을 것이다. 불법의 사람, 멸망의 아들이 나타나 전하는 거짓 복음은 예수의 복음을 흉내낸 것이다. 적그리스도 자체가 그리스도를 흉내낸 존재이기 때문이다. 바울은 적그리스도가 성전에 앉아 자신이 하나님이라고 주장할 것임을 말하고 있는데, 그것은 거짓 복음의 신적 권위를 주장하는 것이다. 복음과 비슷한 것으로 사람들을 유혹하고 미혹하기 때문에 성도들이 넘어갈 수 있는 것이다. 또한 그러한 가르침을 통해 역사가 일어나고 치유가 일어나는 거짓 기적도 일으킨다. 그런 잘못된 가르침에 빠지면 자신들이 거짓 복음에 빠져 있는 것인지 아니면 참된 복음을 따르는 것인지 분별력을 상실한다. 예수 그리스도의 재림이 있기 전에 이렇게 복음의 혼란, 말씀의 혼란이 극심한 지경에 달하게 될 것임을 미리 경고해 주고 있다. 적그리스도의 특징은 두 가지로 언급된다. 하나는 하나님의 질서에 대한 저항이요, 다른 하나는 교만이다. 하나님을 높이는 대신 자기를 높이는 것이다.

바울은 예수 그리스도의 재림에 대해 데살로니가에 있을 때 그곳 성도들에게 가르쳤음을 상기시키고 있다. 바울은 이미 데살로니가 전서에서도 재림의 시기에 대해 확인해 주었었다. "형제들아 때와 시기에 관하여는 너희에게 쓸 것이 없음은 주의 날이 밤에 도적같이 이를 줄을 너희 자신이 자세히 앎이라 저희가 평안하다, 안전하다 할 그 때에 잉태된 여자에게 해산 고통이 이름과 같이 멸망이 홀연히 저희에게 이르리니 결단코 피하지 못하리라"(살전 5:1~3). 여기에서 바울은 그가 데살로니가에 머물고 있을 때 재림의 시기에 대해 가르쳤던 것을 잊지 말고 기억하라고 부탁한다. 우리는 가르침을 받은 내용을 잘 기억하고 있어야 한다. 그래야 잘못된 가르침이 우리를 미혹하려고 할 때, 그것을 물리칠 실력을 갖추게 된다.

(3) 불법의 사람의 비밀한 활동(2:6~7)

데살로니가교회 성도들은 바울의 가르침을 받아 불법의 비밀이 이미 활동하고 있음을 볼 수 있는 눈이 열렸다. 그런데 현재는 적그리스도가 완전하게 드러나지 않았다. 무엇이 적그리스도의 완전한 출현을 막고 있는 것인지는 정확히 알 수 없다. 다만 그는 하나님 편에 있는 존재인 것은 분명하다. 우리는 여기에서 적그리스도의 등장도 하나님의 구원사의 흐름에 따르고 있음을 읽는다. 적그리스도라고 자기 마음대로 등장할 수 있는 것이 아니라, 하나님의 허락하시는 시점이 되어야 나타날 수 있다는 점이다. 현실을 보면 간혹 사단과 그를 따르는 무리들이 득세하고 전권을 휘두르는 것처럼 보이지만, 실상은 하나님께서 모든 상황을 조정하고 계신다.

불법의 사람, 멸망의 아들이 직접 등장하는 것은 미래에 될 일이지만, 불법의 비밀은 이미 우리 가운데 활동을 개시했다는 사실에 주목해야 한다. 바울이 살던 시대에 불법의 비밀이 활동 개시를 했다. 불법의 비밀의 활동의 최종 목표는 성도들과 하나님 사이를 이간하는 것이다. 하나님과 성도들의 관계를 깨뜨리고, 성도들로 하여금 하나님을 의지하지 않고 육체의 소욕에 따라 살도록 부추기는 것이다. 하나님을 중심에 두지 않고 인간의 욕심, 교만, 탐심을 중심에 두는 삶을 살도록 자극하는 것이다. 하나님을 섬기는 마음이 무너지고, 인간의 육체의 정욕을 도모하는 일들이 다양한 형태로 나타나게 될 것이다. 이것은 물론 하나님을 섬기는 성도들의 무리 가운데 일어날 일들이다. 하나님을 섬기고 하나님을 믿는다고 말하는 성도들의 삶이 하나님을 멀리하고 하나님의 가르침에서 떠나고 자기의 영광을 도모하는 방향으로 흘러갈 것을 경계하는 것이다. 하나님의 이름을 높이고, 예수 그리스도의 이름을 높여야 할 성도들이 자기의 이름을 높이는 일이 발생하게 된다는 것이다. 이것을 비밀(뮈스테리온)로 묘사한 것에 주목해야 한다. 바울은 에베소서 3:3에서 하나님께서 계시로 하늘의 비밀을 알게 하셨다고 했는데, 그때 비밀이라는 용어를 사용했다. 불법이 활동개시하고 성도들 가운데 움직이면서 영향을 주고 있는데, 우리가 그것을 감지하기는 쉽지 않다. 하늘의 비밀도 알기가 쉽지 않은 것처럼, 불법의 비밀도(하나님 흉내를 내기에) 보통의 영적 실력으로 잘 파악이 되지 않는다. 그렇게 때문에, 불법이 비밀스럽게 움직인다고 말하는 것이다. 이 불법은 기독교 공동체가 일차 공격 목표이다. 사역자들이나 성도들이나 상관하지 않고 공격이 들어온다. 이 공격은 볼 수 있는 눈이 열린 자들, 들을 수 있는 귀를 가진 자들에게 파악되어진다. 불법의 영향은 다음과 같다. 불법의 사람이 하나님의 자리를 차지하고 하나님의 흉내를 내는 것처럼, 불법에 감염된 사람들은 하나님을 믿고 섬긴다고 하면서도 자신의 이름을 높이려고 하고 육체의 정욕을 도모하는 삶을 산다. 말로는 하나님을 섬기지만 현실로는 자신을 섬기는 자들이 된다. 이것이 우리가 싸울 영적 전투이다. 바울 사도가 이것을 정확히 직시한 분이다. "오호라 나는 곤고한 사람이로다 이 사망의 몸에서 누가 나를 건져내랴… 그런즉 내 자신이 마음으로는 하나님의 법을 육신으로는 죄의 법을 섬기노라"(롬 7:24~25). 바울과 같은 분이니까 이렇게 자신의 속을 거리낌 없이 드러낼 수 있었을 것이다. 우리 주변에는 사역자의 이름을 달고 있으면서 육신으로 죄의 법을, 불법을 따라 살고 있으면서도 아무런 감각도 느낌도 없이 사는 사람들이 얼마나 많은가. 성도라는 이름을 가지고 살지만 이름값은커녕 불법에 사로잡혀 살고 있는 사람들은 또 얼마나 많은가. 한국 교회의 영적 감수성을 예리하게 다듬고 영적 실력을 높이는 일이 시급하다. 성도들의 도덕적 삶이 한국 백성들에게 감동을 주지 못한다. 교회 지도자들의 모습이 오늘의 암담한 현실에서 청량제 역할을 해주기를 바라는 것은 과도한 기대가 되어 버리지 않았는가. 불법이 비밀스럽게 한국 교회 안으로 깊숙이 침투해 들어와 있다는 사실을 깨달아야 한다. 불법이 한국 교회 성도들의 삶에 깊숙이 영향을 미치고 있고, 영적 감각을 마비시켜 성도의 이름에 적합한 삶을 살지 못하도록 만들고 있음을 알아야 한다. 이것이 비밀이다. 영적 감각이 열려야 불법에 대항하여 싸울 수 있다.

(4) 불법의 사람의 최종 출현과 멸망(2:8)

불법의 사람, 멸망의 아들이 자신의 정체를 드러낼 때가 온다. 그 때가 되면 인류 역사의 마지막이 시작된다. 그는 모든 사람들이 보는 앞에서 능력을 행사하고 사람들을 놀라게 할 것이다. 그리고 사람들로 하여금 자기에게 무릎을 꿇고 자기를 경배하도록 요구할 것이다. 그러나 그는 예수 그리스도의 강림으로 비참한 최후를 맞이하게 될 것이다. 바울의 메시지는 이것이다. 불법의 사람이 나타날 것이고 사람들을 미혹하는 일이 있을 것이다. 그러나 두려워할 일이 아니다. 예수 그리스도께서 강림하시는 날 불법의 사람은 죽을 것이다.

(5) 믿지 않는 자들의 마지막(2:9~12)

예수 그리스도께서 마지막 날에 이 땅에 강림하실 것인데, 그와 유사한 방식으로 불법의 사람이 먼저 출현할 것을 말하고 있다. 불법의 사람의 강림이 예수님의 강림에 앞서 있을 것이다. 불법의 사람의 강림도 예수님의 재림을 흉내내어 권능과 기사와 이적을 동반하게 될 것이다. 그리고 사람들을 속이고 미혹하게 될 것이다. 불법의 사람이 나타나서 능력과 기사와 이적들을 보여주게 되면, 사람들은 그것이 불법인지 불법이 아닌지 구분하기 어렵게 된다. 능력과 기사와 이적은 모두 영적인 현상들이기 때문이다. 능력이 나타나고, 기사와 이적이 베풀어지는 것을 보면서 그것이 가짜임을 알아볼 수 있는 사람들은 많지 않을 것이다. 요한은 적그리스도에 대해 예언하기를, "큰 이적을 행하되 심지어 사람들 앞에서 불이 하늘로부터 땅에 내려오게 하고 짐승 앞에서 받은바 이적을 행함으로 땅에 거하는 자들을 미혹하며"(계 13:13 이하)라고 했다.
　적그리스도도 능력자이다. 적그리스도의 능력과 이적이 특별히 위험스러운 이유는 사람들이 그것을 따라 가기 때문이다. 진짜는 믿지 않고, 가짜를 믿는 기이한 현상이 일어난다. 그러한 가짜 이적과 능력들을 따라가다 보면 결국에 멸망에 이르게 된다. 성도들은 하나님의 이적과 사단의 이적을 구분할 수 있는 눈을 가지고 있어야 한다. 사단의 이적을 따라간 사람들은 심판날에 엉뚱한 줄에 서서 멸망을 기다리게 될 것이다.
　사단의 이적을 쫓아간 사람들의 특징은 그들이 불의를 따른다는 것이다. 불의는 하나님의 뜻에 정면으로 대치된다. 하나님의 뜻을 따르지 않고 불의한 길을 따라 살게 된다. 여기에 다시 심판이 언급된다. 마지막 날에 인류는 두 부류로 나누어진다. 영원한 생명을 누릴 사람들과 영원한 죽음에 떨어질 사람들이다. 의인의 회중에(시 1:6) 들어갈 사람들과, 영원한 형벌을 받게 될 불의한 자들이다.
　예수 그리스도를 믿고, 예수 그리스도 안에 사는 것이 생명이고 능력이다. 예수 그리스도 안에서 하나님 아버지와 교통하는 삶을 사는 것이다. 이 땅의 현실을 살면서도 하늘의 현실을 보면서 사는 것이다. 그러한 사람의 특징은 순종과 겸손이다. 말씀에 대한 깨달음이 있어 좌우로 흔들리지 않는다.

2) 견고한 믿음(2:13~17)

　불의한 자들의 결국을 알고 나면 구원받은 자들의 반열에 들어간 것이 얼마나 감사한 일인지 새삼 깨닫게 된다. 영원한 형벌을 알고 있으면 하나님께서 부르시고 선택해 주신 사실이 감사한 일임을 깨닫게 된다. 예수께서 재림하시는 그 날에 될 일을 미리 안다면 하나님의 자녀로 불러 주신 것에 감사를 드림은 지극히 마땅한 일이다.
　하나님께서 택하여 주실 뿐만 아니라 성령을 보내셔서 거룩하게 하시고 진리를 믿도록 만들어 주셨다. 거룩하게 되고 진리를 알고 믿게 되는 것은 이 땅에서 받을 수 있는 가장 큰 축복이다. 진리는 예수 그리스도이니, 진리를 알게 됨은 예수를 알게 된 것이요, 진리를 믿음은 예수를 믿는 것이다. 진리를 알아야 구원을 받는다. 앎이 있어야 구원이 있다. 진리를 모르면 구원이 없다.

바울과 그의 동역자들이 전한 복음을 통해 하나님께서 그렇게 역사하신 것이다. 바울을 통해 데살로니가교회 성도들을 부르신 것이다. 바울이 부른 것이 아니라, 하나님께서 부르신 것이다. 그것은 우리로 하여금 우리 주 예수 그리스도의 영광에 참예하도록 하기 위함이다. 인간인 우리가 하나님이신 예수 그리스도의 영광에 참예하도록 허락받는 것은 그야말로 무한한 영광이요 특권이 아닐 수 없다.

그러한 장래 소망을 붙들어야 한다. 그것이 미래에 될 일이지만 지금 여기에서 이미 맛볼 수 있는 것이다. 이 땅의 현실을 살지만, 동시에 하늘의 현실을 사는 사람들은 이미 영생을 누리고 그리스도의 영광을 누리며 사는 자들이기 때문이다. 이러한 소망이 우리에게 있다면 우리는 그 어떠한 유혹과 위협에도 넘어지지 않고 굳게 서서 믿음을 지킬 수 있다. 내 자신의 믿음과 확신이 강하면 흔들리지 않는다. 사단의 미혹에 넘어가는 것은 일차적으로 내게 문제가 있기 때문이다. 내 믿음과 내 확신이 약하기 때문에 미혹도 당하고 넘어지기도 하는 것이다. 데살로니가교회 성도들이 굳게 서서 흔들리지 않는 방법은 바울과 그의 동역자들이 가르친 교훈을 기억하여 잊지 말고, 또한 편지로 다시 환기시켜 주는 내용들을 받고 그것을 지키는 것이다. 가르침을 지켜야 한다. 가르침을 받기는 받았어도 그것을 잃는 경우가 있다.

이 땅에서의 성도들의 삶이 항상 순탄한 것이 아니기 때문에 위로가 필요하다. 예수 그리스도와 하나님께서 우리를 위로하신다. 하늘의 위로를 맛보며 사는 것이야말로 성도로 사는 묘미가 아닐 수 없다. 하늘을 향해 열려 있는 삶을 사는 자들에게나 가능한 말이다. 이 땅의 삶이 어렵고 힘들어도 그것을 견딜 수 있는 것은 우리에게 소망이 있기 때문이다. 그날이 오면 신천신지에서 왕노릇 하며 영원히 살 소망이 우리에게 있는 것이다. 이것은 착각이 아니다. 허상도 아니다. 몽상도 아니다. 바울은 그 장면을 미리 보았다. 이사야 선지자도 보았고 요한도 보았다. 자신들이 두 눈으로 목격한 광경을 우리에게 전달해 주었다. 예수 그리스도의 재림과 마지막 날의 심판이 지금 이 땅의 현실보다 더 생생한 현실임을 깨닫고 살아야 한다. 이러한 세계를 소망으로 가지고 살아가는 성도들은 이 땅에서 모든 선한 일을 하고 선한 말을 하며 살아야 한다. 그것이 때로는 쉽지 않은 일일지라도 그렇게 해야 한다. 하나님께서 힘을 주시고 능력을 주셔서 성도라는 이름에 걸맞게 살아야 한다.

3) 기도 부탁(3:1~5)

바울과 그의 동역자들은 데살로니가교회 성도들에게 기도를 부탁한다. 형제로서 형제에게 기도를 부탁하는 것이다. 그저 해보는 말이 아니다. 초신자라 할지라도 하나님의 자녀가 된 이상 하나님께 기도를 드리고 하늘의 보좌를 움직일 권한이 있음을 바울은 알고 있었다. 바울과 같이 깊은 기도의 삶을 사는 사람도 기도의 지원이 필요하다. 기도에는 끝이 있을 수 없다.

기도를 부탁하는 내용은 주의 말씀이 능력 있게 전파되는 것이다. 주의 말씀(the word of the Lord)이라는 표현은 바울 서신서들 가운데 데살로니가전후서에만 나온다. 이것은 그리스도의 복음(the gospel of Christ)과 같은 내용이다. 이 주의 말씀이 빠르게 달려서 즉 빠르게 전파되고 또한 사람들이 받아들여 영광을 받게 되기를 위해 기도를 부탁한다. 복음의 전도자로 바울과 그의 동역자들이 열심히 뛰지만, 말씀 자체가 운동력을 가지고 달리기를 기도하는 것이다. 복음을 전하는 자들의 수고와 애씀도 중요한 일이나, 말씀 그 자체의 능력이 세상을 변화시킨다. 또한 그 말씀의 소중함을 사람들이 깨닫고 말씀을 붙잡는 일이 일어날 수 있도록 기도한다. 말씀을 받고 말씀에 대한 깨달음이 있을 때 삶이 변하고 관점이 변하고 사상이 변하고 사람이 변한다. 예수 그리스도의 복음 외에는 이 세상을 변화시킬 힘이 없다. 말씀이 살아 움직이고 역사해야 사단의 역사를 무너뜨릴 수 있다. 바울은 '너희 가운데서와 같이'라고 하여, 데살로니가교회에 있었던 말씀의 역사를 환기시키고 칭찬을 하고 있다.

또한 바울과 그의 동역자들을 넘어뜨리려고 하는 불의하고 악한 사람들에게서 건져달라는 내용의 기도 부탁을 한다. 바울의 삶을 보면 그의 주위의 사람들이 바울 사도를 낙망시키고 넘어뜨리려고 했음을 보게 된다. 말씀은 사람들로 하여금 회개하고 복음에 복종하도록 부르기 때문에 불의한 사람들을 짜증나고 화나게 만든다. 예수께서도 이와 비슷한 말씀을 하신 적이 있다. "거룩한 것을 개에게 주지 말며 너희 진주를 돼지 앞에 던지지 말라 저희가 그것을 발로 밟고 돌이켜 너희를 찢어 상할까 염려하라"(마 7:6). 진주와 같이 귀한 복음을 주어도 그것을 받고 감사하고 감격하는 것이 아니라 오히려 죽이려고 덤벼드는 일이 생긴다. 믿음이 모든 사람의 것이 아니기 때문이다(3절). 자기가 주인이 되어 육체의 정욕을 도모하는 사람들, 죄에 빠져 살아가고 있는 사람들에게는 복음의 초청이 성가신 것이 된다. 자기를 포기하고 말씀에 복종하기를 싫어한다. 바울과 그의 동역자들은 그러한 사람들로부터 해를 당할 위험을 항상 안고 살았다. 주위에 그들을 해치려고 벼르는 사람들이 언제나 있었고, 실제로 죽을 고비도 많이 넘겨야 했다.

바울은 기독교 공동체 안에서도 중상과 모략도 많이 당했다. 빌립보서에서 바울은 복음 전도자들 가운데 어떤 사람들은 바울에 대한 시기와 경쟁심으로(빌 1:15) 그리스도를 전파한다고 했다. 그들은 바울이 옥에 갇힌 것에 괴로움을 더하게 하려는 심보를 가지고 경쟁심을 가지고 그리스도를 전파하는 것이라고 했다(빌 1:17). 그렇게 큰 어른이었던 사도 바울 조차도 주위의 사람들에 의해 끊임없이 시달리고 억울함을 당했다. 그러나 그는 그렇게 사람들로 인한 시련과 연단에도 불구하고 주어진 사명을 이루는데 지장을 받지 않았다. 그것이 거저 된 일이 아니라 자신의 끊임없는 기도와 또한 성도들의 끊임없는 중보 기도의 덕분이었음을 확인하게 된다. 기도 없이 우리 힘으로 설 수 있다고 생각하면 큰 오산이다. 기도 없이 되는 일이 없음을 기억해야 한다. 중보 기도가 복음의 전파를 돕는다. 그런 의미에서 중보 기도가 선교에 중요한 역할을 한다.

사도 바울과 같은 위대한 선교사, 탁월한 목회자도 믿음은 모든 사람의 것이 아님을 말하고 있다. 온 세상이 회심하는 일은 일어나지 않을 것이다. 믿음은 모든 사람을 위한 것이 아니다. 말씀이 인류를 나누어 놓는다. 말씀을 듣고 믿음을 가지는 자들과 그렇지 않은 자들로 이 세상이 나누어진다. 말씀을 받는 자들이 있을 것이고, 말씀을 거절하는 자들이 있을 것이다. 이것은 각자의 자유로운 선택의 문제다. 바울은 그의 선교 사역에서 이것을 직접 경험했다. "저희가 일자를 정하고 그의 우거하는 집에 많이 오니 바울이 아침부터 저녁까지 강론하여 하나님 나라를 증거하고 모세의 율법과 선지자의 말을 가지고 예수의 일로 권하더라. 그 말을 믿는 사람도 있고 믿지 아니하는 사람도 있어"(행 28:23~24). 바울과 같은 영적인 거장에게서 직접 가르침을 받고도 그 말을 믿지 않는 사람이 있었다. 그것이 우리의 현실이다.

바울은 여기에서 '주는 미쁘시다'(The Lord is faithful)고 말한다. 바울은 주로 하나님은 미쁘시다(God is faithful)고 가르쳐 왔다(고전 1:9, 10:13, 고후 1:18, 살전 5:24). 서두에서부터 반복되어 언급된 것이지만, 바울에게 예수 그리스도는 하나님과 동격이고, 예수 그리스도가 누구인지를 깨닫는 것이 기독교 신앙의 핵심 중에 핵심이다. 우리를 강하게 해 주시는 분도 예수 그리스도이다. 예수께서 우리를 강하게 하고 힘주실 때에야 우리는 비로소 강해질 수 있다. 우리 스스로 악한 자를 대적할 수 없다. 여기의 악한 자는 사단을 말한다. 우리가 강한 힘이 있을 때 사단의 공격에 저항하고 대적할 수 있다. 예수께서도 주기도문에서 '다만 악에서 구하옵소서'라고 기도할 것을 우리에게 가르쳐 주셨다. 악에서 지킴을 받고 악을 대적하여 이길 수 있는 것은 하나님께서 우리를 지켜주실 때 비로소 가능해진다. 하늘의 보호를 받고 사는 사람들이 성도들이다. 앞이 보이지 않고 불안하고 답답한 것이 오늘 우리의 현실 삶이다. 이런 삶 가운데 하늘의 보호를 받으며 산다는 것은 신나는 일이 아닐 수 없다.

바울은 데살로니가교회 성도들이 바울과 그의 동역자들이 가르친 내용들을 구체적인 삶의 현장에서 실천할 것을 강조하여 말하고 있다. 행함이 중요하다. "행하고 또 행할 줄을 주 안에서 확신하노라"(4절)고 하는 말은 반드시 행해야 한다는 강력한 권면을 담고 있는 것이다. 또한 바울은 그들이 그렇게 행함이 있을 것으로 확신을 가졌다.

성도들의 마음을 인도하고 지키시는 분도 그리스도 예수이시다. 우리가 우리의 마음을 지키고 생각을 지키는 일이 그렇게 쉬운 일이 아니다. 주께서 지켜 주셔야 우리의 마음도 지킬 수 있다. 마음가짐도 내 마음대로 되지 않는다. 그래서 다윗은 '내 안에 정한 영을 창조해 달라'는 청원을 하나님께 드렸던 것이다. 하나님께서 우리의 마음을 움직이셔서 하나님의 사랑을 알게 되고 예수 그리스도의 인내를 아는 수준에까지 이르게 되기를 간구하고 있다(5절). 마음 가운데 하나님의 사랑이 있고 그리스도의 인내가 있는 그런 성도가 되기를 바라고 있다. 그리스도의 인내는 죽기까지 참는 것이다. 성도들이 그리스도의 장성한 분량에까지 이르는 것이다. 인내를 할 수 있는 사람은 결론을 알고 있는 사람들이다. 무서운 영화를 보더라도 끝에 가서 어떻게 될 지 미리 결론을 알고 있으면 중간에 갈등이 있고 무서운 장면이 나와도 겁먹지 않을 수 있다. 결국에 해피엔딩으로 끝날 것이기 때문이다. 이것은 데살로니가교회 성도들이 교회에 출석만 하는 기초적인 수준에 머무는 성도들이 아니라 복음의 깊이를 깨달아 알고 삶 속에서 인내하는 법을 터득하는 높은 수준에 도달하기를 기대하는 것이다. 인류 역사의 끝을 보고 끝 날을 기대하며 살라는 것이다. 이것을 신학적으로 표현하면, 종말론적인 삶을 살라는 것이다. 이것을 동양식으로 표현하면, 기독교 복음의 핵심을 터득하고, 도인의 경지에까지 이르기를 바라는 것이다. 성도들이 도달해야 할 목표가 어디인지, 성도라는 이름을 달고 사는 사람들이 어느 경지에까지 들어가야 하는지, 그래서 성도라는 이름값을 하는 것이 어떤 수준이어야 하는지, 그 기준을 제시하고 있다.

4) 게으름에 대한 경고(3:6~15)
바울은 기독교 공동체 안에서 게으르고 규모도 없고 기준도 없이 행하는 사람들을 피하라고 말한다. 바울이 가르친 내용들을 실천하지 않는 사람들에게서 피하도록 명하고 있다. 데살로니가교회 공동체 안에 무위도식하며 아무 일도 하지 않는 사람들이 있었다. 성도들의 공동체가 선한 의도를 가지고 서로를 대접하는 선한 일들을 하지만, 그렇게 남들의 선한 목적을 이용하고 남용하는 사람들이 나타나면 다른 사람들에게 누가 되고 실망을 안겨 준다. 그런 사람들은 정신을 차려야 한다. 성도들의 공동체는 얌체 같이 끼어 들어와 남들의 선을 남용해도 좋은 그런 물렁물렁한 공동체가 아니다. 하나님의 정하신 규율이 있고 법도가 있다. 그러한 사람들을 대접하는 가장 좋은 방법은 그들과의 사귐을 멀리하는 것이다. 그렇게 해서 자기들이 무엇을 잘못하고 있는지 생각할 기회를 가지도록 만들어야 한다. 그렇게 선을 남용하는 작자들이 있다 할지라도 낙심하지 말고 계속하여 선을 베풀 것을 권면한다.

성도들이 날마다의 삶을 어떻게 살아야 하는지 가르쳐 준다. 매일의 삶에서 최선을 다해야 한다. "일하기 싫으면 먹지도 말라." 복음은 인간 삶의 근본적 통찰을 무시하거나 상식적 진리들을 무시하지도 않는다. 오히려 그 반대다. 기독교인은 현실의 삶을 치열하게 살아야 한다. 주어진 현실의 문제를 피하지 않고 정면으로 부딪혀 수고하고 애써 타개하려고 노력해야 한다. 기독교 공동체는 현실로부터 도망하고 도피하려는 사람들의 은신처가 아니다. 땀 흘려 수고하고 매일의 양식을 벌어야 한다.

데살로니가교회 공동체에서 게으른 자들이 어떤 동기에서 그렇게 했는지 구체적인 설명은 없다. 한편으로는 육체 노동을 비천하게 여기는 당시의 풍조에 영향을 받았을 수 있다. 다른 한편으로는 예수님의 임박한 재림에 대한 기대 때문에 현실을 무시하는 삶을 살았던 자들이 있었을지도 모른다. 바울 당대에는 육체 노동은 노예들이나 종들이 하는 비천한 일이요 현자들과 지식인들은 그렇게 저급한 육체 노동을 해서는 안 되는 것으로 생각하는 풍조가 있었다. 바울은 하나님의 창조 세계에 고귀한 일과 비천한 일의 구분이 없음을 가르치는 것이다. 바울 자신이 천막 만드는 힘든 일을 하면서 양식을 벌었다. 시대의 풍속을 뛰어 넘고 주위의 시선을 뛰어 넘어 말씀의 본질을 보여 주고 실천할 수 있는 사람은 진정한 자유인이다. 성도들은 어느 시대고 인간 세상의 풍속에 매몰되지 않고 눈치를 살피지 않고 기독교 가르침의 본질을 당당하게 실천할 수 있는 자유인들이 되어야 한다. 또한 본질에서 벗어난 종교적 열정을 가지게 되면 현실 도피적 삶의 모습이 나온다. 게으름과 지나친 종교적 감상주의 혹은 열정은 대개 같이 간다. 신앙 생활을 핑계로 가정일을 제대로 돌보지 않는다거나 현실 삶을 하찮은 것으로 여기는 태도를 가지는 것은 기독교인의 올바른 자세가 아니다. 기독교인은 본질적이고 상식적이어야 한다. 현실 감각이 증발되지 않도록 하고, 노동과 땀 흘리는 것이 신성한 일임을 알아야 한다. 육체 노동, 막일 하는 것이 중요한 일임을 알아야 한다. 가정 일과 교회 일에 우선 순위상 구분을 두는 태도도 바른 태도가 아니다. 현실 삶에 질서가 잡히고 정돈이 되어 있는 사람이 신앙생활을 제대로 하는 사람이다. 그런 기독교인이 건강한 믿음을 가진 사람이다.

데살로니가교회 성도들은 대부분 가난한 사람들이었다. 그들은 수고하고 땀 흘려야 양식을 벌 수 있는 사람들이었다. 바울이 천막 만드는 일을 한 것은 성도들에게 부담을 주지 않으려는 마음에서 그렇게 한 것이었다. 이것은 성도들을 사랑하는 목회자의 심정을 가지고 한 것이다. 바울이나 그의 동역자들은 데살로니가에 있을 때 성도들로부터 사례비를 받아 생활할 수도 있었다. 그것이 그들에게 합당한 권리인 것도 잘 알고 있었다. 그럼에도, 그들은 그렇게 하지 않았다. 왜 그랬는가? 그들은 모범을 보여 주기 위해서 그렇게 했다. 모범이 되기 위해서 자신들의 당연한 권리조차 요구하지 않았다. 그것은 데살로니가교회 성도들과 데살로니가에 있는 믿지 않는 사람들, 한 걸음 더 나아가 복음의 전파를 위한 것이었다. 한국 교회의 현실을 생각하지 않을 수 없다. 앞에서도 언급된 사항이지만, 교회의 부자세습은 한국 교회 성도들에게나 교회 바깥의 한국 백성들에게나 모범이 되지 않는 일이다. 주위에서 그것을 원하고 그것이 당연한 권리인 것으로 생각되더라도 그것이 복음의 진작과 기독교의 사회적 위신과 이미지를 해치는 것이라면 하지 말아야 한다. 복음이 앞서는 것인지 '내가 키운 교회 남 주기 아까운' 마음이 앞서는 것인지 모를 일이다. 한국 백성들이 기독교를 바라보는 시각은 어떻게 흘러가고 있는가? 바울 사도가 와서 이런 현상을 본다면 아마도 기절할 노릇일 것이다. 기독교 지도자들이 앞장서서 기독교를 해치는 일을 도모하고 있음이 통탄스러운 일이 아닐 수 없다. 복음을 볼모로 삼아 사업을 하고 경영을 하고 있지나 않은지 우리 모두 공동체적으로 회개할 때가 되었다. 한국 교회가, 한국 교회의 성도들이 그리고 한국 교회의 지도자들이 한국 민족 앞에 모범을 보이는 것은 고사하고, 욕먹을 일을 더 이상 하지 말아야 한다.

바울은 이렇게 현장에서 일어나는 일에 대해 구체적인 지침들을 전하고 있다. 기독교 공동체 안에서 일어나는 일들이나 행위들이 신학적 질문이다. 목회 현장이 신학을 요구하는 장소요, 신학은 목회 현장에서 올라오는 질문들에 대한 답변을 제시하는 것이어야 한다. 이렇게 할 때, 목회 현장과 신학 사이에 구분이나 간극이 없어질 것이다.

바울이 데살로니가교회 공동체 안에 게으른 자들의 문제를 현안문제로 비중 있게 다루고 있는 이유는 그러한 행동들을 묵과하게 되면 기독교 공동체의 사회적인 이미지에 타격을 입게 되기 때문이다. 예수를 믿지 않는 자들이 기독교 공동체에 대해 나쁜 이미지를 가질 수 있고, 그렇게 되면 복음의 전파에 중대한 차질이 발생하기 때문이다. 만일 바울이나 데살로니가교회가 교인 숫자의 증가에 관심이 있었고 그런 식의 부흥을 염두에 두고 있었다면 그렇게까지 예민하게 반응을 보이지 않았을 것이다. 그렇게 까다로운 원칙을 적용하면 교회 부흥에 지장이 있을 것이기 때문이다. 만일 바울과 그의 동역자들이 그런 태도를 취했다면, 일시적인 수적 부흥은 있었을지 몰라도 복음의 전파는 엄청난 방해를 받았을 것이다. 기독교가 오늘날 우리에게까지 전해지지도 않았을 것이다. 바울과 그의 동역자들의 궁극적인 관심은 복음의 전파였다. 그래서 복음의 전파에 방해가 되는 요소들은 예민하게 잘나내려고 했던 것이다. 예수 그리스도를 믿지 않고 복음을 영접하지 않는 사람들이 기독교를 무시하고 업신여기는 일이 발생하지 않도록 기독교 공동체의 영적 수준을 유지했다. 오늘날 한국 교회를 보면 온갖 것들이 뒤죽박죽되어 있다는 느낌을 받는다. 이것이 교회인지, 기독교가 맞는 것인지 고개를 갸우뚱하게 만드는 현상이 비일비재하다. 믿지 않는 사람들이 뭐라든, 교회를 욕하든 말든, 수단과 방법을 가리지 않고 내 교회만 잘되고 내 교회만 부흥시키면 그만이라는 식이다. 한국 사회에서 기독교의 이름이, 예수 그리스도의 이름이 먹칠을 당하고 욕을 먹는 것에도 상관하지 않는 것 같다. 복음의 기준을 회복해야 한다. 기독교의 이름으로 기독교의 가르침이 무시당하는 어처구니없는 일들이 더 이상 있어서는 곤란하다.

3. 마지막 인사(3:16~18)

바울은 기도로 마지막 인사를 대신한다. "평강의 주께서 친히 때마다 일마다 너희에게 평강을 주시기를 원하노라 주는 너희 모든 사람과 함께 하실지어다"(16절). 성도들이 어느 때, 어느 상황에서도 하늘의 평화를 누릴 수 있도록 평화의 하나님께서 성도들에게 평화를 내리시기를 기도한다. 성도들로 사는 재미는 하늘의 평안을 현실 속에서 구체적으로 체험하며 사는 것이다. 하나님의 간섭하심과 하나님의 임재를 느끼는 자들이 하나님의 평안을 느낀다. 이러한 사람들은 그리스도의 십자가 밑에 자신의 삶이 철저히 깨어진 사람들이다. 내 삶을 사는 것이 아니라 내 안에 그리스도께서 사시는 것이라는 고백을 할 수 있는 사람이라야 하늘의 평안이 무슨 소리인지 깨달을 것이다. 그런 사람은 하나님과 같이 사는 사람이다. 하나님께서 같이 있어주는 사람이다.

바울은 친필로 문안한다는 사실을 강조하고 있다. 이것은 물론 당시에 바울의 편지를 위조하고 잘못된 가르침을 퍼뜨리는 무리가 있음을 의식하고 그렇게 한 것이다. 기독교 가르침의 순수성은 잘 지켜야 한다. 복음의 순수성을 해치려는 시도들에 대해서는 경계를 게을리하면 안 된다. 기독교 공동체가 혼란과 혼동에 빠지게 되고, 성도들이 바른 믿음과 사랑으로 성장하지 못하게 된다. 불의가 끼어들게 된다. 잘못된 가르침은 언제나 진짜 흉내를 내기 때문에 우리의 경계를 요한다. 영을 분별하고 거짓 선생들을 삼가야 하는 이유가 거기에 있다.

"우리 주 예수 그리스도의 은혜가 너희 무리에게 있을지어다." 이것은 어느 시대, 어느 장소에 있는 교회에도 필요한 것이다. 우리 주 그리스도의 은혜가 머무르는 곳이면 그곳에 소망이 있다. 우리 인생이 그리스도의 은혜에 달려 있다. 그리스도께서 계시지 않으면 우리가 할 수 있는 일이 아무것도 없다. 데살로니가교회에 속한 성도 한 사람 한 사람에게 그리스도의 은혜가 함께 하시기를 비는 목회자 바울의 마음이 진하게 묻어난다. 한국 교회 모든 성도들에게도 그리스도 예수의 은혜가 함께 하시기를 기도드린다.

주(註)

1부

3장
참고문헌
왕대일, "이 법대로 할 것이라", 「민수기 어떻게 설교할 것인가」, 하우주석 4. 서울: 두란노, 2009.
Travis, Stephen H. "Wrath of God(NT)," *Anchor Bible Dictionary*.
Herion, Gary A. "Wrath of God(OT)," *Anchor Bible Dictionary*.
Hanson, A. T. *The Wrath of the Lamb*. London: S.P.C.K, 1957.

4장
1. 이 글은 「신학정론」 제25권 1호(2007년 6월호), pp. 49~82에 발표된 것으로, 자세한 헬라어와 주는 이 자료를 참조.

참고문헌
박형용, 「바울신학」. 수원: 합동신학대학원출판부, 2005.
Bengel, John A. *Bengel's New Testament Commentary*, Vol. 2. Grand Rapids: Kregel Publications, 1981.
Bruce, F. F. *1 and 2 Thessalonians*. WBC. Waco: Word Books, 1982.
Calvin, John. *The First Epistle of Paul to the Corinthians*. tr. By John W. Fraser. Grand Rapids: Eerdmans, 1973.
Cullmann, Oscar. *The Christology of the New Testament*. Philadelphia: The Westminster Press, 1959.
Eadie, John. *Thessalonians. Greek Text Commentaries*. Grand Rapids: Baker, 1979.
Fee, Gordon D. *The First Epistle to the Corinthians*. NICNT, Grand Rapids: Eerdmans, 1991.
Hughes, P. E. *Paul's Second Epistle to the Corinthians*. NICNT, Grand Rapids: Eerdmans, 1962.
Lenski, R. C. H. *The Interpretation of I and II Corinthians*. Minneapolis: Augsburg Publishing House, 1963.
Lightfoot, J. B. *Notes on Epistles of St. Paul*. MacMillan, 1895.
Martin, Ralph P. *Philippians*. Tyndale, Grand Rapids: Eerdmans, 1989.
Morris, Leon. *1 and 2 Thessalonians*. TNTC. Grand Rapids: Eerdmans, 1991.
Murray, J. *The Epistle to the Romans*. NICNT, Vol I. Grand Rapids: Eerdmans, 1968.
Robertson, A. T. *Paul's Joy in Christ*. Grand Rapids: Baker, 1980.
Stott, John. *The Gospel and the End of Time: The Message of 1 and 2 Thessalonians*. Downers Grove: IVP, 1991.
Vos, G. *The Pauline Eschatology*. Grand Rapids: Eerdmans, 1966.

5장

1. Strobel, A, "ἀνάγκη", EWNT Bd.1, pp. 186~190. 신약성경에서 약 18회 등장하는 이 용어는 사람이 피할 수 없는 어떤 것, 또는 설정된 피치 못할 상황에 의한 강요 등을 나타낼 때 사용한다.
2. ἀναγκάζεις(아낭카제이스)
3. 실은 '몽둥이로 맞고 멸시를 당했으나'로 번역을 하면 보다 그 내용의 심각성을 잘 반영하는 것과 같이 보인다.

7장

1. T. Holtz, *Der erste Brief an die Thessalonischer*, pp. 188~189.
2. T. Holtz, p. 191.
3. T. Holtz, p. 189.
4. W. Harnisch, *Eschatologische Existenz*, pp. 34~35.
5. W. Harnisch, p. 35.
6. U. Luz, *Das Geschichtsverstaednis des Paulus*, 1968, p. 327.
7. T. Holtz, p. 195.
8. T. Holtz, p. 195 그리고 각주 265. 예를 들면, 제4 에스라서 13:24에는 "남은 자들이 죽은 자들보다 훨씬 복될 것이다". 제4 에스라서 7:27~28에서는 "전에 언급된 재앙으로부터 구원을 얻는 자마다 나의 기적을 보게 될 것이다. 왜냐하면 나의 아들, 메시아는 그와 함께한 자들과 더불어 나타날 것이며 남은 자들을 400년 동안 행복하게 할 것이다."
9. W. Harnisch, p. 47.
10. U. Luz, p. 329.
11. 이러한 견해는 Holtz가 주장한다. T. Holtz, p. 199.
12. 바울이 후에 기록한 고린도전서 15:52에 의하면 살아 있는 자들은 주님의 재림 시에 변화된다고 언급한 사실은 바울의 사상의 발전의 의미에서 설명할 수 있는 것이 아니라 그가 다룬 전승에 기인한 문제로 이해될 수 있다.
13. T. Holtz, p. 203 그리고 W. Marxen, p. 67.
14. T. Holtz, p. 203.
15. 종말론적 구원의 장소가 땅이 된다는 사상은 이 밖에도 요한계시록 21:1~2, 10에 나타나고 있다.
16. W. Marxen, p. 68.
17. W. Marxen, p. 68. 그리고 W. Harnisch, pp. 49~50.
18. 마 24:43~44; 눅 12:39~40; 계 3:3; 16:15; 벧전 3:10 에 나타나는데, 이 본문들은 권위 있는 예수님의 말씀에 관한 전승에서 유래했다.
19. W. Marxen, *Der erste Brief an die Thessalonischer*, p. 68.
20. W. Marxen, p. 69.
21. W. Marxen, p. 69.
22. T. Holtz, p. 219.

23. W. Harnisch, p. 117.
24. W. Marxen, p. 69.
25. W. Marxen, p. 69.
26. W. Marxen, p. 69.
27. 고린도후서주석, 프리드리히 랑/문병구 역(서울: 성경아카데미 2007), p. 110.
28. 앞의 책, p. 111.
29. 앞의 책, p. 111.
30. 앞의 책, p. 112.
31. 앞의 책, p. 113.

참고문헌
Marxen, W. *Der erste Brief an die Thessalonicher*. 1979.
Harnisch, W. *Eschatologische Existenz*. 1973.
Holtz, T. *Der erste Brief an die Thessalonischer*. 1986.
Luz, U. *Das Geschichtsverstaendnis des Paulus*. 1968.
Lang, F./문병구「고린도후서주석」(2007).

8장
1. 포스트콜로니얼 성서해석을 적용한 글은 박흥순, 「포스트콜로니얼 성서해석」(서울: 예영 B&P, 2006)과 박흥순, 「마이너리티 성서해석」(서울: 예영 B&P, 2006)을 참조하라.
2. 포스트콜로니얼(postcolonial)이란 용어는 포스트(post)가 가지고 있는 복합적 의미로 인해서 한글로 번역하기 어려운 용어이다. 보통 포스트(post)가 가지고 있는 두 가지의 의미 가운데 '이후(after)'를 뜻하는 것으로 이해해서 '식민지 이후'라고 번역할 수 있다. 혹은 '탈(de)'이라는 의미로 이해해서 '탈식민'이라고 번역할 수 있다. 그러나 포스트콜로니얼(postcolonial)이라는 용어가 갖고 있는 톤과 분위기를 그대로 유지하기 위해서 이 글에서는 포스트콜로니얼(postcolonial)로 사용하도록 한다.
3. 영국 중심의 영어영문학을 탈피하려는 예는 미국 영어, 남미 영어, 아프리카 영어, 호주 영어, 필리핀 영어 등과 같이 다양한 영어가 존재하는 현실에서 영국 중심의 영어가 경전으로 중심에 위치할 수 없다는 해석학적 인식에서 비롯된다고 할 수 있다.
4. '서구(western)'와 '비서구(non-western)'라는 제 1세계와 제 3세계란 용어보다 용어의 사용면에서 더 적절하다고 할 수 있다. 제 2세계의 붕괴와 함께 더 이상 냉전 시대의 세계 구분이 존재하지 않는 현실에서 제 1세계와 제 3세계라는 용어를 사용하는 것은 적절하지 않기에, 필자는 '서구'와 '비서구'라는 용어를 사용할 것을 제안한다.

참고문헌
박흥순, 「포스트콜로니얼 성서해석」, 서울: 예영 B&P, 2006.
_____, 「마이너리티 성서해석」, 서울: 예영 B&P, 2006.
사이드(Edward W. Said), 김성곤·정정호 공역, 「문화와 제국주의(Culture and Imperialism)」,

서울: 창, 1995.
사이드(Edward W. Said), 박홍규 역, 「오리엔탈리즘(Orientalism)」, 서울: 교보문고, 2007.
응구기와 티옹고(Ngugi wa Thiongo), 이석호 역, 「탈식민지 문학과 아프리카 문학 (Decolonising the Mind)」, 고양: 인간사랑, 1999.
파농(Frantz Fanon), 이석호 역, 「검은 피부 하얀 가면 (Black Skin White Mask)」, 고양: 인간사랑, 1998.
Dube, Musa W. "Toward a Post-Colonial Feminist Interpretation of the Bible." *Semeia* 78(1997), pp. 11~26.
_____. "Consuming a Colonial Cultural Bomb: Translating Badimo into 'Demons' in the Setswana Bible." *Journal for the Study of the New Testament* 73(1999), pp. 33~59.
Ellis, E. Earle. *The Gospel of Luke*. Grand Rapids: Eerdmans Publishing Company, 1987.
Kwok Pui-lan. *Discovering the Bible in the Non-Biblical World*. Maryknoll: Orbis Books, 1995.
_____. "Reflection on Women's Sacred Scriptures", *Concilium* (1998a), p. 110.
Said, Edward W. *Orientalism*: Western Conceptions of the Orient. London: Penguin Books, 1985.
_____. *Culture and Imperialism*. London: Vintage, 1993.
Segovia, Fernando F. "Toward a Hermeneutics of the Diaspora: A Hermeneutics of Otherness and Engagement." Fernando F. Segovia and Mary Ann Tolbert (eds.). *Reading from this Place: Social Location and Biblical Interpretation in the United States*, Vol.1 Minneapolis: Fortress Press, 1995, pp. 57~63.
_____. "Notes Toward Refining the Postcolonial Optic." *Journal for the Study of the New Testament* 75(1999), pp. 103~114.
Sugirtharajah, R. S. "Biblical Studies after the Empire: From a Colonial to a Postcolonial Mode of Interpretation". R. S. Sugirtharajah (ed.). *The Postcolonial Bible*. Sheffield: Sheffield Academic Press, 1998a, pp. 12~22.
_____. "A Postcolonial Exploration of Collusion and Construction in Biblical Interpretation." R. S. Sugirtharajah (ed.). *The Postcolonial Bible*. Sheffield: Sheffield Academic Press, 1998b, pp. 91~116.
_____. *Asian Biblical Hermeneutics and Postcolonialism: Contesting the Interpretations*. Maryknoll: Orbis Books, 1998c.
_____. "Biblical Studies in India: From Imperialistic Scholarship to Postcolonial Interpretation." Fernando F. Segovia and Mary Ann Tolbert (eds.). *Teaching the Bible: The Discourses and Politics of Biblical Pedagogy*. Maryknoll: Orbis Books, 1998d, pp. 283~296.
_____. "A Brief Memorandum on Postcolonialism and Biblical Studies." *Journal for the Study of the New Testament* 73(1999a), pp. 3~5.

9장

1. 오우성, 「데살로니가 전·후서」(서울: 대한기독교서회, 1995), pp. 24~25.
2. Richard A. Horsley, "Introduction", Richard A. Horsley(ed.), *Paul and the Roman Imperial Order* (Harrisburg: Trinity Press International, 2004), p. 11.
3. R. Wayne Stacy, "Introduction to the Thessalonian Correspondences", *Review & Expositor* vol.96(1999), p. 185. 스테이시(R. Wayne Stacy)는 부유한 사람들을 "권력이 위임된 그리스와 로마의 이주민들"로 규정하고 가난한 사람들을 "권력이 박탈된 토착 마케도니아 사람들"이라고 주장한다. 이들의 정치-경제적 갈등은 예측할 수 있으며 대부분의 가난한 사람들이 데살로니가 신앙공동체의 구성원들이었다고 스테이시는 주장한다. 또한 아고스토(Efrain Agosto)는 데살로니가전서 4:11을 근거로 데살로니가 신앙공동체의 구성원이 제국의 사회구조의 끝자락에 있는 노동자 계급이라고 주장한다. Efrain Agosto, "*Patronage and Commendation, Imperial and Anti-imperial*", Richard A. Horsley(ed.), *Paul and the Roman Imperial Order* (Harrisburg: Trinity Press International, 2004), p. 111.
4. R. Wayne Stacy, 앞의 논문, p. 186.
5. E. Randolph Richards, "*Ministering in a Tough Place: Paul's Pattern in Thessalonica*", *Southwestern Journal of Theology* Vol. 62(1999), p. 25.
6. R. Wayne Stacy, 앞의 논문, p. 186.
7. 오우성, 「데살로니가 전·후서」(서울: 대한기독교서회, 1995), p. 25.
8. Beverly Roberts Gaventa, 번역위원회 편, 「데살로니가전·후서: 목회자와 설교자를 위한 주석」(서울: 한국장로교출판사, 2003), p. 26. 가벤타(Beverly Roberts Gaventa)는 데살로니가의 다신론적 종교적 배경의 실례로 "그리스 신 디오니수스(Dionysus)와 이집트 신 이시스(Isis), 오시리스(Osiris), 세라피스(Serapis)와 프리지아(Phrygian)의 신인 카비루스(Cabirus)"와 함께 "기원전 첫 세기말쯤 제국의 왕국 종교의식에도 참여"하고 있음을 지적하고 있다.
9. E. Randolph Richards, 앞의 논문, p. 20.
10. 앞의 논문, p. 21. 리차드(Richards)는 황제숭배 문제로 교회와 국가가 갈등했다고 주장하는 것과는 달리 오우성은 "바울이 데살로니가에서 사역하고 있던 이 시기에는 그러한 교회와 국가 간의 갈등이 표면화되지는 않았다"고 주장한다. 오우성, 앞의 책, p. 30.
11. F. F. Bruce, 번역실 역, 「데살로니가전·후서」 WBC주석(서울: 솔로몬출판사, 2000), p. 22. 데살로니가전서 1장 9절에서 "… 너희가 어떻게 우상을 버리고 하나님께 돌아와서 …"라고 언급하고 있는 것으로 데살로니가 신앙공동체의 구성원 대부분이 개종한 이교도라는 것을 추정할 수 있다.
12. 오우성, 앞의 책, p. 31.
13. Ben Witherington III, *1 and 2 Thessalonians: A Socio-Rhetorical Commentary* (Grand Rapids: William B. Eerdmans Publishing Company, 2006), 29; Beverly Roberts Gaventa, 앞의 책, p. 145.
14. 앞의 책, p. 21, 29; R. Wayne Stacy, 앞의 논문, p. 188. 위더링턴(Ben Witherington III)은 "데살로니가전서는 제의적 수사학(epideictic rhetoric)의 예이고 데살로니가후서는 분명하게 심의적 수사학(deliberative rhetoric)"이라고 주장하면서 첫째 편지의 기조를 유지하

면서 수사적이고 상황적인 발전을 보이는 것이 데살로니가전서와 후서의 연관성이라고 주장한다.
15. R. Wayne Stacy, 앞의 논문, p. 188.
16. 오우성, 앞의 책, p. 46~47. 오우성은 종말과 연관된 주제나 개념이 현세의 바른 삶과 관련이 있다고 주장하면서 "데살로니가전서의 메시지는 한 마디로 4장18절에 있는 대로 '이 여러 말로 서로 위로하라'는 것이다. 데살로니가후서는 2장2절에 나오는 '동심하거나 두려워하지 말라'는 말씀으로 요약할 수 있다"고 주장한다.
17. W. Marxen, 앞의 책, p. 31, 71.
18. 오우성, 앞의 책, p. 48.
19. 앞의 책, p. 48.
20. 앞의 책, p. 210.
21. 앞의 책, p. 211.
22. 앞의 책, pp. 195~196, 206~207.
23. Beverly Roberts Gaventa, 앞의 책, p. 24.
24. 오우성, 앞의 책, p. 36.
25. Beverly Roberts Gaventa, 앞의 책, p. 30.
26. Richard A. Horsley, "Introduction", Richard A. Horsley(ed.), *Paul and the Roman Imperial Order* (Harrisburg: Trinity Press International, 2004), p. 3. 호슬리(Richard A. Horsley)는 바울이 로마제국의 지배와 지배국민과의 관계에 대한 설교나 로마 황제를 대항하는 신적인 심판의 예언자적 계시를 선언하지 않았다고 주장한다. 또한 바울이 로마제국의 정치제도나 권력구조에 적극으로 반대하거나 선동하지 않았다고 주장한다.
27. 앞의 글, p. 5.
28. 포스트콜로니얼 성서연구와 해석에 적용하는 최근의 시도는 다음을 참조하라. Kwok Pui-lan, *Discovering the Bible in the Non-Biblical World* (Maryknoll: Orbis Books, 1995); Laura Donaldson (ed.), Semeia 75: *Postcolonialism and Scriptural Reading*, 1996; R. S. Sugirtharajah (ed.), *The Postcolonial Bible* (Sheffield: Sheffield Academic Press, 1998); R. S. Sugirtharajah, *Asian Biblical Hermeneutics and Postcolonialism: Contesting the Interpretations* (Maryknoll: Orbis Books), 1998; R. S. Sugirtharajah (Guest Editor), *Journal for the Study of New Testament* 73(1999): *Postcolonial Perspective on the New Testament and its Interpretation*; R. S. Sugirtharajah, *The Bible and the Third World: Precolonial, Colonial and Postcolonial Encounters* (Cambridge: Cambridge University Press, 2001); R. S. Sugirtharajah, *Postcolonial Criticism and Biblical Interpretation* (Oxford: Oxford University Press, 2002). 포스트콜로니얼 성서 해석에 관해서는 박홍순, "포스트콜로니얼 성서 해석의 연구동향", 「신약논단」 13권(2006), pp. 503~533을 참조하라.
29. R. S. Sugirtharajaj, "A Brief Memorandum on Postcolonialism and Biblical Studies", *Journal for the Study of the New Testament* 73(1999), p. 4.
30. 데살로니가전서를 포스트콜로니얼 관점에서 분석한 글은 다음을 참조하라. Smith, Abraham, "'Unmasking the Power': Toward a Postcolonial Analysis of 1 Thessalonians", Richard A. Horsley(ed.), *Paul and the Roman Imperial Order*

Harrisburg: Trinity Press International, 2004, pp. 47~66.
31. Helmut Koester, 김재성 역, "로마 제국의 이데올로기와 바울의 종말론 – 데살로니가전서를 중심으로", 「신학사상」 제105집(1999), p. 113; F. F. Bruce, 앞의 책, pp. 42~43. 개역개정판 성서에는 '파루시아'를 "강림"으로 번역하고 있다.
32. Helmut Koester, 앞의 글, p. 113.
33. 앞의 글, pp. 113~114.
34. Neil Elliott, "Paul and the Politics of Empire: Problems and Prospects", Richard A. Horsley(ed.), *Paul and Politics: Ekklesia, Israel, Imperium, Interpretation. Essays in Honor of Krister Stendahl* (Harrisburg: Trinity Press International, 2000), p. 25.
35. Abraham Smith, 앞의 글, p. 53. 스미스(Smith)는 바울이 로마제국에 반대했으며 하나님의 심판의 관점에서 로마제국의 질서의 대안을 제시하고 있었다고 주장한다.
36. Helmut Koester, 앞의 글, p. 113.
37. Homi K. Bhabha, *The Location of Culture* (London: Routledge, 1994), p. 86. 바바(Homi K. Bhabha)는 식민지배를 하는 사람들과 식민지배를 받는 사람들 사이의 상호성을 설교하기 위해서 모방이라는 용어와 혼종성(hybridity)이라는 용어를 사용한다. 즉 서로가 사용하는 언어나 개념이 상호침투하고 서로에게 영향을 끼친다는 이론이다.
38. Helmut Koester, 앞의 글, p. 114.
39. 앞의 글, p. 114.
40. Abraham Smith, 앞의 글, pp. 47~48.
41. Helmut Koester, 앞의 글, p. 116. 개역개정판 데살로니가전서 4:17에는 '아판테시스'(ἀπάντησις)를 영접으로 번역하고 있다. "영접"이라는 용어는 데살로니가전서 4:13~17은 죽은 자의 문제와 관련된 단락에서 사용되고 있다.
42. Neil Elliott, 앞의 글, p. 25; Helmut Koester, 앞의 글, pp. 119~120. Richard A. Horsley, 앞의 글, p. 3을 참조하라.
43. Abraham Smith, 앞의 글, p. 63.
44. Ben Witherington III, 앞의 책, p. 7.
45. Kwok Pui-lan, *Discovering the Bible in the Non-Biblical World* (Maryknoll: Orbis Books, 1995), p. 91.
46. Richard A. Horsley, 앞의 글, p. 3.
47. Helmut Koester, 앞의 글, pp. 119~120.
48. Abraham Smith, 앞의 글, p. 66.
49. Neil Elliott, 앞의 글, p. 25; Abraham Smith, 앞의 글, p. 60; Efrain Agosto, 앞의 글, pp. 110~111을 참조하라.
50. Abraham Smith, 앞의 글, p. 65.
51. 앞의 글, p. 65.
52. Stuart Hall, "Cultural Identity and Diaspora", Patrick Williams & Laura Chrisman(eds.), *Colonial Discourse and Post-colonial Theory* (London: Harvester Wheatsheaf, 1994), pp. 401~402.

참고문헌

Agosto, Efrain. "Patronage and Commendation, Imperial and Anti-imperial". Richard A. Horsley(ed.), *Paul and the Roman Imperial Order*. Harrisburg: Trinity Press International, 2004, pp. 103~123.

Bhabha, Homi K. *The Location of Culture*. London: Routledge, 1994.

Bruce, F. F. 번역실 역, 「데살로니가전 · 후서」, WBC주석(서울: 솔로몬출판사, 2000).

Elliott, Neil. "Paul and the Politics of Empire: Problems and Prospects". Richard A. Horsley(ed.), *Paul and Politics: Ekklesia, Israel, Imperium, Interpretation. Essays in Honor of Krister Stendahl*. Harrisburg: Trinity Press International, 2000, pp. 17~39.

Gaventa, Beverly Roberts. 번역위원회 편, 「데살로니가전 · 후서: 목회자와 설교자를 위한 주석」, 서울: 한국장로교출판사, 2003.

Hall, Stuart, "Cultural Identity and Diaspora", Patrick Williams & Laura Chrisman(eds.), *Colonial Discourse and Post-colonial Theory*. London: Harvester Wheatsheaf, 1994, pp. 392~403.

Horsley, Richard A, "Introduction", Richard A. Horsley(ed.), *Paul and the Roman Imperial Order*. Harrisburg: Trinity Press International, 2004, pp. 1~23.

Koester, Helmut, 김재성 역, "로마 제국의 이데올로기와 바울의 종말론 - 데살로니가전서를 중심으로", 「신학사상」 제105집(1999), pp. 113~126.

Kwok Pui-lan, *Discovering the Bible in the Non-Biblical World*. Maryknoll: Orbis Books, 1995.

Marxen, W. 번역실 역, 「데살로니카전서」, 국제성서주석, 서울: 한국신학연구소, 1986.

Marxen, W. 번역실 역, 「데살로니카후서」, 국제성서주석, 서울: 한국신학연구소, 1986.

Richards, E. Randolph. "Ministering in a Tough Place: Paul's Pattern in Thessalonica". *Southwestern Journal of Theology* Vol. 62(1999), pp. 17~38.

Smith, Abraham. "'Unmasking the Power': Toward a Postcolonial Analysis of 1 Thessalonians". Richard A. Horsley(ed.), *Paul and the Roman Imperial Order* Harrisburg: Trinity Press International, 2004, pp. 4~66.

Stacy, R. Wayne. "Introduction to the Thessalonian Correspondences". *Review & Expositor* vol. 96(1999), pp. 175~194.

Still, Todd D. "Paul's Thessalonian Mission", *Southwestern Journal of Theology* Vol. 62(1999), pp. 4~16.

Sugirtharajaj, R. S. "A Brief Memorandum on Postcolonialism and Biblical Studies". *Journal for the Study of the New Testament* 73(1999), pp. 3~5.

Witherington III, Ben. *1 and 2 Thessalonians: A Socio-Rhetorical Commentary*. Grand Rapids: William B. Eerdmans Publishing Company, 2006.

오우성, 「데살로니가 전 · 후서」, 서울: 대한기독교서회, 1995.

2부

2장

1. J. T. "Transition from Opening Epistolary Thanksgiving to Body in Letters of the Pauline Corpus." *JBL 81*(1962), p. 348.
2. 우리가 주후 49년경 Claudius 황제가 발표한 일종의 반유대인 칙령이 데살로니가에도 즉시 전달되었다고 가정한다면, 데살로니가에서 바울의 선교활동으로 야기된 유대인들의 선동에 데살로니가 사람들이 쉽게 동조한 점을 이해할 수 있다.
3. Riesner, Paul's Early Period, p. 337에서 데살로니가전서를 가리켜 "Apology for a Hasty Departure"로 규정하였다.
4. 우리가 이 부분을 바울의 '변호'로 규정한다고 하더라도 여기서 바울은 자신이 왜 데살로니가를 황급하게 떠났는가에 관하여 직접적인 답변을 주지 않는다. 오히려 바울은 데살로니가에서 있었던 그의 효과적인 사역을 언급함으로써 그 자신이 결코 데살로니가교회를 유기하지 않았음을 강조한다. 이런 점에서 Willi Marxsen, 한국신학연구소 역, 「데살로니가전서」(국제성서주석, 한국신학연구소, 1986), pp. 36~37에서 '복음에 대한 변호'라고 규정한 것도 설득력이 있다.
5. 바울이 2장 절의 "하나님의 복음을 너희에게 전하였다"를 3:3에서 "우리의 권면"으로 대체하고 있는 점에 유의하라. 바울에게 복음은 믿음의 교리뿐만 아니라 그 교리의 실천까지 포함한다. 다시 말하자면 바울에게 복음은 직설법의 내용뿐만 아니라 명령법의 내용까지 포함하고 있다. 사실상 Marxsen, 「데살로니카」 pp. 40~41에서 지적하고 있는 것처럼, 데살로니가전서에서는 교리와 실천부분이 날카롭게 구분되어 있지 않다.
6. "간사", "부정", "궤계"는 바울 당대 헬라-로마 사회에 있었던 협잡꾼들이 보여 주는 세 가지 고전적인 특성이었다.
7. 2:6 초반에 잇는 우리말 개역판 성경 번역 "우리가 그리스도의 사도로 능히 존중할 터이나"은 불완전한 번역이다. 헬라어 본문 상으로는 2:7 초두에 있는 "존중하다"는 수동태 분사로 되어 있기 때문에 개역판처럼 "존중할 터이나"로 번역할 것이 아니라 "존중받을 수 있으나"로 번역하여야 한다.
8. 바로 이 점과 관련하여 바울은 데살로니가전후서에서 단 한 번도 일종의 권위적인 의미를 가지고 있다고 볼 수 있는 "사도"라는 말을 사용하지 않고 있다.
9. P. Schubert, *Form and Function of the Pauline Thanksgiving* (BZNW 20; Berlin Topelmann, 1939); P.T. O'Brien. *"Thanksgiving within the structure of Pauline Theology."* in *Pauline Studies*:Essays Presented to Professor F.F. Bruce on His Seventieth Birthday, ed. D.A. Hagner and M.J. Harris(Grand Rapids: Eerdmans, 1980), pp. 54~60.
10. Rainer Riesner, *"The Unity of 1 Thessalonians,"* in *Paul's Early Period. Chronology, Mission Strategy, Theology* (Grand Rapids: Eerdmans, 1998). pp. 404~411.
11. 바울 당시 데살로니가에는 일종의 酒神으로 불리어지는 Dionysus에 대한 제사행위가 성행하였고, 이러한 제사행위는 자연히 성적문란을 불러 일으켰다. 바울이 데살로니가전서 4~5

장의 권면 부분에서 특별히 성결된 삶을 강조하고 있는 것도 이와 관련되어 있다. 이 문제에 대한 자세한 논의는 S.D. Goldhill, "The Gread Dionysia and Civic Ideology," *JHS 107* (1987) pp. 58~76;H. L. Hendrix, "Thessalonica," *ABD VI*(New York, 1922) pp. 524~27를 보라.
12. 데살로니가전서 2:15~16에 나타나 있는 바울의 유대인 동족들에 대한 날카로운 비판은 로마서 9~11장에 나타나 있는 우호적인 자세와 대립되기 때문에, 적지 않은 학자들, 예를 들면 Romono Penna, *Paul the Apostle Jew and Greek Alike* (Collegeville:Liturgical Press, 1996), pp. 291~297은 이 부분이 후대에 삽입된 것으로 본다. 그러나 바울이 갈라디아서에서 이방인인 갈라디아 교인들을 미혹하고 그가 전파한 그리스도의 복음을 훼손하는 자들에게 저주를 선언하고 있는 점을 감안한다면, 바울의 데살로니가 선교에 결정적인 훼방을 한 유대 인들에게 날카로운 비판을 가한 점은 충분히 이해할 수 있다.
13. Rainer Riesner, *"Apology for a Hasty Departure," in Paul's Early period. Chronology. Mission strategy, Theology* (Grand Rapids: Eerdmans, 1998), p. 361.
14. Bruce, *1 & 2 Thessalonians*, p. 71.
15. 바울의 편지 서두 인사 양식에 대한 논의는 최갑종, "바울서신개관," 「바울연구 1: 수정증보판」(서울, 크리스챤 문서선교회, 1999), pp. 238~241.
16. Bruce, *1 & 2 Thessalonians*, p. 72.

원어 일람표(히브리어/헬라어)

P. 32
프뉴마 πνεῦμα

P. 38
아프 אף
헤마 חמה
하론 חרון
자암 זעם

P. 39
쒸모스 θυμός
오르게 ὀργή

P. 44
디아코노이 테스 오르게스
  διάκονοι τῆς ὀργῆς
디아코노스 쎄우 διάκονος θεοῦ

P. 47
힐라스테리온 ἱλαστήριον
힐라스모스 ἱλασμός

P. 52
에페이타 ἔπειτα
에이타 εἶτα

P. 53
호탄 ὅταν

P. 80
칼레인 καλεῖν
클레토스 κλητός
칼레사스 καλέσας
아낭케 ἀνάγκη

P. 83
쉬스타티케 에피스톨레
  συστατική ἐπιστολή

P. 88
파루시아 παρουσία

P. 132~135
파루시아 παρουσία
아판테시스 ἀπάντησις

P. 132
아스팔레이아 ἀσφάλεια
퀴리오스 κύριος

P. 140
카리스 χάρις
에이레네 εἰρήνη
샬롬 שלום
카리레인 χαίρειν
카이로 χαίρω

P. 145
로고스 λόγος

p. 146
엑세케타이 ἐξήχηται
엑셀레뤼쎈 ἐξελήλυθεν

p. 186
아포칼륍시스 ἀποκάλυψις

p. 200
뮈스테리온 μυστήριον

p. 214
아낭케 ἀνάγκη
아낭카제이스 ἀναγκάζεις

P. 219
파루시아 παρουσία
아판테시스 ἀπάντησις

* θ는 원칙적으로 'ㅆ'로 음역했으나, 필자가 'ㅌ' 혹은 'ㄸ'를 선호한 경우 필자의 의견을 존중했습니다.
* υ는 원칙적으로 'ㅟ'로 음역했으나, 필자가 'ㅜ'를 선호한 경우 필자의 의견을 존중했습니다.